U0921213

小说的多维镜像

XIAOSHUO DE DUOWEI JINGXIANG

——墨白访谈录

孟庆澍　编著

XIAOSHUO DE DUOWEI JINGXIANG
XIAOSHUO DE DUOWEI JINGXIANG
XIAOSHUO DE DUOWEI JINGXIANG

云南出版集团
云南人民出版社

图书在版编目（CIP）数据

小说的多维镜像：墨白访谈录 / 孟庆澍编著．--
昆明：云南人民出版社，2016.1
ISBN 978-7-222-14172-8

Ⅰ．①小… Ⅱ．①孟… Ⅲ．①小说研究—中国—当代
Ⅳ．①I207.42

中国版本图书馆 CIP 数据核字 (2016) 第 008025 号

责任编辑　马　非　范晓芬
装帧设计　王雪晶
责任校对　胡　萍
责任印制　马文杰

书　名　小说的多维镜像——黑白访谈录
作　者　孟庆澍　编著
出　版　云南出版集团　云南人民出版社
发　行　云南人民出版社
社　址　昆明市环城西路609号
邮　编　650034
网　址　www.ynpph.com.cn
E-mail　ynrms@sina.com
开　本　889mm×1194mm　1/16
印　张　17.375
字　数　200千
版　次　2016年3月第1版第1次印刷
印　刷　昆明富新春彩色印务有限公司
书　号　ISBN 978-7-222-14172-8
定　价　48.00元

如有图书质量与相关问题请与我社联系
审校部电话 0871-64164626　出版部电话 0871-64191534

云南人民出版社公众微信号

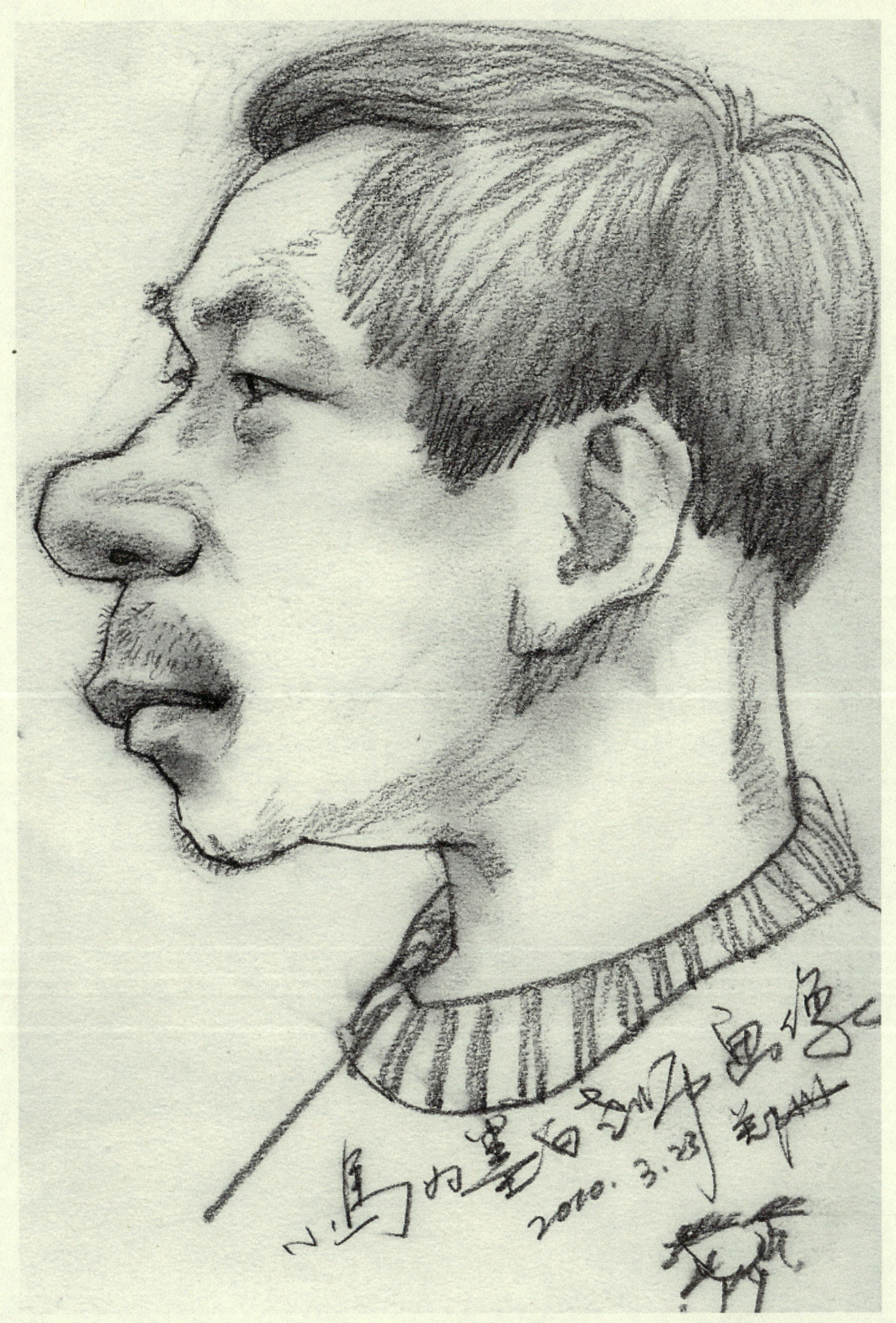

马美皎　作

墨白（1956～）：当代小说家，河南淮阳县新站镇人。出版长篇小说《梦游症患者》《映在镜子里的时光》《来访的陌生人》《欲望》三部曲等多部；中短篇小说集《爱情的面孔》《霍乱》《事实真相》《重访锦城》《墨白小说精选》《癫狂艺术家》等多种；部分作品被译为日文、英文、俄文并收入多种选本。

孟庆澍简介：

孟庆澍，1975年生。河南汤阴县人。河南大学文学院教授，文学博士。著有《无政府主义与五四新文化——围绕〈新青年〉同人所作的考察》《历史·观念·文本——现代中国文学思问录》。

目 录

CONTENTS

以个人言说方式辐射历史和现实

——墨白访谈录[1]

张 钧[2]

时间：1998年5月22日上午

地点：郑州，军供宾馆

张钧：据有关资料介绍，你的创作始于80年代中期，但形成特色的作品或者说比较重要的作品大多出于90年代，这一说法是否确切？

墨白：确切。但最初我没有这种概念。田中禾先生写过一篇有关我小说的文章[3]，他开头的第一句话就说我是属于90年代的。是的，我的写作从根本上讲是属于90年代的。

张钧：你在淮阳师范学习的时候是70年代末80年代初，那正是一个横扫中国大陆的思想解放运动的伊始阶段，那个时候人们的思想开始活跃，各种西方的文艺思潮和哲学思潮开始涌入中国，当时那种热烈的气氛凡是过来人都深深地体验过，如今谈起虽然犹如隔世之梦，但还是感到亲切，因为毕竟有许多东西渗进了我们的血液，影响着我们今天的思维方式和行为方式。请问，当时你是否也感受到了那种思潮的影响？如果答案是肯定的，那么，它对于你后来的文学观念的形成是否起到了很重要的作用？

墨白：我没有很认真地想过这个问题。影响肯定是有的，但却是间接和被动的。

张钧：为什么这样讲？

墨白：因为生活的局限，那个时候我几乎没有看过一本这方面的理论书，在这方面我就像一个营养不良的畸形

①原载《当代作家》1999年第1期。

②张钧（1958～1999），广西桂林人，生前任教于东北师范大学，1997年起开始对国内新生代代表性作家进行访谈。访谈结集为《小说的立场——新生代作家访谈录》，广西师范大学出版社，2002年2月版。

③见《在梦境中寻找现实——读墨白小说》，原载《鸭绿江》1996年第12期。

儿。这种情况的形成和我的生活环境有关。我出生在颍河岸边的一个古老而闭塞的小镇里。我在那里读小学和中学。那里有着很深厚的文化积淀，老子就是我的老乡。但那里更多的是贫穷和愚昧，刁横和懒惰。在那片贫瘠的土地上我学会了所有的农活和对苦难的忍受。这种苦难来自身体和精神两个方面。

张钧：请谈谈你的文学观念，它是始终如一的还是不断变化着的？

墨白：最初我只是单单地把写作当成一种生存的手段。现在，这种观念仍没有改变，写作对我来说确确实实是为了活命。但是，随着岁月的流逝，在这种观念之上又增加了许多东西，比如写作是我生命的体现，是我对世界的认识和感受的主要方式，等等。我很欣赏阿斯塔菲耶夫①说过的一句话：写作需要的是全副心灵，而不是趋附时尚，不应该在文学中寻找地位，而应该从中寻找自我。

张钧：80 年代中期以后涌入中国的后现代主义文化思潮对你是否有影响？你认为，你的小说里所表现的一些东西有没有后现代的意味？

墨白：有。我一直在努力使自己的作品呈现多主题性，让读者有建构性的参与。在我的小说里，历史与现实、现实与虚构、虚构与梦境，它们之间的界线往往是模糊不清的。这些特征都有后现代的意味。但我的作品里往往又呈现出现代主义的东西，比如对叙述崇高感的追求，注意建立作品的深层结构等。可以说我是一个介于现代与后现代之间的写作者，无论是前者还是后者我做得都不彻底。当然，有关现代和后现代，在我的小说里指的多是叙事技巧方面。其实，在我文字的血液里，流淌的还是我所生活的这块土地所给予我的、无法避开的东西。

张钧：进入 90 年代以后，中国的小说写作如果说增添了一些新姿的话，那么就是“个人化”的写作方式。这既

① 维·阿斯塔菲耶夫（1924 ~ 2001），苏联时期俄罗斯文学的代表人物之一，主要作品有长篇小说《最后的问候》《鱼王》等。

是一种姿态，更是一种本质。因为这一代作家从根本意义上讲是从个人的人生体验出发来观察和言说世界的，他们的个人化角度，使得写作在具有了多方面的可能性的同时也具备了一些无法言说的深刻性。我觉得，你的小说写作似乎也有一些个人化的言说方式的特征，但又不一样，比如，有些个人化写作者们往往强调个人言说而排斥或淡化对于现实的言说，但你在言说个人的同时并没有忘掉现实。请就这个问题谈谈你的看法。

墨白：我是一个游离于主流之外的写作者。由于我的生活经历，在我言说个人的时候同时去言说现实是身不由己的事，那是我骨子里散发出来的一种气味，我无法改变。我是以个人的言说来辐射现实的。

张钧：你在淮阳师范读书的时候学的专业是美术，后来你怎么不干专业而写起了小说？你写小说的原始契机或者说动力是什么？是生活体验使你想找到一种对于生活更准确的表达方式，还是由于某一部文学作品的启示让你发现了生活？

墨白：是生活本身。我觉得绘画不能淋漓尽致地表达我对世界的感受。还有一个原因，那就是受我大哥孙方友的影响，在我还没有到淮阳去读书的时候，他就开始发表小说了。

张钧：那么，学习绘画对于你的写作有没有什么影响？

墨白：有影响，并且还很大。在我还没有意识到日后我会写小说的时候，我已经开始用绘画的眼光来观察这个世界了。后来我接触了大量的西方美术作品，那些不朽的绘画作品改变了我对世界的看法。比如西班牙超现实主义画家达利，他在作品中毫无保留地表现出对世界的怀疑精神使我感到震惊。

张钧：至目前为止，你已经写出了多少小说？你认为，你已经写出了你最想写的东西了吗？

墨白：没有。我有几个大的生活库藏还没有去动。我认为写作是无止境的，哪怕是我们已经写过的东西，我们还可以重新回头去面对它。我现在已经发表了三十多部中篇小说，六七十个短篇，还有一部长篇小说《梦游症患者》将在《大家》杂志上发表，大概有二百多万字吧，但我总觉得我的写作才刚刚开始。

张钧：有一篇短文，说你的小说具有两个特点：一是皈依人类的童年艺术，一是皈依原型思维。对于这种说法，你是否同意？

墨白：我看过这篇文章，我同意。

张钧：对于你的小说，我最大的感受，就是想通过对于虚构的“颍河镇”的叙述，建立一个关于人类生存和精神的“隐喻场”。在这个“隐喻场”里，人类的生存是痛苦的，生命在痛苦的挣扎中所呈现出来的本质是悖谬的，而正是这种悖谬的生命本质，使得叙述充满了张力，灵魂在生命之中或之外扩张、裂变、无家可归，一次次的逃亡，可又无处可逃。正是因为如此，颍河镇这处隐喻场就成了一个梦魇的隐喻场。

墨白：从生命的终极意义上来讲，人永远是一个思路清晰的梦游者。我们都清楚自己将走向哪里，可是我们还是尽可能地使梦做得长一些。基于这样一种认识，我虚构了颍河镇这个“隐喻场”。因而，我的小说里大都是一些挣扎着的痛苦的灵魂。《古兰经》里说：“他们确是作恶者，但他们都不觉悟。”[①]我不是伊斯兰教徒，但我相信这句话。我们每个人都是有罪孽的，只是我们自己不觉悟，而且还都那么自以为是，于是这个世界就坏起来了。

张钧：关于“颍河镇”这个虚构世界的叙述，你是否受到了福克纳[②]那个著名的“邮票理论”的启示或者说影响？福克纳从他的第三部小说《萨托里斯》开始，就形成了自己独特的叙述风格，即通过不断书写“家乡的那块邮票般

①《古兰经》，马坚译，中国社会科学出版社，1996年8月版，第2页。

②威廉·福克纳（1897～1962），美国最有影响的现代派小说家，20世纪最伟大的作家之一。主要作品有《喧哗与骚动》《我弥留之际》《八月之光》等。

大小的地方”，创造出一个自己的天地。围绕着约克纳帕塔法县，他一共写了十九部长篇小说和七十多篇短篇小说，被批评家们称为“约克纳帕塔法世系”。你是否也梦想着要建立一个类似的叙述体系？在我所读到的你的几乎每一篇小说里，你似乎都或多或少地写到了颍河镇，那个镇子有点像各种幽灵游走其间的魔鬼城。

墨白：我在《黑房间》[①]里曾经画过一张颍河镇的方位图。另外，在《同胞》[②]《红房间》[③]《幽玄之门》[④]《远道而来》[⑤]《瞬间真实》[⑥]《航行与梦想》[⑦]等小说里我都介绍过这个镇子的格局。我小说里的“颍河镇”就是我出生的小镇，我在那里生活了三十多年。我的小说大都建立在对生活的真实感受之上，但虚构对我同样重要。我是梦想着建立“颍河镇”这样一个源于真实感受之上的虚构的艺术世界，我一直这样努力着。这与福克纳关系不大，我在读《喧哗与骚动》之前就有了这个想法。我在很晚的时候才读到《我弥留之际》。福克纳的书我只读过这两部，我觉得有点对不住他老人家。为了弥补我心中的这种不安，前几天我又买了他的《去吧，摩西》和《圣殿》，只是还没来得及读。不可否认的是，正是他的“约克纳帕塔法世系”使我对建立“颍河镇”这个虚构的艺术世界的愿望变得更加强烈。

张钧：对于小说的形式技巧，你是怎样看的？福克纳说：“作家假如要追求技巧，那还是干脆去做外科医生、去做泥瓦匠吧。”但是，我觉得，如果作家连最起码的文本意识都没有的话，那么他连做泥瓦匠的资格都没有。

你在小说创作上，一开始是否就有某种自觉的文本意识？

墨白：我一开始就比较自觉地注重小说的形式和技巧，我觉得这对我很重要。你只有先注重形式和技巧，才能更好地表达你的思想。当然，一个作家在写作之初他可能很

①《黑房间》，载《收获》1989年第5期。

②《同胞》，载《收获》1991年第1期。

③《红房间》，载《花城》1991年第2期。

④《幽玄之门》，载《收获》1992年第5期。

⑤《远道而来》（后更名为《父亲的黄昏》），载《清明》1993年第4期、《山花》2004年第4期。

⑥《瞬间真实》（后更名为《七步诗》），载《当代作家》1995年第1期、《山花》2005年第5期。

⑦《航行与梦想》，载《钟山》1995年第5期。

注意技巧，到了成熟的时候他可能不太注意这些了，但你不能说小说里的形式和技巧就不重要了。我认为形式和技巧是一个作家认识世界的方法，形式的不同就是视角的不同，一种新的形式就是为人类提供一种新的认识世界的方式。

许多了不起的作家都给人们提供了认识世界的方式，比如西蒙①、伍尔夫②、卡夫卡③、乔伊斯④、卡尔维诺⑤等，就连福克纳本人也是一个最注重形式和技巧的人，我认为如此重视技巧的作家之所以说出这种话，完全是为了表达冲破僵死技巧的挑战情绪。

张钧：我想这是针对一些唯技巧至尊的平庸之辈的抨击吧。

墨白：也许是。

张钧：一些批评家们认为，你的小说是一种感觉化的小说，这一说法我基本同意。关键是，怎么样理解这种“感觉”。我觉得，这种“感觉”应该理解为一种小说叙述之“核”。这个“核”是抽象的。它抽象，是因为它是写作者生命深处的一种思想方式，它支配着或者说决定着写作者之所以写这个东西不写那个东西、之所以这么写而不那么写的内在根据。正是从这个意义上讲，它又变得具象化了，具象化了的“感觉”能调动起写作者的热情和想象。所以，我认为，这种“感觉”必须是建立在现实体验上的，是一个写作者，尤其是一个优秀的写作者的基本的生命构成。一个只有经历而没有感觉的人，我想他成不了作家，或者至少成不了一个好的作家。

墨白：对，现实和感觉是血肉相连的。现实仿佛是水，而感觉就是流动的雾。雾的形体是随时都在变化的，它可能会掩盖住某种事物的真相，但它的本质是不变的，无论浓或淡，它仍然是水分子。

张钧：我认为，你的小说中的某种意识，也就是你的

① 克劳德·西蒙（1913～2005），法国新小说派代表人物，1985年诺贝尔文学奖获得者。主要作品《弗兰德公路》《农事诗》等。

② 弗吉尼娅·伍尔夫（1882～1941），20世纪意识流小说大师，批评家，女权运动的先驱。主要作品有长篇小说《达洛维夫人》《到灯塔去》《海浪》等。

③卡夫卡（1883～1924），奥地利小说家。现代主义的探险者，被尊为20世纪现代派文学的鼻祖，主要作品有《城堡》《审判》等。

④ 詹姆斯·乔伊斯（1882～1941），爱尔兰小说家，20世纪现代派文学大师，主要作品有《尤利西斯》《芬尼根守灵夜》等。

⑤ 依塔洛·卡尔维诺（1923～1985），20世纪意大利最富特色的文体家，小说大师。主要作品有《寒冬夜行人》《命运交叉的城堡》《帕洛马尔》等。

生命中的某种最深刻的情结。这种情结是一种什么样的情结呢？或者说用一种什么样的词语为它命名呢？我拿不太准。你能就这个问题谈谈吗？

墨白：猛然间我也说不太清楚，我觉得是冥冥之中的东西。意识本身就是精神性的，它是一种情结，一种模糊不清的情结，但它又实实在在地存在着，它不停地折磨着我，使我不得安生。我有个朋友曾经写过一篇短文，题目叫《十字架下的墨白》[①]，文中说我是个忧郁又孤独的人，而这种忧郁和孤独又是与对死亡的恐惧和生命的悲悯相联系的，一种对于爱的永恒的渴望与献身精神——我不知道他说的是不是那种时刻在折磨我的意识情结。

张钧：在意识和感觉的轻重关系上，每一个作家的作品里的表现是不一样的，这大概有三种情况：意识大于感觉、感觉大于意识和二者均等。当然，这只是一种大概的划分，因为实际上在作品中这种东西是无法量化的，量化也是不科学的，我这里这么做也只不过是为了方便而已。从方便出发，我认为你的小说意识与感觉的关系基本上是后者稍稍大于前者，所以叙述是一种偏重于感觉的智性叙述。这种叙述在阅读的时候，很容易让读者放松，进入一种陌生的幻觉；也很容易使读者上当，最后导致阅读的荒谬感和虚无感。进而感到一种悖论和绝望。比如小说《白色病室》[②]和《青台》[③]的叙述就是这样。

墨白：这种荒谬感和虚无感也许就是我的小说的美学基础吧。

张钧：《白色病室》在阅读的时候有一种喘不过气来的感觉，那个叫作苏警己的年轻医生在外部力量的挤压之下，演化成一个精神分裂患者的过程让人目瞪口呆。小说在生命和灵魂两个层面上进行了复调叙述。这种复调叙述是高明的巧妙的，一开始，是两条平行的叙述线，对于苏警己和他的病人姜仲季的叙述，而后者的叙述又是静止的；

①《十字架下的墨白》，载《小小说选刊》1995年第10期。

②《白色病室》，载《花城》1993年第2期。

③《青台》（后更名《雨中的墓园》），载《小说林》1993年第5期、《山花》2001年第11期。

但是，正是在对姜仲季的静止的叙述中，悄悄地展开了对苏警己的叙述，苏警己的病症在姜仲季的表演中一点点地发展了起来，最后苏警己的生命和灵魂与姜仲季的生命和灵魂重叠在一起，变成了和姜仲季一样的病人。

小说在这个意义上提示了生命和灵魂的悖论。

墨白：在《白色病室》里，苏警己的结局在最初的时刻已经显现出来，那就是他所看到的姜仲季，那个在他清醒时任他宰割的病人。但他不知道姜仲季就是他的未来，他就是现在的姜仲季。反过来说，他病变的过程也是姜仲季的病变过程。在这方面他是无知的，而那个姜仲季或许是个清醒者。一个病魔缠身的人残酷地看着一个正常人在一步一步地走近他，这是一个让人感到恐怖的清醒者。

张钧：小说在对于人的生命和灵魂进行反悖式的叙述的同时，对于当下的现实也进行了抗议和批判，这样小说又获得了另一个调式——现实层面的调式。于是，小说在现实关怀与终极关怀的两个层面上围绕着人物的“梦幻主音”进行着多音程的排列组合，最后达到一种杂音共存的立体化叙述效果。

墨白：如果这样，小说里那两个先后被姜仲季和苏警己送进太平间的女性应该是依附在这个多音程中的另一个组合。

张钧：我这里所说的“梦幻主音”，是借用音乐术语对于你的小说中的人物的精神状态的一种描述。所谓主音者，乃调式中的核心音，它在调式的各音排列成音节时表现为第一音。那么我这里所说的“梦幻主音”，不言而喻，指的就是你小说中的人物那种特有的梦幻式的精神状态，我觉得，这种状态就是他们的生命主音。正是这种特有的“主音”，导致了他们行为的乖谬和悲剧性命运。比如与《白色病室》有着相似内涵的《局部麻醉》[①]中的那个外科医生白帆的精神状态就是如此，它构成了这部小说的“梦幻

①《局部麻醉》，载《花城》1998年第1期。

主音”。

墨白：你的这种理解和描述让我感到十分新鲜。

张钧：《局部麻醉》的叙述是一种反讽式叙述，也是在精神和现实两个层面上展开的叙述，与《白色病室》不同的是，它变得更加血腥和残酷了。它直面生命，直面人生。白帆作为一个孱弱的生命的表征，被作者投放到了一个血淋淋的地狱般的世界，他一次次设法逃离这个压迫着他、凌辱着他的世界，却又一次次宿命般地回到这里。他无处可逃，最后，他只能将一些安定药液注入自己的肉体，将生命麻醉，得到暂时的安宁。

逃离，似乎是这篇小说的另一个主题。

墨白：当他无法抗拒的时候，他自然要选择逃离，但这种行为在他那里又是不彻底的。这样的结局使人对他的未来产生了更强烈的不安。人们会想：当他醒来的时候，那些明明白白的残酷的时光正在等着他，他该怎么办？

张钧：小说的叙述是从容的，同时又是残酷的，如果说其中流淌着某种诗意的话，那也是一种残酷的诗意。

墨白：是的，我在写作的时候，尽量使自己的叙述变得平静一些，我想象着在一个长满了脓疮的肌体上，覆盖着一些已经被折断了枝茎的鲜花的情景。但我清楚地知道随着太阳的升起，那些花朵会一点点地枯萎，事物最终会把它的本质暴露出来。

张钧：的确如此，白帆这个处处被世界挤压和折磨的孱弱的生命，却肩负着去拯救这个世界与生命的沉重使命。读者在阅读的过程中时时要为白帆提着一颗心——小说的叙述张力由此而产生。

墨白：这就是小说所具有反讽意味的所在：他小小的手术刀要面对的却是这样一个无法拯救的世界。

张钧：“颍河镇”在这里获得了象征的意味。非理性是这里的最高统治者，它衍生着欲望和疯狂，散布着恐怖和绝望，统治和奴役是这里的逻辑，恶棍和鬼魅是这里的自由民，而诚实和正义唯一的出路，只有麻醉和死亡。此刻，“颍河镇”沦为一个人间地狱的象征。

或者，它本身就是个地狱。

墨白：你现在这样描述让我感到恐惧，不过这正是我小说里所要表现的。是的，它确实就是个地狱。

张钧：《错误之境》[①]和《青台》都是关于生存境遇的叙述。前者是为了寻找走进一个意想不到的境遇；后者，是为了逃亡闯进一个意想不到的境遇。在这两种境遇里，主人公的生命和存在都变得荒诞不经，或者说不真实，难以把握。在这两部小说里，你是否想表达这样一种意味：世界是荒诞的，人的存在是个无从把握的迷，充满着偶然与巧合？

墨白：我曾经有过许多次这样的冲动，毫无目的地到一个连你听都没听说过的地方去，随意乘上一辆车，跟它走，车停了你的目的地也就到了。

张钧：这很有意思，不过，这样的念头你是怎样产生的呢？

墨白：忧郁的时候。可是，我却一次这样体验的机会都没有。我觉得人世间很少有人能做这种毫无目的的旅行。我们无法把握自己，我们被尘世间惯有的势力牵引着走向一个又一个地方，我们到达那里之后一切又与我们的想象相去甚远，因此我们又无法把握这个世界。为什么我们到达的是这个地方而不是那个地方？我们为什么爱上的是这个女人而不是另一个女人？一切都是偶然，一切都是巧合，一切又都是必然。这一切我们都无法把握，这就是我们的存在。

张钧：《错误之境》中谭四清的寻找本身就是个错误，他到红马那个地方想找回逝去了的梦或者说前女友马红，是徒劳的，他因此而莫名其妙地获罪，表面上看是巧合，

①《错误之境》，载《漓江》1997 年第 6 期、《山花》2010 年第 5 期。

是偶然，实际上是一种必然：生命不属于梦，生命又都是梦。同样，世界也是一种偶然和必然的综合体，也是充满着迷离的梦幻。可以认为，《错误之境》是以一种感性的经验式叙述去寻找一种对人类生存境遇或者说生命幻想的超验性把握。

墨白：谭四清在寻找什么？他的目标是那样的模糊又是那样的清晰，这个目标就是死亡。我们生命本身的意义是什么？那就是时间的流逝。死亡在哪里？就在我们的生命里，它是偶然的也是必然的。刚才我说过，人永远都是一个思路清晰的梦游者，而只有死亡才能还清我们对世间的所有承诺。

张钧：《青台》也是超验性把握。在这里，用的是一种稳定的语言情调进行着一场极不稳定的叙述游戏。小说中的叙述主人公“我”因为一场家庭变故而被迫出逃，逃到一个叫作青台的陌生的地方。这是个神秘的所在，有一片松柏林、一片墓地和一条河流。这里的各色人物：黑衣老者、盲者、神秘女人等，他们对于发生在1966年9月7日的一个集体死亡事件进行了不同的解释。不同的解释像流水一样使死亡无法获得稳定的形式。于是，一个本来源于形而下的逃亡故事演化成了一场关于死亡关于存在的形而上的探讨。当然，这种探讨本身肯定是不会有结果的，甚至最后当叙述主人公在复述这个故事的时候连“青台”在什么地方都说不清楚。于是，叙述本身也变得可疑。

文本有一种不断地自我拆解的味道，这是一篇消解世界也消解叙述的小说。

墨白：同时也在消解历史。在小说里，我想通过黑衣老者、盲者、神秘女人对一群人的几种不同的死法的讲述，来说明我们今天所了解到的历史的不可靠性。他们的讲述使我们对历史本身产生了怀疑。

张钧：同样的，在进行文本的自我拆解的或者说故事的自我解构的另一篇比较突出的作品是《寻找旧书的主人》[①]。这也是一个寻找的故事。通过寻找，首先带来寻找者“我”与被寻找者陈平（过去的情人）的一段故事，这是一种建构。这个建构的基础很牢，有情感情绪有历史背景有具体的道具。作者在建构故事的时候有意地把读者引入一个叙述圈套，一切都似乎顺理成章，读者也在这种顺理成章的叙述中期待着故事发生一点什么意外。故事的确发生了意外，但不是读者所期待的。这就像挖井，作者再深挖一锹就出水了，但作者偏偏不往下挖，而是使劲往旁边挖了一锹，结果人们只看到了一点点湿意，而没有看到水。并且因为这点湿意，井塌了。

也就是说，故事被解构了。

墨白：在这里故事的结果已经不是目的，重在寻找的过程。我们要寻找某一事物，可是偏偏有许多与这一事物无关的事物扑面而来，成了我们生命的一部分，看上去它是那样的毫无意义，实际上它对我们十分重要。我们寻找结果的过程就是对于结果的消解。我们一腔热血地为了一个目的而去付出，而它的过程却显示意义，渐渐地演变成结果，而我们却对此不屑一顾。

张钧：你的另一篇小说《街道》[②]的主题也是寻找，但却有一种无可奈何的苍凉感。对于阅读也是无可奈何，罗马千里迢迢前来寻找他旧日情人朱红，但朱红却把他当成了一个毫不相干的“卖皮衣的人”，他的情感于是荒凉，仿佛被流水所弃的一粒沙子。

《街道》似乎想表现一种现代社会人际关系的冷漠和人类情感的苍白？

墨白：事实本身就是这样。你想，我们每一个人，除去自己的父母和妻子儿女，有谁真正关心过你？我们自己反思一下，我们又真正关心过谁呢？在生活中，我自己就常常陷入孤独和绝望。我深深地体会到爱情真的是一杯苦酒，而你

①《寻找旧书的主人》，载《作品》1996年第9期、《山花》2003年第6期。

②《街道》，载《漓江》1996年第3期。

又是那样渴望地把它喝下去。一个自己曾经爱过的人转眼间就把你视同路人，面对这个到处充满铜臭的世界你还能说什么？

张钧：关于历史题材的叙述，我觉得你似乎在寻求一种超越。超越什么呢？我想，超越政治，超越简单的善恶道德，这似乎并不是很难的，因为这些东西在余华、格非等人的叙述里已经做过了。那么，似乎有一种更新的东西在等待着历史的叙述者。我们都知道，历史，实际上永远都是当代史。而当代史是由谁创造的呢？是由当下正在活着的人，有血有肉活生生的人。那么，关于当代史的叙述，就应该是关于人的叙述，人的灵魂人的生命的叙述。所以，历史的神秘性延伸到今天，我们需要解读的还是人的生命和灵魂的神秘性。正因为如此，我对于你的历史题材的小说的解读，也主要从生命和灵魂的角度入手，比如《风车》[①]，我就认为是一个在特定历史时期人的灵魂的扭曲式的表现。所以那些带有一点夸张的叙述我觉得并不夸张，它们是那个时代人的生命和灵魂的真实表现。那个时候的人就像他们所要造的那架不现实的风车一样，他们的精神几乎都是堂·吉诃德式的。其实，全天下的人何尝不是如此？

那也是一个梦，只不过是那梦太不现实过于荒诞而已。

墨白：历史是由当下活着的人创造的，克罗齐[②]说，一切历史都是当代史。克罗齐给历史这个词一个新的认识。历史在哪里？历史就存在于现实当中。现实在哪里？现实存在于一瞬之间。实际上我们所经历的一切都是靠回忆来完成的，我们的写作也要靠回忆来完成。回忆可以把二十年前的往事和我们刚刚经过的事情混在一起。真正的文学所关注的应该是那些被历史和时间所遗漏的东西，那些被遗漏的生命体验。对生命的最强烈最深刻的体验是不可能被临摹和替代的。我说的这些是不是离你的问题越来越远？但我认为无论是记忆还是历史，无论是一个人的潜意识还是梦境，这些都存在于

①《风车》，载《当代作家》1993年第2期、《花城》2002年第1期。

②克罗齐（1866～1952），意大利哲学家、历史学家，新黑格尔主义的主要代表之一。

我们当下的生命过程中，它们就是现实本身，也是历史本身。所以我们的叙事无论是在什么样的情况下都是进行时，都是历史的进行时。

张钧：这一点我基本同意。比如你的《霍乱》[①]和《失踪》[②]的历史叙述，实际上也是当下的叙述，同时也是超越性的叙述，前者有一种心灵的真实，后者则是关于人格和精神不败的寓言。前者指向生命和情感，后者指向文化，文化中的生命激情。

墨白：《霍乱》里的战争和霍乱，《失踪》里的经板和面具，是完全不同的两组意象。前者隐喻情感和生命，后者隐喻佛世和人世。当人的情感面对霍乱和人的生命面对战争时，就显示出了撼人心魄的残酷。当经板面对佛世和面具面对人世的时候，就显示出了永恒的超验力量。

张钧：下面让我们来谈谈你的《民间使者》[③]。这是一篇有着辽阔的时空观念的小说，总体上呈现出一种神奇的苍茫感。这是一部关于民间艺术的史诗，但它绝不是史家笔下那种僵死的历史，而是关于艺术的心灵史和寻梦史。叙述的过程就是一个追寻的过程："我"在父亲死后，发现了父亲留下的日记，那是父亲几十年生命的心灵图式。于是，子一辈按照父一辈的心灵图式去寻找父亲的艺术之梦。实际上，那也是在寻找子一辈自己的艺术之梦和人生之梦。所以，叠印式的叙述叠印上去的应该是一种遥远的呼唤，于是梦在走进历史的同时，也有了现实的回应。

墨白：很感激你能提及这篇小说。是的，它是因为那些不朽的民间艺术，变得那样的空旷那样的神奇那样的苍茫。剪纸、面人、核雕、泥泥狗、泥埙等，这些看上去不起眼的东西却使人类那些黯淡的日子放射出亮丽的光彩，这是一些永恒的不败的神灵。

张钧：小说中那只泥埙和那片桃园构成了象征的两极：前者象征着呼唤，后者象征着归宿。泥埙沉郁苍茫，它的

① 《霍乱》，载《莽原》1996年第6期、《花城》2003年第6期。

② 《失踪》，载《人民文学》1991年第9期。

③ 《民间使者》，载《江南》1994年第4期。

声音穿过整个文本也就穿过整个历史和生命，当它终于抵达桃园的时候，全部的意义显露了出来。泥埙呼唤回历史之后还在继续呼唤，那就是未来。未来是一辈子的梦，那是另一个女人，她将从遥远的南方归来。正是在这个意义上，泥埙具有了永恒的意味。

永恒应该是一首流动的诗，是永不停息的生命之旅和艺术之旅。

墨白：是这样，生命和时间永远活在文学和艺术之中。

张钧：我觉得，情感追寻和生命追寻，是你的小说里反复出现的一种旋律，在许多作品里可以说是推动着故事向前发展的叙述双翼。但是，这对羽翼滑翔而过的天空大多又是那么阴沉和险恶，所以即使其中充满浪漫，也是沉郁。请问，你为什么喜欢这么处理？

墨白：这或许与我的性格有关。我常常处在忧郁之中。有些时候，我会感伤，会觉得自己活得很累。可是我的朋友们却说我是一个坚强而有韧性的人，说我身上充满了张力。是这样吗？我不清楚。我一旦进入写作状态，可以一连半月不出门。那个时候我总在鼓励自己，写吧，好好地写吧，等写完了就出去好好地放松一下，约几个朋友，到舞厅玩它个天昏地暗。

张钧：真看不出你的内心还这么疯狂。最后问你一个问题。《孤独者》[①]中的那个孤独的寻梦者，是否可以看成是作者对艺术追求的一种心灵的隐喻？

墨白：可以这样认为。那是一个没有姓名又不知道自己从哪里来到哪里去的人，他怀着一腔热血在无边无际的黄土地上不停地寻找着他失去的爱情，他总是在自省中回忆过去，在泥泞的道路上找寻未来。

（根据录音整理）

①《孤独者》，载《山花》1995年第2期。

以梦境颠覆现实

——墨白书面访谈录[①]

林　舟[②]

墨白的小说伴随我度过了今年春节前后的假期，他颇具特色的写作给我留下了深刻的印象。我感到，他一方面从没有脱离给了他丰富写作资源的现实土壤，另一方面也从没有放弃过在这个土壤之外获得重新进入它的视角。他在这篇访谈中更清楚地让我们看到，难以想象的丰富而不乏残酷、凶险和苦难的个人经历，如何构成了他写作的最深层的底色。但是，他显然并不满足于这种底色的还原和传达，用他自己的话来说，他的写作是对他经历的生活的“逃离”。他每每借助于回忆、梦境和心理的剖析，刺入质感很强的乡镇生活，重新构造他如此熟稔而又神秘的生存空间，揭示出人的存在的诸多方面。他将具有浓郁的地方色彩和充分口语化的语言嫁接到西方现代小说叙述技巧的运用之中，将非常丰富、感性、形象鲜明的生活积累纳入到现代观念的阐释框架中，这当然改变了我们看待生活的方式，同时又多少有些让人担心，这样会不会以某些本源的艺术因素的牺牲为代价——墨白的谈话让我们感受到他在这方面的自信。显然，这篇访谈给我和所有对墨白小说感兴趣的人们带来许多富有启迪性的东西，而对墨白个人来讲，除了这是一次艺术上的自我总结以外，可能还有一个意外的收获，那就是在访谈进行的过程中，他学会了收发

①原载《花城》2001年第5期。

②林舟（1963～），原名陈霖，安徽宣城人，文学博士、批评家、苏州大学教授。20世纪90年代中期在《花城》杂志开设专栏，对新时期以来重要的先锋作家进行访谈，结集出版《生命的摆渡——中国当代作家访谈录》，并产生影响。

电子邮件以及对不同文本格式进行转换。

林舟：从你的小说中我感到，你对乡村生活非常熟悉，但你并不愿意重蹈80年代的乡土小说的老路，即从社会的文化的角度进入乡村生活的描摹。那么乡村生活的经验在你的小说中主要起到什么作用呢？

墨白：是这样，我的写作从来不是对现实生活的描摹。我的写作是从我所熟悉的那些人中间逃离出来，然后再来对他们进行关注和审视，而且这关注和审视是在我小说里的主人公的内部来进行的。如果我不依靠他们，那我将一事无成。我的写作始终都贯穿着这样一个视角：那就是对我所熟悉的那些个体生命进行关注和审视。

林舟：你觉得是什么促成了你对上述视角的选择？

墨白：1976年的春天，我高中没毕业就外出独自谋生。而在这之前，在家乡的颍河岸边，在那座我出生的小镇上已经接受了苦难对我最初的洗礼。我父亲在1966年因为四清运动中的所谓经济问题，曾经被判过三年徒刑，这就决定了当时我们家的社会地位。为了生存，我幼小的年龄就学会了许多农活。我的童年和少年时代是在恐慌和劳苦之中度过的。在我出外流浪的几年时间里，我当过火车站里的装卸工，做过漆匠，上山打石头，烧过石灰，被人当成盲流关押起来。那个时候我身上长满了黄水疮，头发纷乱，皮肤肮脏，穿着破烂的衣服，常常寄人篱下，在别人审视的目光里生活。我师范毕业后，又回到了那个偏僻的小镇，在那个只有十个班级的小学里我一待就是十一年。所以我的青少年时代是在孤独和迷茫之中开始的。苦难的生活哺育并教育我成长，多年以来我都生活在社会的最下层，至今我和那些仍然生活在苦难之中的人们，和那些无法摆脱精神苦难的普通劳动者的生活仍然息息相通，我对生活在自己身边的那些人有着深刻的了解，这就决定了我写作的民间立场。我可能是这样一种人：对世间苦难的人类充满了同情心，或者悲悯之情。我想这应该是我的本质，一个作为具有人道主义精神的普通人应该具有的一种本质。但是，当我作为一个写作者出现的时候，我需要的是用另一只眼睛来正视人类真正的苦难和精神的迷惘，而不应该是一般意义上的悲悯和同情。这就是我必须从他们身边逃出来的原因。我希望世上的每一个人都生活得很幸福，正因为这一点我的写作才正视苦难，正视我过去的乡村生活。我应该记住人类的苦难，人类肉体和精神上的苦难，并且以小说的形式使这苦难再现出来，使我们已经麻木的心灵慢慢地觉醒。当然，我不是从所谓的宏大叙事、从历史的、社会的、政治的角度来“描摹”我过去的生活的，相反，我是以鲜明的姿态来关注和审视那些我所熟悉的个体生命的经历的。很显然，如果没有我的乡村生活经验，那也就不可能有我现在的这些小说。

林舟：你的小说叙述中常常会出现叙述的中断，插入大量的分析性的文字，你这样做是出于什么考虑？

墨白：我不知道你所说的在叙事中插入大量的“分析性文字”是指的“写作者”还是小说中的“我”。我的小说有一部分是以第一人称的叙事视角完成的，如果是第一人称叙事，那么我就会严格地要求自己按照小说里的主人公的心理、性格来观察和对待他所看到的一切，我从来不去干预他的职责。即使是在运用第三人称或者别的叙事形式的时候，我采用的也是内视角的叙事策略，这和采用第一人称的叙事方法相同，只不过换了一种叙事角度而已。如果在叙述的过程中插入了分析性的文字，那也应该是小说里的人物对事物进行分析，这好像和我的关系不大。

林舟：读你的《梦游症患者》[①]，可以很明显地看到，你比较多地书写了特定年代的种种疯狂和苦难，但是，当追问你是从什么立场和视角进入这疯狂和苦难的世界的时

① 《梦游症患者》，河南文艺出版社 2002 年 3 月版，原载《大家》1998 年第 6 期。

候，我感到了你设立的文宝这个视角的意味，你似乎要让他痴人说梦般的语言消解那个世界，在他这里世界呈现为一种纯净的特质，这是对现实的抗拒，还是另一种屈从和体认呢？是以一种痴傻展示一种混沌，还是以这种痴傻消弭一切界限？抑或文宝就是凝滞的时间，见证着历史的流逝？

墨白：在那个人人失去精神自我的年代，文宝无疑是个智者的化身。他看上去混混沌沌，却对万事万物进行着自己的发问。文宝是清醒的，在《梦游症患者》的七个以文宝为第一人称的叙事的章节里，文宝都是以一个天真可爱的孩子的形象出现的，他对生活是那样的向往，他和他的姥爷在一起，一次次经历着乡间那些美好而神奇的事情。而在现实之中，他在那些患有梦游病症的颍河镇人的眼里却是另外一种形象，但他又总是游离在人们的梦境之外。在人们所看到的现实里，三爷到处寻找着文宝，可是他却始终没有见到他。三爷对他的关心是从伦理道德上出发的，而他的二舅母对他的兴趣却来自于他的肉体，文玉对于他的关心是来自亲情。可是却没有人知道他在想什么。文宝是一个不可言说的形象，我们只能去感悟他。我们可以说他是用痴人说梦般的语言来消解着那个世界；可以说是他以一种纯净的心灵来与肮脏的现实对抗；可以说他是以清醒来矫正人世间的混沌；可以说他是用痴傻来消弭人生现实与梦境的界限；可以说他是我们记忆里凝滞的时间。他是一个不可忽视的存在。可是，《梦游症患者》里的颍河人却偏偏忽视了他。一个忽视了智者对世界进行发问的年代应该是对人类精神自我丧失的事实的一个补充说明。

林舟：《梦游症患者》在很大程度上可以看作一个家族溃散和消亡的故事，除了其社会化、政治化的指向，你更感兴趣的是不是另一种更为隐秘和神秘的力量？

墨白：梦境本身就是神秘的。生活在那场噩梦里的人们的行踪无疑都充满了隐秘的事件、行为和神秘的现象。现实就是梦境，这是我在《梦游症患者》里所要展示的。但现实中的隐秘和神秘是不同的。神秘的力量来自我们自身，是自然的，是一种生命现象；而隐秘的行为和事件则来自社会、政治和文化，是人为的。作为一个自然的人，首先我们不能主宰自己的出生，我们也不知道在我们的生活中将会遇到一个什么样的女人并和她恋爱，不知道在未来的时光里自己会突然间碰到什么样的天灾人祸，也不知道在现实的生活里会突然出现一个什么意外的事情，所以我们无法把握自己的未来。一切都是偶然的，一切又是必然的。我们无法把握自己，更无法把握别人，于是，这个世界上到处充满了玄机。命运、生死、这些我们都没有把握，这是自然的。然而社会、政治和文化带给我们的是另外一些东西，那就是人为的隐秘的事情。比起自然的神秘，那些人为的隐秘的事情更使我们感到困惑。在《梦游症患者》里，我所要展示的就是形成这种人为的隐秘事件的原因。在《梦游症患者》里，我们首先应该注意到三爷这个人物。三爷出身贫寒，但在他主张要过一个大家族的念头上，不难找出儒家思想对他的影响。君君臣臣父父子子，在那个大家庭里他要过一过掌权的瘾。三爷是一个明白人，他从一个乡间拾粪的农人成为颍河镇上有声望有地位的名人，靠的是什么？他知道没有人们歌里唱的救世主就没有他王老三的今天，所以他要感恩。他没有文化，他整天想着自己的救世主，可是独独把自己给忘记了。在那个年代，我们的一切都是救世主给予的，救世主就是我们的精神，我们每日都是为救世主而活着，救世主的思想就是我们的思想，我们丧失了自我，我们没有了灵魂，我们都是一些没有个性的奴隶。在这样的世界里，隐秘的事情就接连不断地出现了：三爷的一个孙子死于一场武斗，可是没有人知道他的另一个孙子也死于那场武斗，那个冤魂在夜间的呼号被颍河镇人误认为是冬季里从河道里刮过来的寒风；他的大儿子乘坐木排沿着颍河顺流而下，到远方去调查他三弟的反革命罪行去了，从此就没了音讯；三爷亲手把他通奸的三儿子和二媳妇沉到了河水里，那条被沉入河底的船只有三爷一个人知道，但他这一辈子再也不会对任何人讲起；三爷的一个孙女出去串连，再也没有回到过颍河镇；在那个冬季来临的前夕，三爷先后失去了他的三个儿子、一个女儿、一个女婿、一个媳妇、两个孙子，还有一个孙女下落不明。打水的老鸡在一天夜里把几个疲劳过度的少女奸污了，老鸡突然发现了革命的好处，他感慨道，怨不得人人都闹着要革命，这革命能使人做上一夜皇帝。可是三爷的孙女燕子由于疲劳对此却一无所知，直到三爷发现她怀了身孕。三爷真是悲痛欲绝，最后他只有让他的大儿媳妇带着她那个没有结婚就怀孕的孙女远走他乡，现在三爷孑然一身，就连他的两个外孙也下落不明。在一场大雪来临的日子里，凄伤的三爷拄着拐杖离开了家门……

在《梦游症患者》里，所有的隐秘事件都是人为的，都发生在思想领域里。可是却没有人对发生这一切事件的原因提出丝毫的怀疑：三爷是基于传统的伦理道德来惩罚自己的小儿子和二儿媳妇的；文玉折磨死了自己的父母，是基于父亲是个右派，但是他自己并没有弄明白右派到底是什么。救世主说右派是敌人，那你就是敌人，救世主的任何一句话都是真理，颠扑不破的真理，就是自己的亲生父母也不行。但是这些人为的隐秘事件最终又都归于自然，归于那些我们不可把握的神秘。

林舟：《梦游症患者》是否也可以说是你的个人记忆的书写，因为我感到其间的许多细节描写是那样真切，仅仅靠想象或者间接经验很难获得这样的效果。

墨白：首先，小说里的所有场景都是我记忆里的场景：绵延不断的河流、被水浪吹打得呱咚作响的木船和像梦一样的白帆、充满泥泞的码头；长而狭窄的街道、街道两边那些房顶上生长着翠绿色瓦松的门面房和木质的阁楼；那座由关帝庙改建而成又充满了神秘气息的学校；散发着刺鼻气味的酒厂和高大的酒精楼；潮湿的院子里摆满了巨大的陶瓷釉缸的酱菜厂；那座深邃阴森的由地主雷九少留下来而变成了公社的大院，等等。小说里的事件同那些场景一样也都来自于我记忆的深处。小说里的那些人物，大多也都有原形。但是那些人物的原形最初在我的脑海里却是一群模糊不清的影子，那些模糊不清的身影在我动笔之前不停地在我的眼前晃来晃去，直到我用文字把他们很清晰地固定下来为止。现在对于我来说最重要的一点，就是我已经根据那些记忆写出了《梦游症患者》。但《梦游症患者》不光光是一部描写个人经历的小说，也不单单是一部描写“文革”的小说，这是一部关于民族苦难经历、关于人类的生存状况、对人类自身进行拷问又具有形而上的宗教精神的小说。

林舟：你觉得就家族历史的叙述而言，《梦游症患者》为当代文坛提供了哪些新鲜的叙事因素？

墨白：让艺术情境的神秘化和隐秘化；用梦游病症的象征性来击醒现实中的肉体和灵魂；用含有诗性和情绪化的语言描写道德的毁灭、人性的丧失和正常生活的颠覆；用开放性的结构来展示事件。

林舟：与《梦游症患者》不同的是，《寻找外景地》[①]更多了一些现实感，但是，你在对现实场景的叙述中，不断通过另外的文本——《雨中的墓园》和《风车》——的介入打碎它，肢解它，这是不是你的艺术旨趣所在？

墨白：从物理时间来看，《寻找外景地》里的故事发生在不到两天的时间里，就是从头一天下午他们开车驶向目的地开始，到第二天的那个阴雨的上午。但是这部小说的时间跨度却是四十年，这个时间跨度来自这部小说里所

① 《寻找外景地》，长江文艺出版社1999年6月版。

包含的相对独立的文本《风车》。《风车》讲述的是发生在1958年“大跃进”那个特殊年代的故事，地点就是现实中人们要去的颍河镇。这个小镇上的人们要在北方的土地上建造一架南方才有的风车，用来车水。但事情的结果是在干涸的北方土地上只留给人们一个经久劳作后空洞的土坑，无水可车的风车竖起的只是一个意味深长的寓言故事。在这个文本里，我所运用的语言通篇都是那个特殊时期的语言，狂热而充满激情，脱离现实而又有着美好的幻想。而《寻找外景地》这部小说的心理时间就更为长远，这部小说里的心理时间则来自小说里的另外一个文本《雨中的墓园》。《雨中的墓园》这部小说讲述的故事看似现代人的生存状况，但这里面却没有具体的物理时间，这个文本里所讲述的是一个对历史的真相产生怀疑的故事：一群人在同一天遭遇死亡，而有关这群人的死亡方式却有三种说法，这三种说法分别来自文本里的主人公所遭遇的三个人：黑衣老者、守扳网的妇女和渠首里的那个瞎子，他们都是那群死亡事件的见证人，但从这三个人嘴里说出的死亡就有三种结局。在这里，历史因为一个人的情感、好恶而产生。胜者王侯败者寇，历史失去了它本来的面目。《风车》和《雨中的墓园》这两个独立的故事和现实的联系是：那群现实里的人所要拍摄的电视剧就是根据这两部小说改编而成的，于是这两个故事就成了这群人的现实基础。而另一个不可忽视的事实是，现实中的两个重要人物丁南和浪子都曾经在小说里所描写的颍河镇生活过。在他们接近颍河镇的时候，在颍河岸边的那个神秘的渠首里，在颍河的两岸，《风车》《雨中的墓园》里的人物和环境又出现在现实之中，这就提醒我们，我们在现实生活中所看到的人物和事件也不过是别人眼中的一个故事而已。这样，这部小说的结构就有了三个层面：第一个层面是《风车》里的故事，第二层面是《雨中的墓园》的故事，第三个层面就是《寻找外景地》

的故事。在这里，小说的主干故事往往只是起一种线索的作用，在这样的一条线索的串联下，小说中的大量的子情节和具体细节大都是无规则地派生出来的，都不是为主干故事的最后结果而做某种铺垫或者必要的环节。就像评论家郝雨在一篇文章中说的："《寻找外景地》里的主干故事是无结果的，或者说寻找的过程就是结果，叙述的整个过程也是发散性的、无中心和非闭合的，小说的全部意义也就在于其整体的叙述过程之中，其中的全部细节又都各自承担着某种经验的意义。"[①]同时，我在《寻找外景地》里让所有现实中的人都出来在现实的基础上对自己的往事进行纷乱的回忆，丁南、浪子、夏岚、艺术家小罗，还有那个始终都没有出场的小说作者方舟，加上《风车》和《雨中的墓园》里众多的人物，这就构成了文本的开放式结构，从而对传统的叙事方法和结构方式进行一次彻底的颠覆。

林舟：《寻找外景地》执著于对历史、死亡和时间的表现，并且揭示着艺术与其密切的关联。当丁南、夏岚们寻找象征着历史的虚无缥缈的"外景地" 的时候，他们的寻找也成为历史，那么，这种寻找本身也就进入到一种时间的循环之中。作品的结尾向我们暗示着夏岚对丁南的重复，"丁南"则在向前延伸，但是他的"延伸"未尝不是在重复。我感到，小说这样的处理充满着自我指涉的意味，它在说明着小说叙述与世界的关系。

墨白：或许这就是小说的意义。实质上，我们现实中生活着的生命都是在重复着已逝的生命，只是重复的形式不同而已。我们生命的过程是在寻找各种各样的人生意义的过程中慢慢消失的。一方面，小说对一些我们比较关心的人类的现实生活进行关照，并对我们所看到的历史产生怀疑，对生命和时间的意义提出自己的看法；而另一方面，小说是为了让我们重新得到一种新的生活。通过小说，可以使一些我们没有经历过的、一些我们没有能力去实现的、

①见《墨白的艺术迷宫与"神秘的房间"——墨白小说论》，载《山花》2001年第11期。

一些我们想象中的情景得以实现。我们可以选择一个人物在小说里去填补我们现实生活中的空白，我们可以选择一个人物来重演我们的人生遭遇，可以让那个人说出我们想说的话，也可以通过这个人来回忆我们所经历的事件和流失的时光，并以此来表达我们的情感。我们的现实生活历来都是建立在回忆之上的，可回忆对于我们来说是没有时间秩序的，回忆是建立在虚无之上的，而能把这些固定下来的，只有小说这种艺术形式才能全面地担当起来，因为小说距离浩瀚的人的内心世界最近。于是，小说就成了我们精神生活的一部分。已逝的时间已逝的岁月我们只有通过文字把它固定下来，而小说是最有人情味的文字，它能感动我们，它能重新创造生命和时间。

林舟：在你的《寻找旧书的主人》《讨债者》[①]《重访锦城》[②]等作品中，也能创造各种各样的历史。这就是我理解中的小说叙事和现实世界的关系。我总是看到一种虚无的气象。你似乎喜欢从一件具体的事件叙述入手，最终将读者带到一个若有若无虚幻缥缈的世界，在这个世界里有许多形而上的意味漂浮着。

墨白：在这个虚无气象的后面隐藏着更让人心酸的真实。《寻找旧书的主人》里面的主人公能找到那个深藏在内心里的偶像吗？不能，如果找到了，那么现实就可能变得虚假。在我们每个人的内心世界里，都埋藏着对美好事物的向往，我们在一段时间里，或者我们的一生，可能都在回忆和寻找着那个我们向往的美好的事物，这是我们的精神，这是我们活下去的理由，他的一生或许都是在寻找那个美好的事物的过程中度过的，这种寻找才是最真实的。《讨债者》里的那个没有姓名的农民，他讨债的过程就是他人生命运的缩影，他在现实中所遭遇的就是那样的情景，他恐慌、迷茫、不能把握自己的命运，他心酸的经历是那样的让人同情，他在白茫茫的大雪里，在走投无路的时候

①《讨债者》，载《花城》1997年第3期。

②第《重访锦城》，载《收获》1995年第1期。

仍然想着怎样才能拿到他应该得到的劳动报酬，然后回到他的妻子和孩子身边，还有什么比这更真实的呢？在《重访锦城》里，我们所看到的是死亡就在我们身边这样一个看似虚无而又无可争议的事实，只是生活在现实中的人不愿意去正视罢了。在《重访锦城》里，我们还看到岁月和生活对“我”的那几个女同学无情的摧残，岁月流逝这是一个在我们每一个人的人生历程中更大的事实的存在。实质上，用这种虚幻缥缈来涵容人们的现实生活和真实的精神面貌，就是我在小说里努力要做的。

林舟：颍河镇是你绝大部分小说故事展开的空间，你对颍河镇的创造的最初的动机是怎样的？

墨白：我小说的故事几乎都是以颍河镇为背景的，就连那些描写在城市和异乡的漂泊者的时候，他们的人生经历也都与颍河镇有关。这样做的目的，就是想建造一个属于自己的文学家园。一个作家建造一个属于自己的文学家园，是十分重要的。譬如福克纳的约克纳帕塔法，譬如马尔克斯[1]的马孔多镇。我有意设置“颍河镇”这个符码，就是想借助“颍河镇”这个具有地理学坐标意义的虚构的地名，来接近我的文学目标。颍河镇里的每一条街道，每一所房屋，每一棵小树，每一个存在或者存在过的人，都是我建造的材料。当然，要说这个镇子，我们首先要注意那条颍河，那条像我身上血液的河流。我对那条河充满着敬畏之情，颍河是那个镇子的灵魂。从我出生，我一直在那里生活了三十多年。我的童年时代，我的少年时代，我的青年时代，都是在那里度过的。每个懂文学的人，都会知道童年和少年的经历对一个作家后来的写作起着什么样的作用，所以我对那里的一草一木都充满着深情。建造这样一个文学世界，是出于我的本能。最初的时候我只是出于本能地对自己所熟悉的那个镇子，对生活在那里的人进行关注。后来或者是在我读书的时候，书中某句话突然使我茅塞顿开，

①马尔克斯（1928～），最负世界声誉的哥伦比亚小说家，1982年诺贝尔文学奖获得者。主要著作有《百年孤独》《霍乱时期的爱情》等。

那种意识也就明朗起来，我突然从那个镇子里跳了出来，这样使我更清楚地看到了我所创造的这个镇子对我写作的重要性，我之所以要写她，是因为她和我血肉相连，是因为她给予了我生命，并哺育我成长。同时，我想使每一个读过我小说的人都记住颍河镇这个地方，一个作家是不可能与他的文学家园分开的。当然，颍河镇并没有明显的地域性，没有明显的民俗特色，它和中原大地上的许多村镇一样，是的，颍河镇和类似的村镇放在一起是没有明显的特别之处，但是，不是特别之处不正是它的特别之处吗？那它不是就更具有地域性吗？它不就更具有涵盖力和象征性吗？它不就更具有典型性和普遍性吗？

林舟：在我看来，《民间使者》这部小说显示了你对民间艺术的热爱，你的小说中的“民间”的血液也由此可见一斑。

墨白：那些不朽的民间艺术，是民间的精神结晶。剪纸、面人、糖人、核雕、泥泥狗、泥埙、版画、木刻面具、皮影等等深深地影响着我们祖先的精神。从小的时候，在我们生活的那个小镇上，随处都可以见到这些民间艺术的出现。后来我在艺术院校里接触了大量的西方油画作品，这是我在艺术认识上的一个升华阶段。绘画历来都是最为先锋的一种艺术，她的先锋精神对我的影响很大，对我后来的小说创作，特别是我的叙事语言和文本的结构都产生了影响。就像马奈[①]、莫奈[②]他们学习巴比松画派的时候，不是成为了巴比松画派第二，而是成为了印象派；当塞尚[③]、凡·高[④]、高更[⑤]他们学习印象派的时候，没有成为印象派，而是成为后印象派一样，我从民间汲取的是民间的艺术精神。

林舟：《事实真相》[⑥]中的前半部分引人注意的是城乡对抗的内容，后来随着来喜在回家途中的事件和心理的描述，逐渐走出了这种单一的模式，而变为对作为个体的人

①爱德华·马奈（1832 ~ 1883），法国画家，19世纪印象派主义的奠基人之一。

②克劳德·莫奈（1840 ~ 1926），法国画家，印象派最具有代表性的人物。

③塞尚（1839 ~ 1906），法国画家，后印象派主义绘画的代表人物之一。

④凡·高（1853 ~ 1890），19世纪后印象派主义绘画的杰出代表。

⑤高更（1848 ~ 1903），法国后印象派绘画大师。

⑥《事实真相》，载《花城》1999年第6期。

的心理内容的揭示，其间的转换对你来说是否非常自觉？

墨白：不是我的转换是否自觉，而是来喜的转换是否自觉。在《事实真相》里，除去来喜的第一人称的叙述，另外的那个“我”的叙述方式也是内视角。从城市与乡村的对抗转换到对回家途中的事件和心理描述，那是从固定的环境往移动的环境转换的过程。随着环境的变化，人的心理也会跟着发生变化，这对于在那个环境里生活的来喜而言，应该说是很自然的事情。

林舟：我感到你的小说叙述中，人物语言的方言味很重，口语色彩也很突出，这是不是你刻意追求的效果？

墨白：口语化在小说写作中的运用是一种出力不讨好的写作行为，但在小说写作中是否能运用好口语，对于一个有追求有个性的小说写作者来说是极其重要的。我所选择的方法就是让自己从小说的叙事当中退出来，让小说里的人物放到他们的身份、修养、个性、生存的环境中去自我表现自己，这是我解决口语化写作的一个根本的原则。

林舟：你怎样看待文人化（书面化）语言的叙述与人物口语叙述之间的关系？譬如，你在《事实真相》这篇小说中除了来喜的第一人称叙述（自述和他对小巧的倾诉），还有第三人称对来喜的叙述，前者是充分口语化的，而后者相当书面化，如此所达到的一种叙述形态，对你来说意味着什么？

墨白：书面化和口语化在一个文本里出现的时候，就像一幅黑白木刻，空白之处是艺术的形式，而线条就是所要表现的内容。写作的书面话语言是最能体现艺术形式的语言，而写作时的口语化则是最能体现生活本质的语言。内容的现实感与艺术的探索性，历来都是小说写作中一对难以调和的矛盾。这两种相同的特征在我的小说里都很明显，这也是我小说写作的基本方式：用书面化语言来作艺术形式的探索，用口语化来体现现实的生活。

林舟：你能够谈谈你的日常生活与你的文学写作之间的关系吗？在你的小说中，像《重访锦城》和《进入城市》[①]这样的作品，是否相对更倚重于你自身的生活体验，而像《讨债者》和《局部麻醉》这样的作品则偏重于向外搜罗故事？

墨白：小说家通过现实生活中的感受和感觉并唤醒回忆之神的时候，就是进入写作的时候。现实生活是一把打开写作之门的钥匙，回忆是进入文学内部的通道，我们的整个写作都是建立在现实之上又通过回忆来完成的。那些陈旧而清新的，我们在现实生活当中经历过的画面、事件、人物、声音都被回忆所过滤，然后在我们的脑海里移植搬动。颍河镇里那些古老的街道、老式的建筑、许多不可猜测的神秘或者锦城里的一些场景都将形成文字变成另外一种现实。《重访锦城》和《进入城市》就是这样产生出来的。《讨债者》和《局部麻醉》则是对人性恶的警觉。对人性恶的警觉应该是一个真正的写作者的必备条件。一个作家在描写人性恶的时候不能把这种恶当作生活中的常数，在小说里，光有对恶的认识是不够的，还必须让读者认识到恶的来源，然后瓦解它。

林舟：《局部麻醉》这样的小说中，最初激发你的是什么？或者说你的兴奋点在于什么？我感到其中的一些意象过于密集，让人应接不暇，难以把握。白帆令人同情的命运似乎颇多地归因于“性”和“权力”的压迫，你是不是有意识地将性与权力并置起来，探询其间的关系？

墨白：《局部麻醉》通过梦境来颠覆和解构现实。梦境给我们带来一些非凡的想象力，梦也使我的小说生出一种奇特的情景。在生活里，我们每个人都会和梦相遇，在梦里，我们会做出一些伤天害理的事情、我们会杀人、我们强奸一个陌生女人、我们会没命的逃亡。但这些在我们的现实生活中都是会出现的，只不过那不是我们的亲身经历。性对于人类的压迫丝毫不弱于权力对于人类的压迫。在动

①《进入城市》，载《峨眉》1993年第4期。

物世界里，性就是一种权力的象征。在人类社会里，性同样是权力的象征。常言说的“淫威”就是性和权力的结合，封建帝王可以有三宫六院七十二妃。在《局部麻醉》里，外科大夫白帆就像生活在梦境里，他对性的恐惧来自人本身那些难以满足的欲望，他对权力的恐惧来自现实社会的本质，所以白帆的梦境是真实而可怕的。

林舟：《爱情的面孔》[①]中的“爱情测试”本身就包含着一种价值尺度，它建基于性与爱的分离。在我看来，你在小说之外对这种价值尺度似乎持一种犹疑和困惑的态度，这投射于小说叙事之中，形成了一种带着伤感的反讽。

墨白：在“爱情的测试”过程中，“我”的道德观已经丧失，露出人性的本质来。所以说现实的社会已经被各种各样的欲望所统领。在欲望的旗帜之下，现实中的人做的又是那样的不彻底。既想当婊子，又想立贞节牌坊，这就是现实人的精神状态。《爱情的面孔》所展示的就是现实之中的人在欲望与道德之间摇摆不定的尴尬局面。

林舟：你的创作一直很勤奋，并且也没有显得汲汲于文场名利的样子，你是靠什么作为你写作的内在支撑？你担心自己创作的源泉有一天会干涸吗？

墨白：不是做样子，因为写作而带来的名利对于我来说真的不重要，重要的是我在写作。春节时我回到故乡，一些我所熟悉的人悄悄地离开了人世，他们的死勾起了我的许多回忆。父亲对我有一句没一句地讲着那些人的一些往事，讲讲也就过去了，随着时间的推移，那些人就会慢慢地被人忘记。而我可能就会在某一天把他们写进我的小说，他们会通过我的手变成文字重新存活下来。我不讲这些文字会存活多久，重要的是我已经这样做了。这就是支撑我写作的力量。我是一个靠生活激情而写作的人，如果哪一天我不再热爱生活了，那么我的写作也就终止了。

林舟：你是怎么看待文学写作的先锋性的？

① 《爱情的面孔》，载《东海》1999年第12期。

墨白：我意识里的文学写作的先锋性应该是这样的：他的写作能提供一种新的认识世界的视角，或者是对生命的一种独到的感受；他的叙事或文本常常颠覆读者的阅读经验，把读者带到一个陌生的境地里去。读者在他那里看到了隐藏在自己身边的一些没有察觉或感受到的东西。刚刚过去的20世纪，在福克纳那里，在普鲁斯特[①]那里，在乔伊斯和卡夫卡那里，我们都可以看到有划时代的文学事件的发生。在这些文学先锋那里，我们一再看到传统的规范的叙事方法的消亡，看到新的叙事艺术的产生。我们从他们那里不断地接受认识世界的新视角，他们对个体生命日常生活的关注和叙事方式引导读者对传统的叙事进行反抗。

林舟：这样的写作与读者的关系是否处于紧张的状态？

墨白：他们在写作的时候，从来不去迎合读者，他首先考虑的是怎样去表达自己对这个世界的真实的感受和思考，他首先要求自己是真诚的，他不是读者的精神领袖，因为我们每一个人都是相对独立的，世界上从来没有过什么救世主。他也不是读者的奴隶，大众的口味只能使一个小说家变得庸俗不堪。艾特玛托夫[②]说："大众读物不能使人变得进步，它只能使人开心和逗乐，使人停留在原处。"一个只会写出所谓的畅销小说的作家不会给人类带来思考，只能给读者带来惰性，只能使读者变得更加庸俗。文学的先锋是把读者放在和自己平等对话的位置上，他要把自己的心灵毫无保留地呈现在读者面前。所以他也不会去在意自己的书能在书店里卖出去多少。1940年乔伊斯在给朋友的信中曾经谈到在那年整整半年时间中他的作品销售的情况："《流亡者》零本，《青年艺术家的画像》零本，《都柏林人》六本。"难道这是乔伊斯的不幸吗？我并不这样认为，乔伊斯该做的已经做了，他已经为我们写出了《青年艺术家的画像》《都柏林人》和《尤利西斯》，我们不

①普鲁斯特(1871～1922)，法国小说家，他的七卷本长篇小说《追忆似水年华》在西方现代派文学史上占有重要的地位。

②艾特玛托夫（1928～2008），苏联时期成名的吉尔吉斯斯坦小说家，主要作品有小说集《草原和群山的故事》。

去认识他那是我们的不幸。时间已经证明，乔伊斯是一个有着广泛影响的作家。我认为，先锋性的写作始终代表着人类最为珍贵的精神品质。

林舟：你认为现在有不在意自己的书卖多少的先锋作家吗？

墨白：我相信会有的。事实的真实情景也是这样，比如布尔加科夫[①]。布尔加科夫当年在写作的时候压根就没考虑他的书能卖出去多少本，因为当时他的书出版都很困难。你想，在这样的情况下他能去考虑自己的书能卖出去多少吗？他是一个用写作来关照自己心灵的人，他以写作来实现自己的梦想。同样，卡夫卡也是一个例子。卡夫卡在遗嘱中交代自己的朋友让他烧毁自己的手稿，这也表明他对写作的一贯态度。我想，无论到什么年代，历史都应该有他的相似之处。

林舟：你认为近年来文坛上发生的一切对你产生最大影响的是什么？

墨白：好像我和近年来文坛上发生的事情没有什么关系，文坛上所发生的事情对我也没有什么影响。要说对我有影响的事情，一是我自己不断的阅读，二是像《收获》《花城》《钟山》《大家》这样的刊物一直在办下去，并能发表我的小说。多年以来我都对编发过我小说的各个文学期刊的老师们怀着一种感激之情，可是我一直没有机会对他们表达过我的这个心愿。请你允许我在这里向为我付出过辛勤劳动的编辑先生们深深的鞠上一躬：诸神在上，墨白这厢有礼了。

（根据 2001 年 2 月 25 日的通信整理）

① 布尔加科夫（1895 ~ 1940），20 世纪俄罗斯文学大师，主要作品有《大师和玛格丽特》《狗心》等。

对文本的探索

——墨白访谈录[1]

雷　霆[2]

时间：2003年元月某日

地点：北京，专家公寓，308房

雷霆：你以前是学习油画的，可后来你却放弃了绘画，进行写作，是什么原因使你做出这种选择？你写作的目的是什么？

墨白：为了生存。作为一种生存手段，写作是很清贫的。我觉得一个真正的作家，他的创作应该具有宗教精神。1950年福克纳在领取诺贝尔文学奖时曾经说过下面的一些话：人之所以不朽，那是不光光因为在所有生物中只有他才能发出难以忍受的声音，更重要的因为他有灵魂，富于同情心，自我牺牲和忍耐精神。作家的责任正是描写这种精神。作家的天职在于使人的心灵变得高尚，使人的荣誉感、希望、勇气、同情心、怜悯心、自尊心、自我牺牲的精神复活起来，帮助人类挺立起来。我觉得作家的责任还有一点，那就是要让人们了解真正的历史。我们靠什么了解历史？靠什么了解人类的思想发现史？靠什么去寻找流失的时间和生命？一方面是靠文字对客观世界的记载，而另一方面就是靠文学艺术对主观内心世界的创造和发现，有了这两方面我们才能更接近人类活动的过程，或许这就是文学的真正意义。当然，说得大一点，我的写作也包裹在这个意义里。

雷霆：在你的作品中反复出现“颍河镇”这个地方，

①原载《山花》2003年第6期。

②雷霆（1971～），河南淮阳人，当代诗人。著有诗文集《绿梦》《撒旦的舞蹈》等，现居北京。

你完全可以在不同篇章使用不同的地名。你是否有意设置“颍河镇”这一符码？是否与你的“故乡情结”有关？

墨白：1998年5月张钧先生到郑州的时候，我们就谈到了这个问题，2001年春节前后我和林舟先生也说起过这个话题。我是想借助“颍河镇”这个具有地理学坐标意义的虚构的地名，来接近我的文学目标。我今天想谈的是，一个人的童年、少年时代的经历对一个作家是很重要，但后来他对生活的认识也十分重要。世界上有那么多亿人，有多少人才成为了作家？所以一个作家的写作和他成长的环境十分密切。你如果生活在一群木匠的身边，那你就可能成为一个木匠，如果你生活在一群铁匠身边，你就可能成为一个铁匠。当然，这不排除例外。所以一个作家对生活的认识非常重要，认识就是生活。一个人的天赋只能在适当的环境之中才能发挥出来，只有在适当的环境之中，他的天赋在他的不断努力之下才得以显现。所以，我们每个人都是这样，我们每一个写作者也是这样，我们只有进入自己所熟悉的领域，才能像鱼儿进到水里一样自由。我的写作也是这样，一旦进入颍河镇，我想象的翅膀，我自由的翅膀，我语言的翅膀就会自动地张开。一个作家要建立一个属于自己的文学领地，是极艰难的事情，像马尔克斯，像福克纳，像沈从文。一个作家的文学领地是和一个作家的艺术生命紧紧相连的。

雷霆：从乡镇医生、光荣院里的老人到冒险制作摔炮的农民、异乡的讨债者等，你的小说几乎写的都是一些小人物，你是在有意地回避文学的宏大主题和宏大叙事吗？选择立足民间有何契机？

墨白：你认为一个国家主席和一个在农田里劳作的村妇对一个作家来说，他们有什么不同吗？没有，一个英雄和一个强盗，一个百万富翁和一个乞丐，他们对我同等重要。一个人放在我们的笔下，他就是一个世界，孔乙己这个小人物和袁世凯这个大人物对于文学来说，在本质上没有什么区别。我们文学要关注的应该是人的本身，关注他为什么会成为一个英雄或者为什么会成为一个强盗，同样，所谓的宏大主题和宏大叙事对于一个作家来说也不是回避与不回避的问题，而是他的视角问题。一个作家的写作立场不是他自己决定的，而是他的命运决定的，这与他的生活经历有关。就拿我自己来说吧，我本身就是一个生活在社会底层的人，这本身就决定了我的写作立场，没办法改变。在我们没有成为作家的时候，当现实生活中的灾难、痛苦、欢乐和幸福来临的时候，你该怎样对待？你不可能回避，想回避你也回避不了，那就是我们的命，真正的生活不是那种走马观花，生活就是经历。你怎样体验别人的痛苦？你怎样体验别人的快乐？我认为，写作就是对自己的认识，就是对自己命运的认识，写作就是一个人的命。

雷霆：可以说，你的作品与一些直接呈现时代脉搏与变更的小说不同的是：你的作品时代性并不明显，甚至淡薄。你更在意的是小城镇人物的心理深度。你觉得在时代性与人物的心理深度之间有矛盾吗？

墨白：我前面说过，我的写作关注人类更为本质的东西，也就是说我更关注时代的本质问题。举个例子：比如卡夫卡，你能说他的《变形记》，他的《审判》时代性不强吗？他更深刻地展现了人物的内心世界，这与时代性没有丝毫矛盾。反之，这种关注人物内心世界、关注文学本质的写作更具有时代性，你可以把这样的人物放在每一个时代里。

雷霆：琐碎的苦痛、粗粝的现实乃至某种声音，甚而某个人的举动都会构成一种无法忍受的心理压力，把颍河镇的小人物逼向绝地，直至崩溃。你似乎愿意在某种极致环境下叙写生存现实？

墨白：这不是愿不愿意选择某种环境叙写的问题，这是生活本身所提供的生存环境。现实本身就是这样。我觉得这不是一句两句能说清的问题，你也无法说清，这些你只有在阅读作品时去感受。

雷霆：从小说《流行死亡》[1]到你的诸多文本，死亡主题充斥着你的大部分作品，是什么强烈的原动力驱使你一以贯之地关注死亡，思考死亡？特别是你的长篇小说《寻找外景地》里，颇具代表性的死亡方法，美工小罗的死几乎是偶然因素作祟，导演浪子的死则颇有在劫难逃的宿命色彩。你描写的死亡在精神层次上指向什么？

墨白：有些时候，我是个唯物主义者，因为死亡是现实的存在，我关注死亡就是对人的终极关怀。如果不是阴天，我们每天都能看到太阳的升起和沉沦，这种自然现象和一个人的生命极其相似。所以我们常常把年轻的生命比作初升的太阳，把年老的人比作夕阳。太阳的升与落就是我们每一个人的生命过程。当你的生命和事业如日中天的时候，下坡路就在等待着你，你不可能总待在天空中不往下沉落。所以我们每一个人都要面对这种尴尬的局面和困境，我们会慢慢地走向黄昏，当黑夜降临的时候，我们的生命就会终止。当然，明天太阳还会照样升起，太阳的升与落就是我们人类的延续，太阳每天都是崭新的，所以人类也永远是年轻的，衰老的只是一些个体，我们要清醒地认识到我们终有一天也会成为西沉的太阳，我们只不过是自然界里的一个分子而已。对死亡的思考应该是对人生的终极关怀。从这个意义上讲，看似关注死亡，实质上是思考生命的过程，是思考人的生命本身。一个人的精神与他的现实生活紧密相关。我有一个邻居，姓白，六十多岁，好打麻将。有一天他从上午坐下一直到夜间八点钟都没有赢过一局。到了最后，他先是开了一个明杠，又开了一个暗杠，紧接着他又来了一个杠底花。当他摸到那张他需要的三万的时候，血液像洪水一样涌进他的大脑，他大叫一声，他妈的……话还没有说完，兴奋使他突然倒地，死了。

① 《流行死亡》，载《山东文学》1989年第7期。

所以在这个世界上，有一个人的存在，就将有一个关于死亡的故事发生，小罗死于自己的幻觉，浪子死于多年前定下的系数，我们谁也逃脱不了干系。当我们认识到这一点的时候，什么地位高低、权力大小，都会变得像鹅毛一样轻重。

雷霆：再者，与死亡相关的是暴力的无所不在，早期的《黑房间》中的弑父杀子的场面总让人想起早期的余华。他那时期的作品中的人物只是一个符码，而你更迷恋对于人性恶的挖掘与呈现，不知是否有人指责你那时的冷漠与残忍？

墨白：余华的那些人物后面有着更深刻更坚硬的东西，这是我喜欢这个作家的一个原因。但我与他不同。你所说的冷漠和残忍是我对现实生活的一种再现。前些天我在一家晚报上看到过一则消息，讲的是在一个乡村小学里，一个女教师被她有精神病的丈夫活活砍死的事情。那个精神病人在他的妻子身上连砍了七十多刀，在这个过程中，有许多人都站在一旁，他们当中有小学校长，有乡派出所的民警，有县上来的司法干部，等等。我现在还不明白，到底是什么捆住了那些旁观者的手脚，难道他们就没有听到那个女教师一声又一声的惨叫？可他们没有一个去救那个濒近死亡的人。这是什么？这不是冷漠和残忍？我们在报纸上，在生活中看到过太多这样的新闻和事件，所以对人性恶的警觉，是一个有良心的作家的必备条件，警觉不等于迷恋，一个作家仅有对恶的认识是远远不够的，还必须让读者意识到，还应该让读者想到制止恶，想到改造人性的社会因素。

雷霆：你写了如此多的死亡故事之后，你有没有想过作哪些突破？

墨白：想过。但是突破是因现实的启发而产生的，不可预测。

雷霆：暴力是可怕的，但对生命的伤害，不仅仅只是暴力一种。在《局部麻醉》《光荣院》[①]《讨债者》里我们看到另一种现实，人们对生命的伤害往往是无意识的，言语、声音、人际关系和非暴力因素也在伤害着生命。在冷静的叙述表层下涌动的是一种忧伤，悲悯色彩的增加，与你早期的作品有所不同，你自己怎样看待这种转变？

墨白：比起早期的作品，我现在更关注这些小人物的精神历程，更关注形成这种伤害的根源。这种转变来自我对人这种动物更深层的了解，来自对我们这个民族更深刻的认识。

雷霆：你近期作品中的人物，比如《局部麻醉》和《光荣院》，大多处于一种孤独的境地，你认为个体与周围环境是处于敌对状态，永远无法和解吗？

墨白：孤独和死亡一样，是我作品的主题。我们人更多的时候都处在孤独之中，因为我们的内心世界太浩瀚了。一个人，你能把你心里想的东西讲出来多少呢？百分之一？千分之一？万分之一？所以我们都是孤独的，只有孤独，才会产生思想，只要有思想，个体与周围环境的敌对状态就无法和解，即使和解，也是暂时的。

雷霆：米兰·昆德拉[②]说：小说家是人的生存状态的探险者，小说的真义是对生存状态的新发现。死亡与孤独都是古老的主题，你从中得到什么新的发现？你是一个孤独的人吗？或者说你在现实生活中感到孤独吗？

墨白：在现实生活中，我是孤独的，我无法解除这种孤独感，我只有用写作来安慰自己，只有写作的时候，那种孤独感才会慢慢地消失，因为那个时候我和我的人物生活在一起，我理解他，同情他。反过来，他也理解和同情我。所以，我的写作一直比较关注人的生存状态和精神状态。还有一种和解的方式，那就是读书，当你读到一本好书的时候，当你感觉到那个写书的人在和你真诚地对话的时候，

①《光荣院》，载《花城》1999年第2期。

② 第米兰·昆德拉（1929～），当代最有影响力和想象力的法籍捷克小说家，主要作品有《玩笑》《不能承受的生命之轻》《生活在别处》等。

这种孤独感才会得到缓解，书永远是我们人类静态的精神食粮。

雷霆：雾气迷蒙的颍河，突兀而至的死亡构成了独树一帜的神秘感，你也十分注意对神秘氛围的营造。神秘感是否预示着生命本身的不确定性和人对生存状态认识的模糊性？

墨白：现实生活本身就是神秘的，没有一个人敢说在他走出家门的时候会在他的身边突然发生一件什么样的事情，会碰到一些什么样的人。我们不知道，我们也无从知道。我们不知道迎面过来的那个人是一个什么样的人，什么样的性格，什么样的经历，什么样的精神状况，或许我们压根就不想知道。但是迎面从我们身边走过无数个这样的人，我们也是他们其中的一员。所以神秘就在其间，可是我们又都熟视无睹，不是这样吗？

雷霆：你早期的作品从家族历史入手，用乱伦暴力颠覆传统伦理道德。《寻找外景地》里所谓历史只存在于叙述者的叙述中，具有多种可能性，而且历史不断深入现实。你秉承怎样的历史意识？历史意识在小说创作中重要吗？

墨白：比起历史来，我更注重现实。我在《寻找外景地》里写过这样一句话：现实只存在于一瞬之间，同样，历史也只存在于一瞬之间。一切对于我们来说，都是一种回忆。我们不能忽视历史在我们的回忆之中所起到的作用。其实，现实是对历史的模仿，无数次的模仿，历史在我们的回忆之中得到延续。

雷霆：《寻找外景地》中的文本《风车》，以幽默戏谑的语言提示意识形态的虚假和脆弱，很是新颖，这种对人们固有的常识的颠覆是否带给你创作上的乐趣？

墨白：我比较喜欢我的《风车》，可惜的是并没有人注意到这部小说，但这并不是我的过错。把《风车》放进《寻找外景地》里，在文本上它又产生了新的意义，我想颠覆人们固有的对现实的观念。创新的历程从来都是苦涩的，但乐趣也不言而喻。

雷霆：《讨债者》《寻找外景地》是在寻找之途中迷失，直至走向死亡，《光荣院》则是从缸里来到缸里去。这些颇有象征意味的结局让人绝望。你从来不在作品中指出一条精神出路，你是一个悲观主义者吗？

墨白：我不是一个悲观主义者，如果我悲观，也不会这样卖力地写作。我的写作是展示，展示人的生存状态和精神状态，谁能在自己的作品中为读者指出一条精神之路？我做不到。还是《国际歌》里唱得好，世上没有什么救世主，要解放，还要靠我们自己。为什么世人都要在精神上找到一种寄托？那是因为我们孤独和寂寞的内心需要安慰，在我们没有宗教的现实生活里，在我们这些唯物主义论者的生活里，真正的文学就是我们的教堂。在这个充满功利的现实世界里，那些产生消费品的匠人到处都是，我们缺少的是那种具有创造力的写作，我们的写作之所以缺少创造力，那是因为我们的内心世界并没有达到自由的境界，我们还没有到达自由表达精神的境界，那是因为更大的困境存在于我们的灵魂深处。我们要对这种困境有所认识，首先应该理解和认识我们的生活，然后才是文学，我觉得这一点对一个写作者尤其重要，刚才我说过，我们要把写作的过程理解为认识自己的过程，这一点对于我来说，尤其重要。

雷霆：算起来你有十余年的创作生涯，似乎一直着迷于一种边缘化的写作。在这种边缘化状态下你如何把握创作方向？你关注文坛热点吗？

墨白：我为你说的边缘化写作而有些沾沾自喜，这样多好，没谁打扰，自己想写什么就写什么。庄子讲过这样一个故事：江湖的泉源干枯了，鱼儿都困在地面上，很亲切地用口水互相滋润。一个鱼说，沾润一点我的口水吧，免得渴死啊。另一个鱼说，谢谢你！你真仁慈又义气。难道这样的仁慈和义气比江湖水满，大家不相互照顾还好吗？在江湖里，鱼儿们自由地游来游去，把身处的江湖都忘了。你说的边缘化，或许就是我所处的江湖，我在自由地游动。可苦恼的是，有的时候我对此却没有觉悟。所以，每时每刻，我都在警告自己，要对今天的处境有所认识，只有认识到了，你才会无比珍惜这时光，珍惜这拥有写作自由的时光。但我不知道你说的文坛热点是什么，是一本畅销书卖了多少多少册吗？如果是这样，我不关心。

雷霆：在就中短篇小说的形式上，你觉得哪种文体更顺手些？

墨白：没有差别。

雷霆：发表于《大家》1998年第6期的《梦游症患者》，是你的首部长篇小说，这是一部具有史诗性的作品，这是我所读到的目前描写"文革"小说中最好的一部，你能结合《梦游症患者》谈谈"文革"小说吗？

墨白：谢谢你对我的鼓励。《梦游症患者》已经由河南文艺出版社出了单行本，关于《梦游症患者》的话题，我已经在后记里和林舟的访谈里谈过，林舟先生对我的访谈发在《花城》2001年第5期，这里就不再说了。有关别人的"文革"的小说，我读的不多，也没有发言权。

雷霆：你一直在叙事语言和叙述技巧上坚持不懈地探索，如：《红房间》里的叙述是由第一人称叙述者担任，但那又是一个旁观者在叙述"我"的故事，在《寻找外景地》里采用的是双重文本的相互指涉。你认为自己在叙述上都做了哪些努力？存在的障碍在哪里？

墨白：通过自己的叙事语言使小说更有味道，我一直想使自己的语言在表达人物内心世界的时候更准确，更具有深度，更纯粹。存在的障碍是还没有达到我的这种理想境地。

雷霆：你的叙述语言颇富诗意，尤其是浓重的油画色彩。说说你想获得怎样一种语言风格？

墨白：你已经替我说出了一些，富有诗意的语言和语言的色彩感就是我所追求的，我想使我的叙事语言像水一样在纸面上流动，富有情绪，富有一种质感，准确而富有光泽，即使在黑暗之中我也想使她闪闪发光。

雷霆：你的写作始终都保持着一种实验姿态，对形式的探索是你一贯的追求。可以说，你的许多小说，比如《梦游症患者》《寻找外景地》《光荣院》《民间使者》《雨中的墓园》等等都具有文本意义，可是这一点并没有引起批评界的关注，你是怎样看待这个问题的？

墨白：这很正常。我记不清是哪位大师说过这样一句话，他认为好的读者比优秀的作家还要少。法国巴黎有个午夜出版社，"午夜"的出版商就是一个好的读者，"午夜"是法国文学的幸运。在我们的现实生活里，很少出现过像巴黎"午夜"这样有眼光有胆识的出版社。在最初，那些伟大的有创造性的作家都会受到来自传统和保守势力的反对和诋毁，比如贝克特[①]、罗伯－格里耶[②]这样伟大的小说家也仍然受到冷落和碰壁，可见一个有创造性的作家他面对的不单单是自己的写作，更重要的是对传统势力的挑战。罗伯－格里耶曾经说过大意如下的话：那些新作家绝没有退回到，或舒服地待在前人所征服的领域里，他们正在超越前面几代人所提出的种种难题。是的，一个先锋小说家，他需要的是前进，而不是后退，他需要用他的生命来冲破他面前的种种障碍。同样的例子出现在很多先锋作家和艺术家那里。比如美国的乡土画家安得鲁·怀斯[③]，比如罗丹[④]。当年罗丹的《巴尔扎克》出世时，遭到了多少庸俗的攻击？那些世俗的目光，怎么能看到在《巴尔扎克》身上，渗透着罗丹的灵魂，巴尔扎克[⑤]一个灵魂就够我们惊叹的了，那么在他的身上再加上另一个伟人的灵魂，即使在漆黑的

① 萨缪尔·贝克特（1906～1989），爱尔兰人，法国新小说派的先驱，主要小说作品有《莫非》《马洛纳之死》《无名的人》，他同时又是法国荒诞剧的代表人物，主要剧作有《等待戈多》《结局》等。

② 阿兰·罗伯－格里耶（1921～2008），20世纪法国新小说派代表人物，主要作品有《橡皮》《窥视者》《嫉妒》等。

③ 安得鲁·怀斯（1917～2009），20世纪美国最伟大的写实主义大师，他一生只上过两周学，全部教育来自家庭和大自然。怀斯的绘画通过乡村小屋，山野鸟兽和朴实的小人物，表现存在于人类内心的孤独感。在极端写实的优美自然景象和洋溢诗情的作品中，潜含着一股淡淡的哀愁与怀乡的感伤。

④ 罗丹（1840～1917），是一位影响力从法国遍及全欧洲的现代雕刻艺术家。罗丹的主要作品有《思想者》《亚当与夏娃》《加来义民》《巴尔扎克》《吻》等，他的作品不是在狂热的情感状态下产生的，而是一种充满毅力与高度的忍耐，在他与雕刻家、也是他的学生卡尔耶·克洛代尔的情感上，最能体现他复杂的精神世界。

⑤ 巴尔扎克（1799～1850），19世纪法国伟大的现实主义作家，他一生创作了九十多部长、短篇小说，总称《人间喜剧》。

夜间，那座雕像也会闪闪发光。可惜的是，那些庸俗的、保守的、带有偏见的、没有艺术欣赏力的眼光硬是看不到，你有什么办法？不过这没关系，罗丹在等待，他有足够的耐心等待着，时间最终会作出自己的判断。

雷霆：中外作家中你最欣赏的有哪几位？有没有其他作家的技巧影响过你？

墨白：对我产生过影响的作家很多，各个时期有不同的作家。我认为一个重要的作家能改变一个读者对世界的看法，掀起一场文学革命。对我创作技巧的影响，一些画家要比一些作家更重要，像达利、莫奈，等等。这些画家最早地影响了我对艺术形式的理解和认识。

雷霆：你作品中的女性人物，要么美轮美奂，要么恶俗不堪，有类型化之嫌，是女性心理不易把握，还是其他原因？

墨白：有这么严重吗？我倒觉得我对女性的把握丝毫不比男性差。如果真的是你那样的感觉，我认为你所说的那种美是我理想化中的女性，在我的心目中自始至终都有一种我向往的女性，可是在现实生活中我始终没碰到。那些恶俗不堪的女性则是我对生活的真实感受，这是无可奈何的事情。实际上我特别喜欢我作品中的一些女性，长江文艺出版社最近出版了我的长篇小说《欲望与恐惧》[①]，起码在这部作品里是这样。我觉得一个男人想要了解这个世界，一个重要的途径就是通过女人。

雷霆：阅读你的作品，让人感兴趣的是，你的语言充满诗意，可你却极少或者说拒绝在小说中抒情，是抒情与小说本意相悖，还是你不愿意抒情？

墨白：这和小说叙事有关，一个广阔的话题，放在以后再说吧。

雷霆：眼下，我们生活在一个浮躁的社会当中，人们都在为金钱而奔波，文学越来越接近世俗，我们所说的纯

①《欲望与恐惧》，长江文艺出版社2002年1月版。

文学越来越不景气，在今后的写作中，你是否考虑过还坚守自己的写作立场？

墨白：在一个具有先进科学技术和思想的社会里，真正的作家和艺术家应该是上帝的使者，应该受到应有的尊重。我们的写作并不需要别人施舍什么，一个真正的作家，他的写作不会有太多的功利思想，他的写作是人类良知的发现，或者说是对精神世界再现的诱惑。你想，一个作家他能把思维这种空灵的东西用文字固定下来，再创一个精神世界，这是多么神圣的事业？我刚才说过，写作是一种具有宗教意义的精神活动。同样，对文学的理解和尊重，应该是社会良知的发现，而不是你持什么样的面孔。

雷霆：你今后的写作目标是什么？

墨白：不停地写作，一直到我拿不动笔的时候。我觉得，只有写作，才能体现出我存在的意义。

有一个叫颍河镇的地方

—— 与墨白对话[①]

刘海燕[②]

上

时间：2005 年 2 月 7 日，下午 3 点半

地点：郑州大学工学院模具大楼

穿红色羽绒衣的墨白在路边高高的台阶上站着，几十米远处，我就看到了他。这是郑州的文化路，一年中拥来拥去的行人突然间都不见了，再过一天就是2005年春节了。我的手机传来墨白的声音，我说，“我看见你了”。我的脚步居然迟疑起来，因为我感到他仿佛在等待他小说中的某一个人物，一本旧书的女主人，或者一个少年时代的恋人？他喜欢的那个老博尔赫斯[③]曾说：“作家以为自己在谈论很多事情，但他留下的东西，如果他运气好的话，是一幅他自己的形象。”

我们进入身后的大厦。在第九层灯光黯淡、悄无声息的长廊里，墨白突然说：“这有点进入科幻电影里的味道。”走进宽敞的办公室后，我才说：“也有些你小说的味道。”

墨白：是吗？

刘海燕：是的，你小说里所弥漫的那种气息。

墨白：哦，什么气息？

刘海燕：神秘。（墨白笑了，他随后来到宽大的窗子前，远眺着被冬季灰色的天空所笼罩的城市。）要茶叶吗？

墨白：要一点吧。（我知道，眼前的城市使他对我的话有些心不在焉。这时他转回身来。）每次从高处看城市，我都有一种感慨，在我们那儿，没有一处可看这么远的地方。

①原载《莽原》2006 年第 3 期。

②刘海燕（1966 ~），女，河南太康人。中州大学教授、文学批评家，编著有评论集《理智之年的叙事》《如果爱，如果艺术》《墨白研究》等。

③豪尔赫·路易斯·博尔赫斯（1899 ~ 1986），具有世界声誉的阿根廷诗人、小说家、翻译家，重要作品有诗集《布宜诺斯艾利斯的激情》《老虎的黄金》，短篇小说集《小径分岔的花园》《阿莱夫》等。

刘海燕：你说的是颍河镇吗？（我打开电脑。墨白在我的对面坐下来。）

墨白：可以这样说。我曾经把这种感觉写进一篇小说里。这篇小说的主人叫呈祥，他是从我们那儿出来的一个落榜青年，来到城里打工，麦收农忙的时候，大家都回去收麦子了，把他一个留在这里看工地。他就像我这样，站在楼顶上远望着家乡，最后他把自己幻想成一只会飞翔的小鸟，从楼顶上飞了下去。

刘海燕：我没有读过这一篇。

墨白：是一个短篇，很短，不到三千字，叫《飞翔》[①]。我是想对你说，这片无边无际的楼群，对一个有着乡下生活背景的人来说，构成了一种压力。

刘海燕：是不是也构成一种欲望？他们希望拥有这里的一切。《欲望与恐惧》里，吴西玉和他的同学钱大用，就曾经对着像树林一样的楼群发过感慨。

墨白：这是我突然冒出来的一种感觉，现在我想，这楼群不但对进城谋生的乡下人构成压力，而且对他们生活的那片土地，也构成了压力，对所有像颍河镇一样的村镇都构成了压力。前几天我回了一趟老家，我二哥的儿子结婚，我在家住了几天，等回来的时候，突然就对自己的身份发生了怀疑，走在街道上，我突然间就没有了自信。当时怎么都没有想明白，现在我有点明白了，这就是我刚才说的压力，城市给农村所带来的压力。为什么会有这样的压力？我住在城市里为什么还会有这种感觉？我想，可能是我的根不在这里吧。你和我有着同样的乡村背景，不知道你有没有这样的感觉？

刘海燕：这不仅仅是你我的问题，空间感的剥夺，使每一个敏感的城市人都会感到压抑。这种压抑和你说的压力还不太一样。这一段时间，我一直在读你的作品，有的是重读，有的是初读。你最近出版的《霍乱》[②]里的几部中

① 《飞翔》，原载《天津文学》1996年第10期。

② 《霍乱》，群众出版社，2004年7月版。

篇，都是第一次读，其中《母亲的信仰》[①]和《父亲的黄昏》，在情感上触动了我，还有收在《重访锦城》里的《进入城市》。三十五岁以后，我喜欢有心理能量、不那么被技巧缠绕的作品。对一部作品，一个读者可以说“喜欢”，而一个评论者，就要公正地分析。这几部作品很本色，能看得出来，是你命运中的东西。就像读《欲望与恐惧》一样，像是在读你的自传。当然我知道不可能是你的自传。因为小说的最大特征就是虚构，但看不出你小说里哪些是真实的部分，哪些是虚构的部分。今冬的第一场大雪过后，重读《欲望与恐惧》，又有一些新的感受。当时和你联系，你好像在平遥。

墨白：是的，记得是傍晚，接你电话的时候，我就走在平遥古城的街道里。那天我就住在明清一条街，那个很有名气的市楼边上，那是一所明朝洪武年间留下来的院落。黄昏来临的时候，我独自行走在平遥古老的街巷里，由于天气的寒冷，街道上很少有外地的游客。隔着一家茶社的窗子，我看到了一个白人姑娘趴在八仙桌上，歪着头写什么东西。夜幕降临后，我才回到客栈里，在那家客栈里，我还见到了两个高个子卷头发的黑人。真的，天气很冷。我记得今年入冬的时候，气象部门预测今年是暖冬，可恰恰相反，今年的天气非常的冷，而且持续了这么长的时间。到现在，也没有见那个做出这种不准确的预测的人，出来做点解释，可能他也不愿意为此做出反省。我这是说笑话，人家做出这样的预测，肯定是有自己的根据的，我想说的是，这有点像我们20世纪后半叶的种种荒诞经历一样，为此，我们都不愿多做解释。不愿意做解释，也就是不愿意对自己过去的错误行为进行忏悔。反正我们都是一些没有宗教信仰的人，不忏悔也不会有谁指责我们。但我当时在平遥却想到了另外一个问题。（墨白停顿下来，他起身往我们各自的杯子里加了一些热水。）为什么像平遥这样的

① 《母亲的信仰》，载《上海文学》2005年第2期。

一些古老的城池，像丽江那样古老的村镇能保留下来？陕西师大出版社出过一套《中国古镇游》，收有浙江、江苏、上海、福建、广东、四川、重庆、安徽、江西、贵州、云南、广西等省区的古镇……

刘海燕：南海出版社也出过类似的书，是单省为卷的，我印象里有山西和湖南。

墨白：我在想，河南能不能出一本这样的书？就我所知，是不能的。在我的阅历里，我只见过商丘的归德府，那也只是保存一座城墙而已，看着城里那些重新建起的仿古建筑，真的使我心痛。是历史上没有吗？不是，你看一看张择端的《清明上河图》就知道了，如果这样的城池和村镇都保留下来，在中原，像平遥这样的古城，应该遍地都是。别的不说，就我出生和生活过的镇子，在1949年以前，还有高大的城墙、青石板街道，街道两边都是两层的木结构的阁楼，可是后来都给扒掉了。我记事的时候，我们家的厨房和鸡窝，还都是用城墙上扒下来的砖垒成的，那都是一些很大的砖，我小时候搬都搬不动。现在想来，那应该是明朝烧制的砖块。

刘海燕：我在《霍乱》和《同胞》里，读到过你描写颍河镇城墙的文字。

墨白：问题是，为什么都给扒掉了？在我们豫东，产生过像老子和庄子这样尊重自然的大哲学家，可为什么会有这么样大的破坏力？当然，这不是我们现在要谈论的话题，我们为什么要争取民主？这道理很简单，因为只有民主，才能培养人的独立意识，才能滋养优秀的民族精神。文学也是这样，一个什么样的民族，就会产生出来什么样的作家。你看俄罗斯，产生了多少伟大的作家。

刘海燕：我有同感。像19世纪的契诃夫[①]、托尔斯泰[②]、陀思妥耶夫斯基[③]这些大师不说，20世纪的俄罗斯（苏联），产生了多少了不起的作家和诗人？像曼德尔施塔姆[④]、阿赫玛托娃[⑤]、茨维塔耶娃[⑥]，等等，这些诗人都很有力量。

①契诃夫（1860～1904），19世纪俄罗斯批判现实主义大师。

②列夫·托尔斯泰（1828～1910），是把自己的精神和肉体深深地融入自己文字里的小说家，俄罗斯文学到了他这里逐渐现出一种大海般恢宏开阔的美，展露出震撼人心的艺术魅力。

③陀思妥耶夫斯基（1821～1881），19世纪俄罗斯文学天才，是对20世纪世界文学潮流颇具影响的俄罗斯作家，主要作品有《罪与罚》《白痴》《卡拉玛佐夫兄弟》等。

④曼德尔施塔姆（1891～1938），俄罗斯白银时代“阿克梅派”代表性诗人之一。

⑤阿赫玛托娃（1889～1966），俄罗斯白银时代“阿克梅派”代表性女诗人。

⑥茨维塔耶娃（1892～1941），俄罗斯白银时代女诗人，她和曼德尔施塔姆、阿赫玛托娃、帕斯捷尔纳克被称为20世纪俄罗斯诗坛四巨人。

墨白：北岛去年在《收获》上开过一个专栏，介绍了一些国外的诗人，其中就有你说的曼德尔施塔姆。今年第一期的《收获》上，北岛写的是帕斯捷尔纳克[①]。他在五十六岁写《日瓦戈医生》之前，是以诗人而著称的。

刘海燕：还有蒲宁[②]、肖洛霍夫[③]、索尔仁尼琴[④]等这些小说家，也都是重量级的。

墨白：我喜欢普拉东诺夫[⑤]和布尔加科夫。上世纪80年代我在《苏联文学》上读到普拉东诺夫的《坑基》和布尔加科夫的《狗心》时，真的给了我很大的冲击，那个时候我还在故乡的小学里任教，像普拉东诺夫这样的作家，深刻地影响了我的文学观，我从他那里学会了怎样看我们所处的社会。还有巴别尔[⑥]，一位短篇小说大师。说实话，他的一些名篇，像《盐》，我读过不下五遍。我是在不同的杂志和版本上读到的，他的《骑兵军》，最早是花城出版社出的，如果我没有记错的话，是1992年。最近人民文学出版社又出了一本新的。

刘海燕：我见过，书出得很漂亮，后面还附有大量的图片。

墨白：巴别尔是一个生活在矛盾之中的人，你想，一个对哥萨克有着敌对情绪的犹太青年，却投身到哥萨克的骑兵队伍中，那该是一种怎样的心情和处境？巴别尔的叙事是冷酷的，一种带有强烈的情感色彩的冷酷，但这种情感是极端个人化的，这个个人化，指的不是作者，而是作品里人物的个人化。作者严格地把自己包含在小说的人物和事件里，真正地进入了小说人物的生存环境，进入了小说人物那有着强烈的主观意识的精神世界，让我们感受到了切肤的疼痛，同时，又让我感受到作者对世界的态度和看法。像巴别尔这样的作家，在经历了漫长的时间考验之后，为什么仍然具有这么大的魅力？我想，一方面是他与自己民族的命运有着不可分割的关系，他的作品深刻理解和表

① 帕斯捷尔纳克（1890 ~ 1960），俄罗斯著名诗人，小说家，主要作品有《日瓦戈医生》等，1958年获诺贝尔文学奖。

②蒲宁（1870 ~ 1953），俄罗斯杰出的诗人、小说家，主要作品有《阿尔谢尼耶夫的一生》等，1933年获诺贝尔文学奖。

③ 肖霍洛夫（1905 ~ 1984），20世纪苏联文学的杰出代表，代表作是《静静的顿河》，1965年获诺贝尔文学奖。

④ 索尔仁尼琴（1918 ~ 2008），苏联小说家，主要作品有《癌症楼》《古拉格群岛》等，1970年获诺贝尔文学奖。

⑤ 普拉东诺夫（1899 ~ 1951）非凡的俄罗斯小说家，出生在沃罗涅日一个铁路家庭。普东拉诺夫命运坎坷，他写于1926年的长篇小说《切文古尔镇》，迟至1988年才得以问世。另一位俄罗斯作家帕乌斯托夫斯基（1892 ~ 1968）说，假如普东拉诺夫和布尔加科夫这些作家的作品，写完之后就能和读者见面，那么，我们所有的人的思想就会比现在不知道要丰富多少倍了。

⑥巴别尔（1894 ~ 1941），犹太裔俄罗斯作家。国际文坛将他誉为苏俄时代的莫泊桑（1850 ~ 1893，法国小说家）。巴别尔小说独特的叙事风格和人性深度使他备受博尔赫斯、罗曼·罗兰等大师的推崇。

达着这个民族的命运和情绪；另一方面，是他对以往的文学形式的叛逆，正是这种叛逆，文学才有了新的生命。还有20世纪八九十年代的一些俄罗斯电影，像《烈日灼人》[①]，像《小偷》[②]，当然还有塔可夫斯基[③]的《牺牲》《镜子》和《乡愁》，这些电影，每看一部，我的情绪都会久久的不能平静。我们中国同时期的电影，和他们比较起来，不在一个精神层面。俄罗斯这个民族在上世纪也经历过斯大林时期，可是为什么仍然产生了这些伟大的艺术家？原因就是，无论在什么时候，他们都保持着独立的人格。我说这些的意思是，一个民族，要有优秀而健康的精神来滋养。

刘海燕：从你的话语里，我能感受到你对民族命运的关注。

墨白：扯远了，刚才咱们说到哪了？

刘海燕：颍河镇。

墨白：海燕，我们的镇子是一个非常有意思的地方。在解放前的私塾里，供着孔子的牌位，学生学的是五经四书，在镇子西街的山陕会馆里，供的是关帝爷的牌位，在镇东的道观里，侧供着玉皇大帝，在镇子西边不远处的河岸上，还有一座延庆寺。

刘海燕：延庆寺在你的小说《失踪》里出现过。

墨白：是。这是我以这座寺院为背景的一篇小说，写的是抗日战争。在《光荣院》里，我也提及过这座寺院，不过那时这座寺院已经成了一座废墟，被一座盐业仓库代替了。还有，我们镇上的居民，有三分之一是回族，在镇西的一条街道里，还有一座清真寺。

刘海燕：我没有读到过你有关清真寺的小说。

墨白：我写过，你可能没见到，也是一个短篇，叫《太阳》[④]写的是一个盲人妇女感受阳光的故事。她在阴暗潮湿的空气里，仍然能感受到阳光的存在，她在从清真寺

①《烈日灼人》，尼基塔·米哈尔科夫导演，1994年出品。

②《小偷》，帕维尔·夏科莱导演，1997年出品。

③塔可夫斯基（1932～1986），20世纪最重要的苏联电影导演，一生共拍摄了七部半影片，他电影里如梦似幻的诗意特质，可谓继承了19世纪俄罗斯文学的辉煌传统。主要作品有《镜子》（1974年出品）、《乡愁》（1983年出品）、《牺牲》（1986年出品）等。

④《太阳》，原载《延河》1992年第2期。

里传来的“除了安拉，再没有神……”的祈祷里走出家门。在我们镇子的对岸，还有一座天主教堂，你看，我生活过的那个镇子的文化背景有多么的复杂？你说，哪一教派的信仰不是教人向善的？我总是在想，在这片杂和了儒家、道家、佛教、伊斯兰教、基督教各种教派的地方，为什么我们就没有了自己的信仰，或者说信仰为什么这样混乱？为什么就存不住能见证历史的东西，为什么会有这么大的破坏力？难道一座旧时代的建筑，真的就影响了我们在新时代的生活？我们真是一个很注重外在形式的民族，比如解放初期都穿列宁服，“文革”时期都穿中山装，比如破四旧立四新，比如一个接一个的运动。能从根本上解决问题吗？现在我们不得不承认，不能。现在我们镇上的古建筑只有清真寺了，清真寺也不算久远，只是清朝末年的建筑。其他所有的建筑都给扒掉了，延庆寺、道观、山陕会馆……

刘海燕：你在《梦游症患者》里，对山陕会馆有着很详细的描写。

墨白：是的，但那个时候的山陕会馆已经改成了小学，但会馆里的大殿和东西厢房还都存在着。

刘海燕：你说的这种破坏力，确实值得我们思考。我在读你小说的时候，总想理出一个思路，由此进入你的小说所构建的世界里去。譬如，我想从物理时间的角度进入你的小说，像前面我们说到过的《失踪》《霍乱》和《同胞》，这些小说的背景是抗日战争或者是解放战争；像《黑房间》和《风车》，写的是五六十年代；《梦游症患者》写的是“文革”；《局部麻醉》《告密者》①《光荣院》和《七步诗》写的都是当下的现实生活，等等，这样由远及近推下来。

墨白：挺有意思，这个思路挺有意思。

刘海燕：可是，读着读着，就发现在你的小说里理出一条这样的线索来，是十分困难的，你小说里的背景清晰，可物理时间却是模糊的。我想，这可能与你的叙事有关。

①《告密者》，原载《收获》2001年第2期。

你常常用现代，或者是后现代的叙事方法和观念，来表达你对现实生活的感受。譬如，你在《雨中的墓园》里所表达出来的历史观，在《映在镜子里的时光》里所表达的时间观。

墨白：有关时间的三维空间，在佛教里早就有认识。洛阳龙门石窟的宾阳三洞里，有释迦牟尼分别代表着过去时、现在时和未来时的三个塑像。2004年的秋天，在敦煌的莫高窟，我见到了同样内容的壁画，我当时就对同行的何向阳和蓝蓝说，这不就是海德格尔[①]关于时间的理论吗？应该说，我小说的叙事，大都建立在当下的一维里，一些时间跨度很大的小说，比如《映在镜里的时光》，小说里的时间跨度将近四十年，可实际的物理时间只是两天一夜。这一点，可能影响了你想从物理时间进入我小说的构想。

刘海燕：因此，我又换了一条思路，我想用颍河镇里的具体的机关来定位。譬如出现在《白色病室》《局部麻醉》和《讨债者》里的医院，还有出现在其他小说里的学校呀、派出所、邮电所、供销社、兽医站、仓库、工厂、农机站、电灌站、码头、清真寺、教堂等这些有具体形体的机关来定位。当然，还有那条颍河。这条常常流经你小说的河流，那些挂着白色帆篷的商船，那些顺水而下的木排，那些回荡在河道里的颍河调子，令人怀念。你小说里的那些人物，沿着这条河流出走或回归，或在岸边张望，这条河流本身，包括它的背景，都在发生着不可逆转的变化，这条河是有历史的。这条河仿佛一直在你的生命里流淌……

墨白：我插一句。童年的时候，颍河对于我来说是神秘的，我不知道它从何而来，也不知道它流向哪里，那个时候，颍河对我来说是一个很大的谜团。很早我就有沿着颍河走下去的想法，直到2001年的秋天，我的这个愿望才得以实现。我独自沿着颍河一路走下去：槐店、纸店、界首、税镇、旧县、太和、行流、阜阳、日孜、江口、颍上、

① 海德格尔（1889～1976），德国人，20世纪西方最有影响的哲学家。主要哲学著作有《存在与时间》等。

赛涧，一直走到颍河流入淮河的正阳关。随后我又顺着淮河走下去，凤台、淮南、怀远、蚌埠、凤阳、五河，我就一直这样走下去，走到洪泽湖，走到高邮湖，走到大运河，我看到颍河和淮河的各种各样的面孔，它就像我身上的血管一样，流呀流呀。应该说，颍河是从我的精神里流过的，它带给了我对外部世界太多的幻想。同时，这条河流，也是我的小说和外部世界沟通的一个重要的渠道。对颍河的了解，应该是对我自身的了解。不好意思，打断了你的思路，你继续说。

刘海燕：我本想从你的小说里清理出一些和这条河流有关的故事，各个时期河上的、岸边的人，是怎样的命运或表情。或者用小说里面的故事把上面我说到的那些学校呀，医院呀，等等这些串联起来，用这些有形体的机关，来构成颍河镇的外部世界，通过这个外部世界，然后再进入它的内部。可是我发现仍然不行，你小说里的故事大多是难以复述的。这使我想起了伍尔夫的一句话，她说，复述的困难是现代小说的一个重要特征。你觉得你的小说不能复述的原因在哪里？

墨白：我想应该是小说的结构。不知你看没看过安东尼奥尼[①]的《云上的日子》？

刘海燕：看过。讲的是一个电影导演去某地寻找题材的故事。

墨白：在这部电影里，他一共讲了五个故事，第一个故事是这个导演听来的。两个陌生的男女偶然相遇，并产生了爱意。那个女孩等了男青年一夜，可是那个青年却睡着了，等第二天他去找她的时候，那个女孩已经不见了。过了两年，他们异地相逢，但一切都发生了变化。

刘海燕：这有些你小说中的“寻找”情结，一个男人一直在寻找一个幻想中的女性。这寻找只是一个过程，目标似乎从来就不可接近，也意味着一次性生命的不可挽回。

① 安东尼奥尼（1912～2007），意大利电影大师，主要作品有《奇遇》（1960年出品）、《红色沙漠》（1964）、《云上的日子》（1995年出品）等，20世纪70年代，他拍摄的纪录片《中国》（1972年出品）在中国遭到批判，以此在中国闻名。

譬如你的《重访锦城》，谭渔重访锦城，寻找曾经和他相爱过的女人锦，锦已不在人世。《寻找旧书的主人》，那个叫陈平的女人始终也没有找到。我比较喜欢这类作品。你还写了另一类迎面而来的女人，譬如《欲望与恐惧》中的尹琳，肉欲气息就比较重，也可能是性别、经历的差异，我认为，一个现代知识女性，无论是对待性还是别的，都不会那么缠得太紧，不留空间，应该会更微妙一些。当然这仅仅是一个女性的立场，我希望你对于这类女性能写得更细致、入心一些，这样表达好像也不准确。

墨白：还说《云上的日子》。那个导演就是为了寻找这个故事的发生地才来到了这里，导演在寻找这个故事发生地的时候，在这个海滨小城里遇到了一个女孩，这个女孩和他相爱并给他讲述了杀死自己父亲的经历。接下来又有三个爱情故事发生，这些故事都与灵魂和肉体的诱惑有关，导演思考着生活中的偶然，偶然中的必然。

刘海燕：你们讲述故事的方法有些相似。他的故事有亲身经历的，有听来的，有从报纸上看来的，还有他幻想出来的。他把那些三维空间的故事都控制在导演亲身经历这一维上，虚构了真实、过去和现在，而把未来作为一个想象的空间留给了观众。你的小说，也是打破了物理空间，呈现出这样的开放性的结构。

墨白：希腊导演安哲罗普洛斯[①]也拍过一部类似结构的电影，叫《永恒的一天》。这是一部充满诗意的电影，讲述一个老人在生命的最后一天，他的告别和回忆。你想想看，在美丽的爱琴海边，一个老人和他的狗在孤独地漫步，没有情节的起伏，没有剧烈的感情，但却使我泪流满面。一切有关童年和往事的画面，都来自他的记忆，而让人吃惊的是，在有关往事的画面里，这个老人都是穿着现实中的那件风衣出现的，无论是和他童年时的朋友，还是和他年轻的妻子，时间和生命的对比，是那样的强烈，那样的

①西奥·安哲罗普洛斯（1935～2012），出生于希腊雅典，“希腊电影之父”。安哲罗普洛斯用反戏剧的疏离手法构成的寓言式作品来探索希腊历史，主要作品有“希腊近代史三部曲”《三六年岁月》《流浪艺人》和《猎人》；他的《蜂的旅人》（1986年出品）、《雾中风景》（1988年出品）、《尤利西斯生命之旅》（1995年出品）、《永恒的一天》（1997年出品）等都备受影迷推崇。安哲罗普洛斯的影片沉郁而富有诗意，他喜欢用远景，长镜头以及充满内部调度的推拉镜头，并通过长镜头和固定镜头的使用，营造不连贯的叙述和另一种对时间的印象。

震撼人心。他使我想起了我自己，如果我到了那一天，该是个什么样子？所以，这样的结构，你真的很难叙述清楚，你只有去感受。

刘海燕：产生这样的结构，可能还和你的视野有关，譬如你的绘画经验。在你的小说中，能看出视觉艺术对你的影响，你一开始就用现代主义的“画面”，而不是现实主义的“线条”，来表达人生经验。所以，这就使你的小说有一种氤氲的气氛。记得你的一篇后记里讲，你前期的短篇小说写作，训练了两方面的能力，一是叙事语言的能力，二是虚构的能力。对于小说写作，这两个都是有意思的话题。

墨白：说到叙事语言，对于一个作家来说，确实很重要。前几天我回到老家，去看望我家的一个邻居，是一个老太太，今年八十岁，我喊她娘。在我们那儿，称呼家庭关系近一点的长辈女性都喊娘。我每次回去都要去看她，陪她说话。她是一个语言表达能力很强的老人，在和她的对话里，你能感受到生命的流失，感受到历史，感受到人物的命运和个性，什么都在里面了，一个作家要诚心向民间学习语言。

刘海燕：有不少朋友谈起过你的叙事语言，现代感的书面语言和野味的口语交互运用。

墨白：我认为，叙事语言是有结构的。我说的不是小说里的故事结构，也不是小说形式上的结构，我是说语言本身的结构。

刘海燕：在你的小说里，这个语言结构是什么？

墨白：由两个方面构成：一是小说人物的视角与意识的有机结合和转换，二是叙事者的外视角和小说人物的内视角的承接与转换。这两点就构成了小说的语言结构。这当然是就我的小说而言。我的小说，从结构到语言，可能都给你想通过颍河镇里的一些机关进入我小说的想法，带来了障碍。

刘海燕：所以后来我又想到从家族入手，或者从人物入手。譬如《同胞》里的马家，《梦游症患者》里的王家。还有你那些有自传性质的小说，或者说是成长小说，譬如《父亲的黄昏》《母亲的信仰》，包括《进入城市》和《欲望与恐惧》，这些小说里常常可看到你的影子。

墨白：哦……不知你看没看过托纳多雷[①]导演的《天堂电影院》没有？

刘海燕：看过，还有他导演的《西西里的美丽传说》。

墨白：对。《西西里的美丽传说》还译成过另外的名字，叫《玛莲娜》，是以女主人公的名字命名的。托纳多雷和安东尼奥尼同是意大利人。意大利真是个天才导演辈出的国度，像导演《巴黎最后的探戈》的贝托鲁奇[②]；导演《我的回忆》的费里尼[③]；导演《美丽人生》的贝尼尼[④]；导演《邮差》雷德福[⑤]，他们都给我们带了启示。像《天堂电影院》里的故事，就勾起了我的童年往事。你想，托纳多雷的故事讲述的是西西里岛上一个孩子的童年，为什么能勾起我的许多往事？是因为他写了人类的精神，写了人类生存的共同命运。作为小说，我觉得对人的精神世界的展现，应该是区别其他的艺术形式重要的一点。2003年的10月，或者是2002年，我记不太清了，李陀的一个朋友来到了河南，他是一个旅美华人，一位人类社会学家，在芝加哥大学任教，他通过李洱，想从河南农民的医疗状况入手，对中国农村目前的政治经济状况作一次梳理。由于李洱忙些其他事务，由我陪他到我的老家做了一次社会调查。有趣的是，在这次调查的过程中，我们接触了各种各样的人物。党委副书记、信用社主任、个体企业家、基督教徒，他们都是我的同学或在一起工作过的同事，第一天一块吃饭的还有我们县博物馆的馆长。我在故乡小学任教的时候，这个馆长和我都是文学爱好者，在小学里，他还做过我的顶头上司。第二天我们先去见了一个乡村医生，他是我本家的一个堂兄，是从部队转业回来的，他在部队上做卫生员。

① 朱塞佩·托纳多雷（1956～），意大利电影导演，主要作品有《天堂电影院》（1989年出品）、《星探》（1995年出品）、《西西里美丽的传说》（2000年出品）。

② 贝托鲁奇（1940～），意大利电影导演，主要作品有《随波逐流的人》（1970年出品）、《巴黎最后的探戈》（1972年出品）、《末代皇帝》（1987年出品）等。

③ 费德里科·费里尼（1920～1993），世界著名电影大师，主要作品有“救赎三部曲”：《骗子》（1955）、《卡比利亚之夜》（1957）、《道路》（1954）等；《我的回忆》是他1974年导演的电影，该片曾获47届奥斯卡最佳外语片奖。

④ 罗贝多·贝尼尼（1952～），意大利电影导演。《美丽人生》是他1999年执导的影片，该片曾获第71届奥斯卡最佳外语片奖。

⑤ 迈克尔·雷德福（1946～），英国电影导演，《邮差》是他1994年导演的影片。

接下来是几家农户，一个是个体户，以榨油为生；一个汽车司机，他是我中学时的同学，那个时候他父亲是我们镇搬运队里的工人，他接了父亲的班，到搬运队开车，搬运队破产以后，他自己买了一辆东风汽车，到外地往我们镇上拉鸡蛋。还有一个木匠，木匠的父亲外号朝廷，我们的这位朝廷却种了一辈子菜。别看他是木匠，可是个高智商，他的话语里充满了幽默，而且是冷幽默。当然，他现在已经不做木匠活了，改做砸白铁了。

刘海燕：就是《重访锦城》里的汪丙贵从事的那个职业吗？

墨白：对。我说的这些都是我的街坊邻居。那天我们还见到了一个外号叫小眼的街坊，他是我小学时的同学，他的女儿和儿子都在深圳打工，时不时给他往家里寄些钱来。我每次回老家的时候，都会遇见他手拿一包方便面，到我父亲的小铺里去。他拿的方便面不是我们平常见到的那些食品，是一些假冒产品。到了铺子里，不用他说话，我父亲就会从酒瓮里掏二两烧酒来，递给他。他接过盛酒的杯子，在门口蹲下来，看着街道里的行人，喝一小口酒，吃一口方便面。有人从街道里走过，说，小眼，你真行呀，见天都弄二两晕晕，像过年一样。小眼说，那当然！快乐而满足。

刘海燕：有点像鲁迅笔下的孔乙己。

墨白：有一点。那天我们见到他的时候，他夸夸其谈，但我心里却十分沉重。那一天我们还见到了另外两个人。一个是我的小说《讨债者》里那个没有露面的个体户老板的原形，他整天到外地跑着去要账。他现在流落他乡，听我父亲说，他很少回来。人们知道他回来了，就会到他家里去要账。他以前做皮革生意，欠了人家十几万的货款。他不敢睡在家里，偶尔睡在家里，一听到外边有动静，就会起身翻墙而逃。那天他对我说，他现在上海某个企业做推销员。据我的经验，他说的话就像我写的小说一样，十有八九是虚构的。另外一个是我初中时的同学，他是我们班里的体育委员，管着班里的排球。当年参加排球训练的时候，我站在队伍里，多想让他把球传给我一个，可是他就是不传。后来他去北京参军，在总政的某个教导营里，他转业的时候，分到了县里，因为他是志愿兵。后来听说他掏了一万多块钱在城里买了一套房子，一九八几年，一万多块真是不得了的。他回镇上的时候，常常一只胳膊上挂着一件藏青色的风衣，一手提着皮包，走起路都带风，盛气凌人。但是现在，他却回到了我们镇上，去做市管会的主任，每天和那些小商小贩打交道，收钱的时候，就是亲娘老子，他也会把手里的票据一撕，黑着脸说：五十！海燕，你说，这些形形色色的人物，和我的写作有着什么关系呢？如果我不进入他们的精神世界，就很难把握他们。

刘海燕：你背后有那么多有意思的人，我时常感叹学院化生活的单一与乏味，我想这不仅仅是生活本身的问题，和我们自身肯定有关，你以一个小说家的眼睛，才看见了他们。

墨白：这使我想起了凡·高，想起了凡·高的自画像。就我所熟悉的画家里，凡·高可能是给自己画像最多的一个。在1886至1889年间，我所见到的凡·高的自画像就有近三十幅，这些自画像都产生在距1890年7月凡·高自杀身亡的前几年，在我看来，他的每一幅自画像都与他的精神有关。我看过一个描写凡·高的影片[①]，讲述的是他在生命的最后几个月的经历。他在巴黎出院后，接受弟弟提奥的资助，到巴黎北郊的奥维，接受加歇医生的监护。在这段时间里，他给人类留下了七十多幅珍贵的绘画。你知道凡·高是一个极端孤独又无比热情的艺术家，凡·高在绘画中注重独立个性和人的情感的表达，这里有两个方面，一方面是对生活与命运的独特体验。凡·高尽管有弟弟的资助，

①《凡·高》，莫里斯·皮亚拉导演，1992年出品。

但仍然过着穷困潦倒的生活，另一方面，是对绘画本质的认识与表现，成了他生命与精神的寄托，成了他情感和个性的载体。在他的绘画里，一个劳动者的形象，一块耕地上的犁沟，一片沙滩，一片云彩，一片夜间的天空，都成了他精神世界的载体，更不要说他的那些自画像了。在那些自画像里，色彩强烈，热情、奔放，迷茫、忧伤、激动、狂热，各不相同，表达出了一种强烈的生命张力。凡·高的经历给我带来了启示：一个艺术家，如果不把自己的生命融进自己的作品里，那么他就很难使我们感动。同样，如果我们在一个作家的作品里看不到他强烈的生命气息，那么这样的作品也就很难打动我们。可是，想把别人的精神融入自己的血液，那是多么的不容易。我想，要想进入他们的精神世界，就不能把他们当外人，就要把他们当成我自己。如果这样，那我就是那个逃债者，整天无家可归；我就是那个胳膊上搭着风衣盛气凌人的市管会主任；我就是那个手拿一包方便面蹲着喝酒的小眼；我就是那个乡村医生；我就是那个博物馆馆长；我就是那个榨油的个体户，我就是他们之中的任何一个人，我得变成他们，设身处地为他们着想，像他们一样去思考问题。

刘海燕：你先是那所有的人，最后你是你自己。就像博尔赫斯说过的，作家以为自己在谈论很多事情，但他留下的东西，如果他运气好的话，是一幅他自己的形象。

墨白：我们常常说，一个作家的写作最重要的是要面对自己，可有人在疑问，这样，他写作的资源会不会干涸？我认为不会，一个作家为什么会有写不完的东西？那就是他善于把他所看到的或者听到的别人的故事和经历，视为自己的经历和感受，同时，他还善于把整个社会看作是以自己为中心的场。实际，我们每个人都生活在一个磁场里。前几天我二哥的儿子结婚时，我感触就很深。本来我那个侄子在深圳工作，对象是重庆的姑娘，他们完全可以不回来办婚事儿，可是我二哥坚持在家办。为什么？我二哥这些年一直在地方上做事，随了许多朋友和同事的礼，红白喜事，没有少过，不知已经出去了多少钱。你不在家结婚，这些钱别人怎样还你？另外，你孩子结婚不告诉人家，人家会觉得你看不起人家。什么叫朋友，只有到了事上才能看出来是不是？我侄子农历二十二结婚，农历十八就开始待客，第一天是县上的，第二天是二哥工作过的几个乡镇的干部，第三天是我们本镇上的干部、教师，最后一天才是我们街坊。你看，这就是一个场，很难跳出来。作家就要强烈地感受到这个场的存在，但不同的是，你既要有能力从这个场里走出来，从外部对这个场进行观察，又要有能力走进去，把自己变成场中的人，要去切身的体会这个场的存在。所以，我一直认为我都是在写自己，写我对生活的恐惧与困扰，写我对生活的渴望与向往，写我对生活的迷茫和无助，写我的孤独和悲伤。

刘海燕：写作真的在帮助你，诸如此类很麻烦的事情，你讲起时，总像在讲一个有趣的故事，你把那些现实之重变成了你的故事。

墨白：一个人能写透自己，并不是一件容易做到的事儿，你想，你想写透一个人就这么不容易，那么你想写透这个小镇，就更不容易。有时我就在想，我对我的小镇了解吗？我对这个小镇了解的还很浮浅，对这个小镇里的许多东西，我还没有潜下心来研究它，如果你看到小镇上的人只是一些灰头灰脑的面孔，那么你就已经大错特错了，这座小镇的丰富远在你的想象之外，生活在这个小镇里的每一个人物，都有着丰富而复杂的内心世界，有时候你可能觉得他们是闭塞的，可他们的闭塞与我们人类之于宇宙有什么两样呢？对于宇宙，自作聪明的人类仍然是闭塞的，同样，颍河镇人对于外部的世界来说是闭塞的，可同人类之于宇宙是相同的，颍河镇应该是人类的一个缩影。所以说，这个小镇太丰富了，丰富得就像一个海洋，我对这个海洋的了解还远远不够。颍河镇对于我的写作来说，就像博尔赫斯之于他的图书馆，博尔赫斯所管理的国家图书馆对于他来说是浩瀚的，颍河镇对于我来说也是浩瀚的，所不同的是，那个国家图书馆每个人都可以进去阅读，而从某个角度来说，颍河镇只属于我自己，只有我带着一把启开它的大门的钥匙。颍河镇对于我来说，永远都是一座取之不尽的矿藏。

刘海燕：在张钧和林舟对你的访谈里，还有你自己的一些文章里，总有两个词组被强调，一个是神秘和隐秘，一个是偶然性，这两个词也是你进入历史的钥匙。这种强调有时会遮蔽某种历史事件发生的必然性，譬如《梦游症患者》，它展示了这样的现实：在闭塞的乡间，生活极其单调，人们渴望新鲜的刺激、放纵，某种野性的东西在暗处激荡；蒙昧的人们没有能力看清自己的命运，他们跟着潮流和沿袭的“脸面”走，这就是“文革”发生的土壤，人们的疯狂心理在迎合。历史事件的触发是偶然的，充分展开不可收拾则有其必然的现实基础。我认为这是《梦游症患者》最有价值的一个维度，就是它展示了“文革”发生的心理环境。同时，你在进入历史时，没有忘记自己是在写小说。譬如《雨中的墓园》，“我”偶然乘上一辆前往青苔的中巴车，一步步地滑入一个类似梦境的地方，沉重的历史事件如装在瓶子里的魔鬼，每次打开瓶盖，都冒出一股不同的青烟。有浓郁的小说气氛，这是前提；然后才是你进入历史的方式——历史的隐秘是被我们偶然遇见的，这种小说性的东西和历史隐秘其实是相通的，是这样吗？

墨白：小说应该创造一种生活，一种能使我们更加清晰地认识历史和现实的生活，因为他们的本质相同。正是你刚才说的自然的神秘性，人为的隐秘性，还有生活的偶然性，才构成了我们现在所看到的历史。同时，也正是这种自然的神秘性和人为的隐秘性，还有生活的偶然性，又构成了我们认识历史真面目的障碍。比如《霍乱》里的霍乱事件。

刘海燕：《霍乱》这个中篇纹理很密实，你以人物为小标题，一个一个地写，这些人物之间又互为牵连，互相展开，写得很从容，里面有种很阴冷的东西，譬如青龙风借口那个村子流行霍乱，用子弹和大火灭了那个村庄，其实是为了得到一个女人。

墨白：因为自然的霍乱，而遮住了人为的事件，这就是形成历史的过程，一个遮住了历史真相的过程。

刘海燕：还有《同胞》，同样是一个从偶然到必然的形成历史的过程，而在这个过程中，我们看到了人为的隐秘性有多么的强大，又给我们造成了太多的历史假象。你小说里所表达的历史观，给我们重新认识历史带来了新鲜而有益的视角。

下

时间：2005 年 2 月 7 日，傍晚 6 点半

地点：文化路与红专路交口，迪欧咖啡馆

由于到了晚饭时间，我们的谈话场地转到了附近一个名叫迪欧的咖啡馆里。咖啡馆里弥漫着一支由小号伴奏的曲子，墨白说，阿姆斯特朗[①]。那个黑人歌手的名字。墨白对不同种类的艺术有着普遍的热爱和感受力。在咖啡馆里，我们由音乐谈起，又从港台演艺界说到了他的小说。

刘海燕：原来我没有太注意过港台的歌星和演员，前些日子，在艺术人生节目里，看到张学友，还有梁朝伟、王家卫和成龙，发现他们坐在那里，都是很真诚的人。像梁朝伟，甚至有些羞涩，语调缓慢，或不流畅，没有那种滔滔不绝的报纸语言，他们在自己的情绪状态里，不怎么

① 阿姆斯特朗（1901～1971），出身于美国新奥尔良，蓝调和爵士乐大师，擅长小号和歌唱。他持之以恒的音乐生涯，广泛涉猎的经验和迥然不同的音乐尝试使得他的录音风格不拘一格，纷繁多变。在他的作品中，许多都成为了经典之作。

受主持人的煽动，不像大陆歌星那么会领会游戏的规则。

墨白：大陆演艺界的明星都很自信，夸夸其谈，却缺少真诚。这就像我们身边的生活，你很少能听到真诚的交谈，包括一些作品研讨会，套话连篇。我想，这跟我们文学的经历有关。我们的文学，从五六十年代就已经成了政治的附属，到了今天，就我本人的阅读经验来说，这种状况从本质上仍然没有多少改变。实际我们的写作是在无意识的回避，甚至是有意回避我们所实际遭遇的现实，我们表达的，往往与现实生活里的经历不一致。我们写作的标准，更多依据的是某种社会标准，而文学本身的标准反而被忽视了。你刚才说到王家卫，我很喜欢他的东西，从《春光乍泄》，到《重庆森林》，还有《阿飞正传》，他十分关注底层社会的生存状态，关注他们的精神世界，并在叙事手法上有着自己独到的视角。在这方面，越南的陈英雄[①]导演的《三轮车夫》，伊朗影片《樱桃的滋味》[②]《天堂的颜色》[③]，还有基斯洛夫斯基[④]的《十诫》，都给我的小说写作带来了新的启示。我在想，为什么像越南和伊朗这样的地方都能出这样了不起的影片，我们为什么就不能？回头看上一世纪三四十年代的中国电影，像《渔光曲》《乌鸦与麻雀》《十字街头》《马路天使》[⑤]这些影片，和当时的世界电影是同步的。可到了后来为什么就不行了？不是我们不聪明，我想更多的还是观念的问题。

刘海燕：这几天，我一直在清理你小说的思路。除了前面我想从物理时间，从颍河镇里那些具体的机关，或者从家族来进入你的小说之外，还有一个思路，就是抛开颍河镇，从另外两个方面来解读你的小说。

墨白：另外两个方面？

刘海燕：是。一是从颍河镇走出去的，到外地，到城里去打工，去谋生，或者去做别的事情的那一类人那里。这些人就像你说的那样，他们有着乡村的生存背景，说具

①陈英雄，1962年出生在越南，后加入法国国籍。主要影片有《青木瓜滋味》《直射的阳光》等，《三轮车夫》是他1995年执导的影片。

②《樱桃的滋味》是阿巴斯·基阿鲁斯达米（1940～）1996年执导的影片。

③《天堂的颜色》是马基·麦基迪2000年执导的影片。

④基斯洛夫斯基（1941～1996），波兰电影大师，被誉为“沉默的见证人”，主要作品有《红色》（1994年出品）、《白色》（1994年出品）、《蓝色》（1993年出品）三部曲，《薇罗尼卡的双重生活》（1990年出品）等。在《十诫》（1988）中，基斯洛夫斯基抽离了背景，在罪恶和神明之间架构了人类精神和信仰、宗教与道德的桥梁，是20世纪80年代末期人类最重要的信仰反思之作。

⑤《渔光曲》，联华影业公司1934年拍摄，导演蔡楚生（1906～1968），主演王人美（1914～1987）；《乌鸦与麻雀》，昆仑影业公司1949拍摄，导演郑君里（1918～1969），主演赵丹（1915～1980）；《十字街头》，明星影片公司1937年摄制，导演沈西苓（1904～1940），主演赵丹、白杨（1920～1991）；《马路天使》，明星影片公司1937年摄制，导演袁枚之（1909～1978），主演周璇（1918～1957）、赵丹、魏鹤龄（1904～1979）。

体一些，就是他们有颍河镇这样一个背景。像《重访锦城》《寻找旧书的主人》《爱情的面孔》《错误之境》《进入城市》《寻找乐园》[①]《欲望与恐惧》《事实真相》等等，都是这一类的。还有一个方面，就是从外部进入颍河镇的人，像《航行与梦想》《映在镜子里的时光》《讨债者》《民间使者》等等，包括《霍乱》和《同胞》，也都应该归入这一类的小说里。在这些小说里，有些人不但有着颍河镇的背景，而且给颍河镇带了外部的生活经验。这样，我就发现了一些很有趣的现象，从颍河镇走出来，和从外部进入颍河镇，这两条线丰富了你的小说世界，使你有关颍河镇的小说变得庞大起来。

墨白：有意思。

刘海燕：从乡村进入城市是你小说的主要话题之一。《进入城市》表达了一个敏感的文学青年从乡村到城市的境遇，那是80年代末90年代初，写作者通过写作改变命运，由乡村进入城市，虽然面临感情动荡，尊严受伤，但毕竟在城市里有了一张书桌，一扇窗口。90年代末至今天，大量的进城者是民工，他们是改变不了命运的。两年前，张宁我们和郑大中文系研究生的那次座谈，学生们对于你的《事实真相》的解读，有些令我吃惊，原来以为他们太年轻，对于苦难，对于现实会缺乏痛感的，后来发现这和年龄没有必然关联，而是和一个人的心性、敏感有关。从《事实真相》那个民工的眼里，我们看到了一个不同的世界，除了肉体的苦难以外，他内心漂泊无依，无法确认身边的事物和自己感觉的真实性，这个世界把他搞得很恍惚以至疯狂。《寻找乐园》里，开头就是“哎，厕所在哪？”一个初入城市的乡下人，面临的全是狼狈的问题。你主要写他们进入城市的遭遇，他们的被动与慌乱，不像一些作家去写他们如何算计、获得位置什么的，你是用爱的眼睛看他们，在陌生的城市里，一切都不依他们的习惯运行着，一切都

① 《寻找乐园》，载《山西文学》1992年第11期。

和他们无关，又随时可能会管辖他们，伤害他们。

墨白：我认为，这是我们所处的社会面临的一个重大的现实问题。在我们的身边，有无数的农民离开自己的家乡和土地，涌入他们可能涉足的城市，城市里有一丝可以生存的空间，就会有被我们忽视的民工的身影。不说别处，就我老家的左右邻居，几乎家家都有人在外打工，或者全家都搬到异地，包括我的亲人。我家东边那一家，姓孙，是我本家，他家弟兄四个，老大搬到新疆的察布查尔，在那儿打烧饼，还有他的三弟，全家也都搬去了。他家的老四，前几年来郑州打工，在卸啤酒的时候，被突然破裂的瓶子扎瞎了眼睛，他女人来找我，我就给他跑前跑后。我家西边的姓张，张家的老二，比我大一岁。他女人是个理发的，他整天跟人赌博，女人一气就去了新疆，他在家里混不下去，也跟了去，在那里搞电焊。临走的时候，把他家仅有的两只老母鸡都宰吃了。三年前，他父亲去世的时候，他都没有回来。前几天我回老家，见到了他，是因为他父亲要过三周年，人还是那个样子，喷起来顺马溜缰。我家南边，住着我的几个堂兄弟，我那个哥在昆明，给人家开出租车，我那个二弟，带着一家人在北京卖菜。我家北边那一户姓赵，他家老大最初在焦作，入股跟人家一块儿开煤窑，煤窑没有开成，欠人家一屁股债，没办法跑到广州去给人家当门卫，不知因为啥事儿，结果把腿给摔残了，整天坐在轮椅上。前几天我回去见到了他，一脸的麻木。我们镇上有太多的人都在外边打工，出来打工是好打的吗？不容易！就他们的观念，在家能行一点，没有谁愿意出来。他能在家做一点小生意，能有一口饭吃就不会出来。能行一点谁会背井离乡？我知道他们目光短浅，思想狭隘，可他们确实就是那样想的，他们就那样来看待世界，你有什么办法？由于生存的困境，我们那儿有太多的人从那片土地上走出来，他们的向往和梦想，他们的痛苦和欲望，他们的尴尬和无奈，他们的幸福和欢乐，他们的爱和恨等等这些，我们不能视而不见。所以前面我说，城市给我们有着乡村生活背景的人，构成了压力。给我们祖祖辈辈赖以生存的那片土地，构成了压力。

刘海燕：无论怎样，商业时代还是比你小说中那个苦难的时代要进步。那个时代，农民被囚禁在土地上，困苦，闭塞，性成为唯一的娱乐，有种很可怕的野性的东西，如你《模拟表演》[①]中所写的。它会给一个人的一生带来难以言状的不幸。今天农民有了选择的可能，生活空间毕竟大了，虽说心理上的漂泊无依的确存在，但毕竟更多的人在做事。

墨白：这是一个痛苦的蜕变过程。我们所有有着乡村背景的人，来到城市，做人的尊严都会受到挑战。在过去的城乡二元对立的国策里，农民失去了作为人应有的尊重和尊严，多年的不公，形成了他们自卑的心理。现在他们来到了城里，他们的价值观道德观都在受着强烈的冲击，他们会感到无所适从。在我们中国的历史上，从来没有像今天，这么多的农民离开自己的家乡和土地，这个社会是一个动荡的社会，面临着巨大的心理混乱。这个心理混乱，一方面是由于生存的困境带来的，而另一方面是由精神的困惑所带来的。

刘海燕：记得前两年你的作品研讨会上，大家就讲你写了太多的苦难。这些苦难，在某个70年代出生没有乡村生活背景的读者或者评论者的眼里，甚至是虚假的。

墨白：怎么会是虚假的？在现实里，在任何可以目击的地方，都生长着苦难和痛苦。

刘海燕：所以你一直在固执地写这些，譬如《讨债者》。那个没有姓名的农民，在大雪纷飞失去时间感的苍茫里，无措地寻找和等待他的债主，等待的过程节外生枝，使他一次次远离等待的目标，误入梦境一般不可把握的命

① 《模拟表演》，载《广西文学》2000年第4期。

运里。关于苦难，这个话题可能是你命中注定要写的。

墨白：说起苦难，这使我想起了《耶稣受难记》[①]。在晚餐之后，耶稣被犹大出卖了。这个电影讲述的就是他被钉在十字架上的生命经历，在生命最后的十二小时里，耶稣经受了人间种种的苦难，耶稣扛着沉重的十字架，艰难地走过耶路撒冷的街巷，他不时地摔倒在地，市民疯狂地向他涌来，发泄着他们的无知和怨恨，他们向耶稣扔着石块，吐着唾沫。耶稣的头上套着铁刺头罩，无声地承受着死亡前最后的痛苦，长铁钉一根一根地刺进了他的四肢，鲜血从钉孔里流出来，流过血肉模糊的皮肤，滴落在泥土里。那个时候，我真的深深地被震惊了。可以这样说，自从有了人类，苦难从来没有离开过我们，过去没有，现在没有，将来也不会离开我们。所谓的欢乐世界，永远都只存在于我们的幻想里，我曾经写过这样的话，因为生命的短暂，人生再大的欢乐的背后，都存在着孤独和绝望。当然，我说的苦难，是来自肉体和精神的两方面，我们可以把人类生存的困境称之为苦难，把人类精神的困境称之为痛苦。

刘海燕：关于民族记忆，关于苦难，要由你们这些四十岁以上的作家来清理。在今天，有必要重提“文学的使命感”，在全球化的语境中写作，而不是在自己的历史情境中写作，已成时尚。还有一种隐匿的时尚，就是作家去迎合批评家的理论期待，这比迎合市场更可怕，因为老百姓看不明白，其实中文系毕业的人也并非都有眼力。你认为一个作家，就说你自己吧，当今最该坚守的是什么？

墨白：我明白，你是在指我的写作。其实关于这个话题，我今天已经说的太多，对叙事呀，语言呀，结构呀，等等。但我觉得对社会底层人的生存困境和精神困境的关注，我不能放弃。因为我和他们有着共同的经历和命运。我刚才说，苦难就在我们的目击之处，绝不是作秀。前段有个同事告诉我，他去了我们老家，去调查艾滋病的情况。我知道他

①《耶稣受难记》，梅尔·吉布森导演，2004年出品。

说的是哪里，他去的那个艾滋病村，就离我们镇子不到十里地，是我们镇上管辖的一个行政村。我前面说的那个卸啤酒扎瞎了眼睛的，他的姐姐就嫁到了那里，我也应该喊姐的。我那个姐夫就因为卖血得了艾滋病，你说……前几天我回去，在我侄子结婚的头一天，我们镇上的街坊不是都来喝酒吗？我去给他们散烟，在灰暗的灯光下一溜站着二十多个青年人，他们当中，有些是我教过的学生。他们都没有正式的职业，如果不出去打工，农闲的时候，就是在家里打打麻将，看看电视，不读书，不看报，他们很少思考自己的命运，过着麻木的生活。别说他们，就连我所熟悉的那些乡村教师，又有多少人在求上进呢？你怎么让他们求上进？环境就是那样的环境。这还是在我们镇上，要是在乡下呢？一个人整天在为生存而奔波，用什么来滋养精神？真的让人担心。

刘海燕：我一直感到你是60年代人，尽管你的作者简介处写着“生于1956年”，直到读了你的《母亲的信仰》，发现你承受了几倍于我们的苦难；还有你对底层人命运的关注，确实要比我强烈得多，我才感到我们不是一个时代的人。这使我对你和你的小说都有了一些新的认识。

墨白：谢谢你有耐心把我的小说读下去。

刘海燕：感谢我？还是感谢上苍吧。（玩笑？夸张？还有静穆）

晚上八点后，这家咖啡馆的顶灯熄灭，每张桌上送一盏铜制镂花的小烛灯。由于烛灯的出现，我们的谈话停顿下来。我们看着眼前飘忽的烛光，突然感受到了时间的存在。这一年就剩下最后一天了。

（2005年2月10至15日，根据录音整理）

阅读之梦与写作之梦

——与墨白对话[①]

刘海燕

时间：2007年2月6日上午

地点：郑州，河南省文学院

刘海燕：看了你最近的作品：《梦中之梦》[②]《三个内容相关的梦境》[③]《〈洛丽塔〉的灵与肉》[④]等，我很有些惊讶，因为我感到自己头脑的惯性，我就想熟识的墨白是需要不断认识的，墨白能成为今天的墨白绝不是偶然。贯穿你写作和人生的那种力量，应该可以用“罕见”来形容。

墨白：你以前读我的大多是小说，而刚才你说的都是随笔之类的文字，可能是文体的不同。我想你之所以有这种感受，可能是因为我运用了小说的叙事手段，来写随笔或者读后感。我之所以把这种类似评论的文字叫作读后感，那是因为与我们常见的评论在表述上有着很大的差别。

刘海燕：叫什么文体不重要，重要的是自由、深入地表达。

墨白：我让小说里的人物，还有那些我们从来没有见过面的作家来到我的现实生活里，说得具体一点，是来到我的思想里，我们坐在一起来讨论他们的小说，或者和他们一起去他们曾经生存的环境。

刘海燕：你在《梦中之梦》里都写了，也就是写作之前的你，早已经迷恋和文字有关的一切了，迷恋奇异的遥远之境，那些汹涌而来的文字，成为温暖你血液的热量，那种因至爱而生出的不顾一切的行为，现在看来，真是令

①原载《文学界》2008年第7期。

②《梦中之梦》，载《山花》（下半月）2009年第12期。

③《三个内容相关的梦境》，载《世界文学》2006年第2期。

④《〈洛丽塔〉的灵与肉》，载《莽原》2008年第3期。

人落泪。我也在荒凉的乡间长大，我知道，对非凡之物热爱的孩子并不多，我想还是天性使然吧。如果不是天性和热爱的支撑，在寂寞的乡间小镇生活三十多年，可能早都松懈了，转移方向了，生活太不容易了！一个人聚精会神地坚持那么多年，难以想象是怎样的韧性和心力在支撑？因此，我觉得应该用“罕见”来形容。文学的声誉一旦形成，人们很快就忘了曾有一个多么艰难的发展过程。

墨白：我同意你的说法。现实生活里，人们往往看到的是结果，而生命的过程往往被我们所忽视。但对于生命的个体来说，重要的恰恰是过程。

刘海燕：是的。以前人们（包括我）描述你的写作之路时，总是看到写作从外部拯救了你，也就是写作改变了你底层的命运，从乡村到城市，成为一个专业作家，其实你早把自己的未来系于文学了。这种来自早年，来自生命内部的倾向更应该说出来。现在我时常感到，由于种种隔膜，我们说出的很多往往不是真相。

墨白：我们生活的过程被人忽略了，而忽略了过程的结果确实离真相十分遥远，或者说是已经隐藏去了生命或生活经历的真相，就像我们生命里经受过的苦难一样。苦难对于一个正浸泡在苦难之中的人来说构不成任何可以言说的意义，而那些自己从苦难中摆脱出来的所谓成功人士在叙说苦难的时候，在我们听来是那样的不真实。约翰·艾顿是20世纪英国有名的汽车商，他和丘吉尔是好朋友。有一次他对丘吉尔说起自己不幸的童年，约翰·艾顿小时候家里很穷，常常一天只能吃上一顿饭，晚上睡到别人家野外的废旧的仓库里。丘吉尔听后很吃惊，说我怎么没有听你说起过？艾顿说，正在受苦或者正在摆脱受苦的人是没有权力诉苦的。艾顿的话使我感触很深。我这样说并不意味着我已经摆脱了苦难，没有，实际我仍然在苦难中，起码在我的思想深处是这样认为的。那些苦难的生活经历，有些时候我是不敢回头去看的。偶尔回头壮着胆子看一眼，也是想提醒自己从哪里来，悄悄地梳理一下自己翅膀上的羽毛，校正一下自己今后要走道路的方向。至于在《梦中之梦》里，我说的只不过是一个受局限的乡村孩子对外部世界强烈的渴望罢了。我想，和我有着同样背景的孩子，都会有这样的感受，这也包括你。是的，你说的不错，在我的生命里，没有别的，只有我写下的这些文字，是这些文字在支撑着我的生活，过去是，现在是，恐怕将来也是这样。

刘海燕：这些年你买了很多很多的书，你喜欢的书，往往会有几个版本，那些版本带着不同译者、不同时代的气息，同时出现在你的书架上。在我们居住的这个城市里，据我所知，如此购书，藏书数量之大，我想就是你和汪淏了。随之而来的就是阅读，《三个内容相关的梦境》里，我看到你曾经的阅读情境，类似梦境中的阅读，这些阅读是一个生命对于另一个更博大的生命的阅读。这和想获得技术支持的阅读，质地不同，这是属于人生中的阅读。你认为阅读对于一个作家意味着什么？

墨白：寻找自己的无知。别人我不敢说，起码对我是这样。在我们身边生活着太多的狂妄自大的人，他们很少坐下来认识自己。一个再伟大的生命个体，在人类的历史长河里，在人类积累下来的精神世界里，都不过是大海里的一滴水。我读书有一个心得体会，读书的过程，就是认识自己的过程，就是寻找自我的过程。也就是说，我无论读谁的书，都是在读自己。我渴望从别人那里发现和认识自己，挖掘隐藏在我记忆深处的那些被遗忘的对生命的真实的感受，并不断地拓宽进入自己生命深处的航道。

刘海燕：你读纳博科夫[①]《洛丽塔》也是这样？

墨白：是。

刘海燕：你现在特别会命名，你谈《洛丽塔》的“出

①费拉基米尔·纳博科夫（1899～1977），俄裔美籍人，20世纪公认的杰出小说家和文体家，代表作有《洛丽塔》《微暗的火》等。

生”“成长”“情结”“细节”“恐惧”“创造”等，把这部惊世之作成形的幽暗过程描述了出来，我也看过《洛丽塔》和由其改编的电影，但在你这篇自由的文体里，我清晰地看到了作品里怎样流淌着小说家的血液，人物心灵何以发出焦煳的气息，还有那独一无二的细节的到来：“亨伯特二十五年来由衷地说出了第一句心里话：噢，看上去很美，很美，很美。”（由于洛丽塔的出现，亨伯特眼里的世界发生了本质的转变，当黑兹太太对他介绍花园里的百合花时，亨伯特突然／终于如此说。）

我感到这是对一个作家真正的理解，是进入作品肌理和内脏的认识，如果没有多年创作过程的磨砺和才情支持，这样的表达是不可能的。

墨白：应该说这篇文章是真正意义上的读后感。通常的情况是这样的，我每天晚上读书都会到深夜，在读书的时候，我会把感受随手记在书页的天头和地脚上，当然，这对于读书人来说一点也不稀罕，而我还有另外的一个习惯，就是我常常一觉醒来，大多是早晨五六点钟的时候，夜里读书时所思考的问题就会出现一个很清晰的轮廓，这个时候我特别的兴奋，似乎有着许多奇思妙想，不记下来无论如何也没办法继续入睡。《〈洛丽塔〉的灵与肉》里的文字，大都是这样产生的。在这类干枯的文体里，我想注入自己的情感，想寻找一种适合自己叙事的语言和风格。我喜欢伍尔夫的评论，就是因为在读她的《书和画像》[①]里的评论文章时，能感受到她的情绪在文字里的流动。

刘海燕：我读研期间曾迷恋伍尔夫的那些文字，至今依然认为那应该是我努力的方向。读过你作品的人都知道，那条河流——颍河，是流经你作品的河流，也是引导你幻想外部世界，浇灌你精神生活的河流。记得几年前的秋天，你独自沿颍河行走，走到颍河流入淮河的正阳关，随后又顺着淮河走下去，走到洪泽湖、高邮湖、大运河，你说你

①《书和画像》，刘炳善译，三联书店 1994 年 5 月版。

看到了颍河和淮河的各种各样的面孔。当然商业时代的河流和你童年眼睛中、幻想中的河流已经很不一样，但你在那个冬天灰蒙蒙的马路旁告诉我时还是很兴奋，多年来沿河而去的愿望终于实现，我想更重要的或许是这次行走孕育了你的下一部作品，你说你要写一个晕地的人，因为他多年在船上生活，一回到没有起伏的地面就晕，晕地。

墨白：应该是“晕岸”。

刘海燕：哦，是，更为准确。1976年的某些日子，所有的人都要悼念伟大领袖的去世，这个从颍河镇出去的人也要回去加入全民性的悲伤，这个习惯了水上生活的人所感受的所目击的一切，在你那种如获至宝的表情里，我感到了非常的不一般，很希望这部未来的作品能成为你的代表作。

墨白：刚才你说的这些，我们一块儿闲聊的时候说起过，想必是给你留下了印象。这是我计划创作的“文革”三部曲中的最后一部。第一部是《梦游症患者》，写的是“文革”初期。这一部的时间是1976年，写文革最后的那些日子。实际这部小说我已经构思了近十年。我有一个习惯，喜欢同时构思几部小说。现在我手头同时有五部要写的长篇小说，有十几部要写的中篇小说，这些小说常常在我的想象和结构之中，我不停地为这些小说积累素材，并不断地寻找着最佳的叙事方式和最佳的结构形式。一部小说的最初想法，等到写出来之后，可能就完全变了模样。写任何一部小说我都是十分用心的，至于能达到什么样的地步，那是另外一回事。每部作品都有自己的命运，就像《洛丽塔》。而一个作家所要做的是，尽自己的能力去写好它。

刘海燕：一个朋友曾问起你的库存，意思是你写了那么多颍河镇人的故事，是不是快写完了，以后准备写什么？好像你感到这个问题很幼稚，你说，怎么会写完呢？颍河镇人的生活在继续，他们到各个地方打工，也许一个城市的某条街上住的都是颍河镇人。

墨白：应该说整个社会都是颍河镇人。因为生活在继续，所以写作也在继续，除非你对生活失去了激情。在我们身边，到处都是我们应该关注的对象，就看你用不用心。去年国庆节前，我的一部电影剧本在吉林拍摄，我就去了一趟长白山。剧组住在一个名叫玛珥湖的景区里，这里以前是林场，早些年，工人们的主要任务是伐木，那里的原始森林都被他们伐尽了，现在他们又都变成了植树人。剧组里的人白天拍戏，我就在林场里转悠。林场里的年轻人都到城里打工去了，守家的都是些老人、妇女和孩子，林场里十分寂静。那些当年从外地迁来的伐木工人现在都老了，他们坐在秋日的阳光下默无声息，给我一种进入墓穴的感觉，那里的人们像影子一样在我的视野里走动。他们过去是怎么生活的？我对他们的过去一无所知，但在过去的时光里，他们确实是存在的，在我们的生活之外存在着。那一刻，这感觉是那样的强烈，是呀，在我之外，在辽阔的地球上，到处都生活着同我们一样的人类！那些太多的陌生人，我以前为什么就没有感觉到？我当时就有一种强烈的创作冲动，我要写一部小说来表达我的这个感受。现在，我已经开始写了，你看，就是这部《隔壁的声音》[①]。

刘海燕：这么一个遥远的地方，和你的颍河镇有什么关系吗？

墨白：有呀，我让我四叔去那儿了。

刘海燕：你四叔？

墨白：对，我四叔。20世纪60年代初，我四叔偷吃了生产队里的秧苗儿的红薯种，被人发现了，他把那个抓他的人打伤后就从老家逃了出来。他本来想去新疆，可他却坐错了车，鬼使神差地来到了关外，当了一辈子的伐木工人。后来我就来了，来到这里寻找他。

刘海燕：哦，我明白了，是虚构。这么一个遥远的地

①《隔壁的声音》，原载《山花》2007年第10期。

方，你仍然能选择颍河镇作为你小说的背景，真是很有意思。选择了颍河镇，这样一个独特的文化符号，给了你很多依托和自信。似乎这是一个越开发越丰富的矿藏，但只有你一个人知道它的秘密入口。你曾说，生活怎能体验呢？每个人都只能在自己的命运里写作。其实你是一个努力挣脱命运的人，你现在是颍河镇人的观察者和描述者，是不是时常感到肩负重任？

墨白：这倒没有，但我时常会想到颍河镇。那次我从东北回来，走大连去了威海，因为我有一个同学在威海与荣城之间的天鹅湖边买了十亩地，建了两幢别墅，其中一幢光装修就花去了两百万，在她的院子里就看能看到天鹅湖，出门穿过一片松林，就是大海，她居住的环境有点像英国的乡间。她雇了两个工人，一个给她种地，一个给她做饭，还养了三条狗给她看家。可她并不快乐，她让我去她那儿就是为了给我讲述她曲折的经历。她以前在我们老家那儿的政府里做事，后来在别人的授意下去做房地产，也就是我们平常所说的官商。在不到五年的时间里，她的资产就过了千万，但是后来出事了。受过挫折之后，她就离开了家，来到了威海。我们在海边，在她的别墅里，整整谈了三天，谈她的爱情，谈她在监狱里的经历，谈世态炎凉。对生活，对生命，她有着太多的感受。那几天，我光笔记就记下了几万字。别的不讲，她在我的眼里，首先是一个人，我想让她成为我们颍河镇里某一个家庭里的儿媳妇，成为我小说里的一个人物，在她的身上有着强烈的时代痕迹。

刘海燕：这个人物，能写一部电视剧。

墨白：是的，但需要结构一个好的故事，然后把她安放在里面。

刘海燕：这些年，你写了多部电视剧，与此同时，你收藏了、当然也看了那么多世界级电影人、大导演们的片子，和他们的传记等。应该说，所有的艺术都是相通的，如果是艺术，如果能做好，不在于是什么载体。

墨白：是这样。前几天我在读吴冠中的自传《我负丹青》，吴先生了不起，年轻的时候就爱标新立异，敢说真话。他在绘画上有两点重要贡献，一是把中国画的线条运用到油画中去，反过来又把油画的面运用到中国画里来，说白了就是中西绘画的结合。这一点说些来容易，做起来就难了。再一点就是搬家写生。比如画高昌遗址，他就把火焰山搬过来作为高昌遗址的背景。地理上的火焰山和高昌遗址根本不在一个视野之内。这在小说创作中早已不算什么问题，这就是你刚才说的，不同的艺术门类之间还有着相通之处，何况小说与影视这样从同一个母体里分离出来的体裁呢？

刘海燕：我很希望一部分人能把影视当成艺术去做，而不是一说影视，就意味着低纯艺术一等。能不能谈谈你对自己所做电视剧的看法？

墨白：影视是语言艺术，是人物对话的艺术，就像话剧。无论在西方还是在东方，戏剧艺术的历史都是浩瀚的，从希腊戏剧到莎士比亚，从汤显祖到孔尚任，从莫里哀到贝克特，人类产生了多少语言大师，他们的艺术成就最重要的一点就体现在语言上，特别是人物的对话。现在的电视剧应该注重两点，一是故事，二是得有好的人物对话。在人物的对话上，最能体现一个作家的水准。好的剧作家，在他作品中的人物对话语言里能体现三个层次：首先是利用人物对话来塑造人物性格。人物不同的口语表达，使得人物性格有着明显的区别，起着强化人物个性的作用。其次，是利用人物的对话来推动故事的发展，人物日常生活的语言能转化成有机的故事情节。再一点，就是通过对话语言，传达人物复杂的内心情感。这些年来，我写过上百集的电视剧，对这一点感受特别深刻。影视剧和小说在叙事上有着本质的区别，那就是影视剧的叙事是建立在物理时间上，是依靠剧中的人物说。而小说则是以物理时间为切入点，进入到心理时间里去，依靠的是叙。

刘海燕：怎么突然感到你像影视学专业的教授，讲得这么学院气？

墨白：谢谢鼓励和夸奖。实际我这是瞎扯，一部好的影视作品，有时单靠剧本还远远不够，因为影视是综合艺术，别的门类你没法把握。

我们应该怎样叙事

——和墨白对话[①]

张晓雪[②]

时间：2006年12月25日，上午10点

地点：郑州，《莽原》杂志社

这次对话是我和墨白先生在几天前就约好的，因为是熟人，所以就少了客套，我们刚入座，就直接进入了话题。

张晓雪：前几天我在网上看到，有人在谈现在的小说写作，不是怎样写的问题，是写什么的问题。我觉得，这是一个很陈旧的话题，根本用不着讨论。

墨白：对。就是回到现实主义，也是怎样写的问题，就是在叙事上走现实主义的老路，你还要刻画塑造人物，你还要注意情节，你还要运用细节，你还要想到人物语言的个性化，更不要说现代派和后现代派了，这怎么会是写什么的问题？咱们回头看一看，浪漫主义，象征主义，魔幻现实主义，意识流，等等，哪个文学流派说的不是怎样写的问题？回头看一看，文学史上有影响的作家，哪一个没有自己独特的叙事风格和语言风格？眼下的文坛缺少文本的创新意识，缺少激情，没有探索，这不是好现象。伯恩哈德[③]曾经说过，重要的不在于写什么，而在于怎样写。实际文学的问题，一直都应该是探索，是创新，是怎样写的问题。

张晓雪：我有同感。文学的根本问题，应该是文本问题，是语言、结构和叙事。

①原载《天津文学》2008年第8期。

②张晓雪（1969～），女，河南唐河人。当代诗人，《莽原》杂志社副主编，著有诗文集《醒来》《落羽翩翩》等。

③伯恩哈德(1931～1989)，奥地利小说家，剧作家，20世纪后半叶德语文坛风格最独特、最有影响的作家之一。

墨白：对。注重文本和叙事，这与一部作品对认识社会的本质和表现人类的精神并不矛盾。小说强调写什么，就是把小说放在了社会学的范畴里。而怎样叙事，则是把小说放在文学的范畴里来进行关照，这是两个概念。小说首先是文学，然后才是社会学。小说的重要特征是虚构，是艺术真实，是用小说的内容和形式来反映社会，是文学意义上的社会学。所以，小说是怎样写的问题，而不是写什么的问题，就是你刚才说到的，是语言、结构、场景、叙事和创新的问题。

张晓雪：首先，小说是语言艺术。语言是小说的血和肉，而故事只是骨骼。我读你的小说，往往是语言上的享受。你小说的开篇，让场景慢慢地展开，让读者能清晰地感觉到你所传达的信息，读起来真是很美，我认为这就是作者在最初的时候，送给读者的一个礼物，是一种阅读上的享受。说你小说的语言充满诗性，一点也不夸张。即使是写到很丑陋的东西，你也是从人物的内心感受切入。作为编辑，我在处理来稿的时候，就会碰到这样的情景，一些作家会把小说里的丑陋写得很恶心，这种叙事语言是失败的，这类作家在语言上的随意性，不能让人接受，对人物对事件缺少准确的把握，我认为问题就出现在语言上，这类作家首先是叙事语言不过关，内心世界缺少修养。一个作家的叙事语言，那就是一个作家的修养。

墨白：不错，语言的问题就是修养的问题。语言来自思想，来自灵魂深处，那是生命里所经历的东西，是一种真诚。

张晓雪：对。你的叙事语言很讲究，是通过长期训练才达到的一种境界。即使很沉重的东西，你仍然注入了浓厚的情感。我觉得，这种情感性的东西，只有通过语言来表达，单凭故事是不行的，就像你刚才说的，语言来自灵魂的深处。刚才我说过，读书实际就是在享受语言。一部作品，只凭故事，是达不到这种境界的，无论读者意识到或者意识不到。你的叙事语言的重要特点，我认为就是情感的注入，是心理体验的注入，这是你小说语言的优势。

墨白：哦，真是醍醐灌顶，情感的注入，心理体验的注入，我以前没有意识到。

张晓雪：无论你意识到，或者意识不到，你的小说叙事语言已经具备了这些。心理体验从哪儿来？是从你生存的那块土地上来，从你的颍河镇上来。比如说《街道》，整篇小说你都在写两个人物的心理路程，你小说里所表达的情感，和读者产生了强烈的共鸣。读你小说的时候，很多人都觉得你的语言很美，觉得你是一个很纯粹的作家。就像《回家，我们从清晨一直走到黄昏》[①]和《霍乱》这种怀旧的小说，你写的仍然有着强烈的现实感。有的作家，在处理这种题材的时候，他可能真的写得很旧，看上去仿佛落了一层厚厚的尘土。可你的旧事仍然是那样的鲜活，同样能触及读者的心灵，我想这和你小说的心理体验有关，和你小说的叙事语言有关。据我所知，你小说的读者群很稳定，他们只要读你的小说，那就会喜欢。这些读者之所以一次次地读你的作品，据我分析，首先，就是你小说的叙事语言。你小说所表达的主题，大都很沉重，有些时候，你小说所营造成的氛围，人物的命运，等等，压得让人喘不过气来，但是你给我的总体印象是，你的小说读起来仍然感到很轻松。用很轻松的语言表达很沉重的主题。我读杨绛，她的叙事语言，就像是在和你拉家常，作家能到这个份上，那就很了不得。我相信你的小说往后去会越来越轻松，而读后又让人不能忘怀。

墨白：谢谢你的鼓励，我希望墨白不会辜负你的教导（笑）。你讲到语言，使我想到蓝调音乐，最近，在空闲下来的时候，我在听蓝调。为了纪念蓝调对美国文化乃至世界音乐的贡献，从1997年开始，马丁·斯科西斯[②]联合

①《回家，我们从清晨一直走到黄昏》，原载《莽原》2004年第4期。

②马丁·斯科西斯（1942～），美国现实主义电影导演，主要作品有《出租车司机》（1975年出品）、《愤怒的公牛》（1980年出品）、《基督最后的诱惑》（1988年出品）、《无间行者》（2007年出品）。

七名世界级导演，各拍了一部用来展示这种“最身体的音乐”的电影，组成一组题为《百年蓝调音乐之旅》[①]的大型纪录片，目的是想在银幕上刻下蓝调的轨迹，给人留下视觉印象。斯科西斯说：“作为一种世界性的叙事语言，蓝调把灵魂带给全世界的人们。”而对于我来说，欣赏蓝调，真是一场快乐的盛宴。

张晓雪：我和你有同感。那些著名的蓝调音乐家，大都是黑人，我看他们在演唱时，使用的乐器都很原始，像小号、吉他、手鼓，等等。

墨白：对，表达的情感也最真切，使用的语言也是口语化。在马丁·斯科西斯导演的《回家的感觉》[②]里，桑·豪斯有一首歌，你只要听过，就不会忘记。歌词是这样的：“今天早晨我收到一封信，/你猜上面写的什么，/上面写到快点快点，/你所爱的少女死去了。/你知道吗，我抓起我的行李箱，/沿着路一直走下去，/哦，当我到达地方，/她正躺在冰冷的土地上。/你知道吗，似乎有一万人，/正站在她墓地周围，/知道吗，她不知道我爱她，/直到他们将她埋葬。”那忧郁而伤感的语调，使你强烈地感受到了他情感的存在，真是美不可言。

张晓雪：哎，我突然觉得，你小说的语言，有些蓝调的风格。

墨白：是吗？

张晓雪：有一点。我一直在琢磨你小说语言的风格，咱们这样一说，我觉得还真有些像。你小说的叙事语言追求诗性，这就像蓝调的旋律，这种旋律，我看就是你小说叙事语言的整体，真有这样的感觉，我一直是你作品的责编，所以你语言的风格给我留下了很深的印象，我这里有一本《莽原》。就这一页吧，我给你读一读，我读你的作品，你听，看看有什么感受，“……那延绵不断的长满了绿色树丛的堤岸和没有尽头的弯弯曲曲的河面不停地呈现在我的眼前，

①《百年蓝调音乐之旅》，云南民族文化音像出版社，2004年出品。

②《回家的感觉》，1997年出品。

一切都是那样的陌生而亲切，而停靠在岸边的铁船和水泥船却让我感到凄伤，那条我记忆里的土黄色的木船停泊在哪一片河湾呢？一切是那样的茫然，但在那茫然里我仍然残存着一线微弱的希望。在幻觉里，我一次次看到了那条张着风帆的土黄色的木船在河面上顺水而下，我年轻的姑姑就坐在船头上……”语言的复句结构，语言的情绪化，像流水一样富有质感，这样的语言在你的小说里俯拾即是，并且贯穿始终。而蓝调演唱的内容，就是你小说的内容，即带有鲜明的地域性，又带浓烈的情绪，一种民间的情绪，而你小说里人物的语言，就像刚才你说的那首歌的歌词，尽量的口语化、个性化。真有些像蓝调。

墨白：这可能是巧合。

张晓雪：我觉得蓝调音乐的叙事风格，形象地概括了你小说语言的叙事特点。我记得你曾经和刘海燕说过，在你的小说里，小说人物的视角与意识的有机结合和转换，叙事者的外视角和小说人物的内视角的承接与转换，这两点构成了你小说的语言结构。在阅读你小说的时候，我有同感。你小说里的语言结构，和小说的叙事结构像一只鸟的两翼，都起着重要的作用。当然，在你的小说里，语言的结构没有叙事结构那么明显，没有叙事结构给读者的印象更强烈。像《映在镜子里的时光》，如郝雨先生在《墨白小说论》[①]里所说，是一部精美的和高境界的全新样式的艺术作品。全新的艺术形式使你的小说充满了象征性，使小说充满了张力。

墨白：说起叙事结构，我想起了伯格曼[②]。

张晓雪：我记得他导演的电影获得过四次奥斯卡奖。

墨白：对，《呼唤与细雨》《芬尼与亚历山大》都是。他还获得过众多的电影奖，像《野草莓》，就获得过柏林电影节金熊奖。《野草莓》讲述的是七十八岁的博格博士一天的生活经历。博士早起从家里出发，要赶到十几里外，

①《墨白小说论》，载《平顶山师专学报》2002年第4期。

② 伯格曼（1918～2007），瑞典电影导演，被公认的现代电影最重要和最有影响的人物之一。伯格曼的大部分作品中，一个重要的美学特征是不直接反映现实的冲突和重大事件，不着力描写外在环境和人物的外在行为，不注重展开剧情和刻画人物性格，而是把注意力集中在人的内心世界、内心生活、内心体验和感受上，通过人的内心世界折射或暗示社会的某些侧面。伯格曼的主要作品有《呼唤与细雨》（1972年出品）、《芬尼与亚历山大》（1982年出品）、《野草莓》（1957年出品）等。

去参加政府为他在学术上取得的成绩而举行的庆典。影片从老人的一个梦境切入，显然是一种象征。在前往庆典的路上，年迈的博士不断地通过记忆和梦境回到过去。看是一天，实际上是对其一生的重新阅读，是在与死亡面对中贯穿整个生命的重新阅读。伯格曼用电影清晰地表达了人类的梦境，表达了生命的苏醒，表达了对死亡的认识。伯格曼以一个老年人的视角，使我们每一个看到这部作品的观众，思考人生的意义。《野草莓》的叙事手法，让我想到福克纳，想到乔伊斯。伯格曼用面对死亡的目光，来打量由体验带来的沉思，同我们在阅读福克纳和乔伊斯时一样，使我们跨越了记忆和无意识的门槛，我们在现在与过去之间出入，在梦境与现实的相互回应里，完成了从历史到现实的瞬间转换。实际，伯格曼是运用了意识流的手法，他在极短的物理时间里，来反映整个漫长的心理时间。而在叙事上，从两条线上展开，现实之中的旅行，代表着从现实到未来，而回忆中无限的心理时间，则代表着从现在到过去。

张晓雪：你的许多小说，也是这样的叙事结构。比如刚才我说到的《映在镜子里的时光》，这部小说的物理时间不到两天，而你却讲述了四十年间的历史。《映在镜子里的时光》叙事的一个重要特征是文本和文本的环套，在当下的生活里，小说的主人公阅读讲述1958年“大跃进”的《风车》和讲述1966年“文革”的《雨中的墓园》，很独特。诗人蓝蓝说：“这是一部可以为叙事学提供研究的作品。对于语言表达本身神秘的探求，可看作是作者对艺术创作的最终追寻。”我有同感。

墨白：对结构的探索并不是最终目的，最终目的是更准确地表达作者对人生的感受和认识。少年的伯格曼体弱多病，常常受到老师和同学们的嘲笑，这种深受耻辱的经历在他的灵魂深处，刻下了深深的烙印。伯格曼的父亲是斯德哥尔摩一家医院里的神甫，他常常溜到停尸房去偷看尸体，偷偷地听父亲布道，伯格曼六岁的时候，就在父亲的惩罚下，体验到了死亡的恐惧。这些感受，后来都体现在他的电影之中。1934 年，伯格曼在他十六岁那年的夏天，前往德国，在魏马，他曾经参加过希特勒出席的一个节日活动，当时年轻的伯格曼并没有在意，而到了他的成年，他常常对此感到耻辱。伯格曼对灵魂的忏悔表现在他的另一部电影《呼唤与细雨》里。

张晓雪：我认为，这种对灵魂的忏悔，就是一个人的修养。

墨白：对。在《呼唤与细雨》里，四个女性都具有象征意义。三十四岁的单身女性艾格内斯住在一座漂亮的房子里，她不久将死于子宫癌。她的姐妹卡琳和玛利亚，以及女仆安娜一起守在她的床前。玛利亚是个性感的女郎，来给艾格内斯看病的大夫曾经是她的情人，即使在姐姐痛苦的呻吟声中，她仍然在寻找机会和医生调情。卡琳却是一个冷漠的人，为了不让丈夫碰她，她用打破的玻璃割伤自己的性器官，当着丈夫的面把血摸在脸上。而艾格内斯则是苦难的象征，艾格内斯因病痛无法入睡，她感到寒冷，呼唤自己的姐妹，可是她们却不理会。这个时候，只有女仆安娜来到她的身边，用大提琴声安慰她。艾格内斯躺在安娜的友情里，在安娜的安抚下，慢慢地死去。2005 年秋天，我在梵蒂冈圣彼得大教堂里，看到米开朗琪罗[①]的《圣母哀悼像》时，我就突然想到了《呼唤与细雨》里的这幕情景，在那个寒冷的夜晚，安娜抱着艾格内斯的场景，和《圣母哀悼像》十分的相似。如果说，《野草莓》是对生命进行关照，那么，他的《呼喊与细雨》，就是对人类灵魂的审视。

张晓雪：宗教的力量很强大。有的时候，宗教能给一个痛苦的灵魂带来安慰，使茫然无助的人有所依靠。在宗教面前，人往往会变成一个孩子，那个孩子会对他心目中

① 米开朗琪罗（1475～1564），意大利文艺复兴盛期雕塑家、画家、建筑师和诗人，主要雕塑有《大卫》《摩西》，壁画《最后的审判》等。

的那个上帝，表达自己的心事。我想，伯格曼就是从上帝那里得到了面对自己的勇气。

墨白：这一点，我想只有伯格曼自己知道。但是，伯格曼对自己灵魂的忏悔，使我深受触动。而在叙事结构上，伯格曼对色彩的运用十分独到。艾格内斯房子里的墙壁、地毯、窗帘和帐幔都是红色的，混合着死亡、回忆和梦境，这种红色潜入了爱的子宫，如同人类出生时从母体里流出的血液。而女人的床单衬衣和内衣则都是白色的，体现了某种内在的东西，在这些白色里，好像漂浮着卡琳的冷漠，玛利亚的放荡和艾格内斯痛苦的灵魂。而后是黑色的葬礼，男人们黑色的西服和世界黑色的影子，象征着死亡，即使是白天，你也能感受到浓重的夜色。我们只有在艾格内斯记载往事的日记中，看到绿色，可是，由回忆而带给我们的微笑和幸福，已经接近了尾声。在走近死亡的时间之中，伯格曼对人性作了一次真正的考验。死者为活着的人撕开面纱，揭开心灵的真正面目。但是，死亡并没有改变什么，或者说死亡拒绝改变什么，在死后，爱才显得那么重要。在这里，安娜是一个爱的象征，安娜带给我们的温暖穿越了沉闷的死亡景象，使我们看到了爱的阳光。

张晓雪：你从伯格曼这里，得到什么样的启示？或者说，小说的叙事和电影的叙事有哪些不同，又有哪些相似之处？

墨白：电影和小说的叙事有着很大的差别，一个是视觉艺术，一个是语言艺术，但他们的本质是相同的，那就是对人类精神的表达。这种表达时刻都在发生着变化，这种变化就是对艺术的探索。对艺术的探索，重要的是观念的变化。柏辽兹[①]的歌剧《特洛伊人》，描写的是古希腊特洛伊战争，而前段时间我看过一个新版的《特洛伊人》，出现在舞台上的古希腊士兵，全都穿上了二战时期纳粹士兵的军服，手里拿着卡宾枪，这给我带来了强烈的视觉冲

①柏辽兹（1803～1869），法国作曲家。

击，这使我产生了许多联想。还有韦伯[①]的音乐剧《万世巨星》，给我的感受也十分强烈。耶稣基督来到了现代人中间，他身边的人在不停地向他发难，问他当年为了救赎人类，而被钉在十字架上值不值得。韦伯在直接拷问着现代人的灵魂。为什么能产生这样的作品，那就是观念的变化。

张晓雪：你的作品给我的印象就是一直在探索，我记得《莽原》曾经发表过评论家何弘对你小说研讨会的综述文章，题目就是《精神探索和叙述试验者墨白》[②]，你自从创作以来，把你小说的背景都放在颍河镇上，并构成了你的精神故乡，形成了像沈从文的湘西，福克纳的约克纳帕塔法一样的精神载体，确实是一个值得研究的课题。

墨白：有时候，我把我小说里的颍河镇当作我在现实生活里的场景。有些时候，我会想起怀斯。怀斯出生在美国宾州费城郊外的一个名叫查兹佛德的小村。他一生只上过两个星期的学，每年的夏天除去到近处的缅因州去度假，到他去世，从来没有离开过查兹佛德。他的绘画作品里所表现的就是他生活的村子，乡村的小屋，朴素的小人物，表现着存在于人类内心的孤独感，在他作品优美的自然景象里，你却能明显地感受到一股淡淡的哀愁和伤感。但是，他却创造了属于自己的艺术风格，成为现实主义绘画的优秀代表。我从怀斯身上，获得了启示，我小说里的颍河镇已经像血液流进了我的体内，来到了我的现实生活里，我的生命已经无法和它分离。

张晓雪：我从你和海燕的对话里才知道你在故乡先后待了三十多年，你对土地和你生活过的镇子，真是太了解了。

墨白：怀斯曾经说过这样的话，我画查兹佛德附近的山丘，并不是因为它比别处的山丘优美，而是因为我生于斯长于斯，它对我有特殊的意义。颍河镇是我生命里的东西，你无法不处处打上它的烙印。

①洛伊·韦伯（1948 ~），出生于英国伦敦一个音乐世家，主要音乐剧作品有《猫》《歌剧幽灵》，是当今世界才华横溢，思智过人的艺术大师。他的音乐《万世巨星》，1971 年首演。

②《精神探索和叙述实验者墨白》，载《莽原》2001 年第 4 期。

张晓雪：我读卡夫卡，觉得他的写作也是这样，他现实里的生存环境和他的精神状态，对他的写作起着决定性的影响。

墨白：卡夫卡的父亲是一个时装礼品店的老板，这个犹太人只关心他的生意，对子女管教严厉，使卡夫卡从小在心理上就笼罩着威权的压力。由于家庭和环境，卡夫卡幼年就形成了孤僻的性格，他对世界充满了恐惧，充满了对世界的不信任。卡夫卡这样认定自己：我有精神方面的疾病，肺病只是精神方面的疾病移到了内部。事情都有它的两方面。或许正是他父亲对幼年卡夫卡的惩罚，才成全了卡夫卡在文学上的成就。如果卡夫卡在幼年的生活是另外一种样子，那么后来的卡夫卡可能就不是我们现在所看到的卡夫卡。是卡夫卡的父亲教会了他对世界的不信任，于是才有了《变形记》，才有了《城堡》。与世界的对应和紧张的内在关系，成了卡夫卡小说的主题。

张晓雪：有时候我就在想，是什么促使卡夫卡这样一个脆弱的人，这样一个对世界充满了恐惧的人，来进行写作呢？

墨白：是他的直觉，是从他内心里流淌出来的像雾一样朦胧的对世界的感受，是孤独和恐惧，是世界给他的耻辱感和对人世的不信任。卡夫卡真实地反映了自己病态的精神世界，使这个弱不禁风的布拉格人，成为不朽。像伯格曼一样，卡夫卡并没有把自己的人生经历用文字直接表述出来，如果我们看到一个全知全能的卡夫卡，那么卡夫卡对世界也就失去了他特殊的意义，他把自己变了格里高尔·萨姆沙，用奇异的、梦幻般的不合生活的逻辑，来表达他真实的精神事实。他让自己变成了土地测量员，他把自己对世界的经验转换成寓言，并赋予他的文本以隐喻或者讽刺的本质。

张晓雪：这就回到我们前面所说的话题，是怎样写的问题，而不是写什么的问题。

墨白：所以，我们不能忽视卡夫卡为了将自己的经验，转换成一个故事的想象性结构所采取的复杂性的手段，我们不能不承认，卡夫卡首先把象征性赋予了他小说，所以，当我们读《城堡》，读《审判》时，才能感觉到有着说不尽的主题，有着多种可能性。正是卡夫卡小说的象征性，才使他的生命这样长久，才使他能放到各种各样的环境里去。由于他作品的象征性和寓言性，才有了他作品的普遍性。

（根据记录整理）

道德的焦虑与生命的迷惘

—— 与墨白对话[①]

黄 轶[②]

时间：2008 年 2 月 22 日

地点：郑州大学文学院

黄轶：我在去年最后一期的《十月·长篇小说》上，看到这部小说的名字叫《漫长的三天和两个短暂的季节》，我觉得这个名字挺好的，现在为什么改成《裸奔的年代》？是出于对市场的考虑吗？

墨白：不是，绝对不是。其实，我也喜欢《漫长的三天和两个短暂的季节》这个书名。我之所以把书名改成《裸奔的年代》[③]，是因为我突然意识到这是“蜕变”三部曲里的第一部。有关“蜕变”三部曲的想法，是刚产生不久的。在最近一次阅读《裸奔的年代》书稿的时候，我突然发现，其实“蜕变”的事实早已存在。这部小说写于 1992 年 11 月至 1999 年 5 月之间，一直到今天我才准备出书，而“蜕变”的第二部早在五年前就已经出版。

黄轶：是《欲望与恐惧》吗？

墨白：对，是长江文艺出版社“九头鸟长篇小说文库”的一种。

黄轶：那么第三部呢？

墨白：我正着手写。哦，请原谅，我不应该谈起还没有完成的事情。

黄轶：为什么？

墨白：因为我不知道在未来会发生什么。

① 原载《广州文艺》2009 年第 6 期。

②黄轶（1971 ~），女，河南南阳人，文学博士、博士后、苏州大学教授、文学评论家，从事中国文学近现代转型研究、乡土小说研究及当代文学批评。著有《现代启蒙语境下的审美开创》《传承与反叛》等。

③《裸奔的年代》，花城出版社 2009 年 2 月版。

黄轶：哦，那么，如果在上帝允许的情况下呢？

墨白：如果上帝允许我写完它，那么第三部的名字就叫《孤独的旅程》。实际上，这部小说我在六年前就已经开始动笔，只是一直没有完成。《孤独的旅程》这部小说，在物理时间上，在历史背景上，在所表达的精神上，和我们刚才说到的《裸奔的年代》和《欲望与恐惧》，正好构成“蜕变”三部曲。

黄轶：噢。为了这次对话，昨天我特意查了一下“蜕变”这个词。《现代汉语词典》里解释说，蜕变是说人或事物发生的质变。《辞海》对“蜕变”的解释更为详细，说蜕变本来的意思是“蝉蜕龙变”。这句话出自《文选·夏侯湛〈东方朔画赞序〉》。比喻形质的改变和转变。我想，你把“蜕变”作为你三部曲的主题，应该是指人在精神上的变化。这部小说的故事背景是20世纪最后的一个年代，这个年代确实是中国民众精神上的一个蜕变期，传统的伦理道德规范渐渐幕落花凋，而新的范式在大众文化和商业文化的合奏中还没有完成脱胎换骨，“蜕变”的力量不可阻挡，但这种蜕变是双向的，传统复归与艰难前行并置。一方面，人类社会就是在痛苦艰难的蜕变中走出愚昧走向未来，一方面是传统的人文精神在蜕变期令人心寒地陨落。你可否解释一下你所谓“蜕变”的所指？

墨白：在刚刚过去的世纪更替的年代里，无数的农民离开家园，变成了居住在城市里的“城市人”，或者成为栖息在城市里的“流浪者”，就是对“蜕变”这个词在现实生活里的最好注解。在我们身边，在中国版图上大大小小的城市，在每一片可以生存的空间，都会有农民低弱的声音和身影。他们的向往和梦想，他们的幸福和痛苦，他们的欲望和无奈，他们的欢乐和尴尬，他们的爱和恨，这一切，都和我们形与质的改变有着密切的关联。这个时期，在我们精神上发生的蜕变，是让人触目而惊心的。蜕变是痛苦的。但蜕变的力量也是强大的，它像洪水一样冲击着我们传统的价值观和道德观，并使我们中间的无数的个体生命意识得到觉醒。我称这种精神的蜕变为精神重建，或者叫作精神成长。而在精神蜕变的过程中，我最看重的是对人的自尊的建立。乔治·桑塔雅那[①]曾经告诫我们："即使全世界都获解放，但一个人的灵魂不得自由，又有何益？"在蜕变中建立人的自尊，是"蜕变"三部曲所关注的问题。

黄轶：你是一个来自底层的作家，对底层怀着深厚情感。你的底层关怀常常不是从物质上，而是从精神上，用你刚才的话说，就是"最看重的是对人的自尊的建立"。如你在《事实真相》里所揭示的，那些乡下人在城市是失语的；如你的《寻找乐园》所书写的，乡下人其实连最起码的生存问题都无法解决，到哪里寻找尊严？这里有你对故乡的道德敏感。你曾经在一篇访谈里说过，古老而闭塞的颍河镇"更多的是贫穷和愚昧，以及刁横和懒惰"[②]。一个方面故乡是至亲的水乳大地，一个方面在那里又有着无尽的苦难记忆，这种悖谬的生存本质对你的创作心理动因有着怎样的影响？

墨白：我无法摆脱来自乡村生命经历的背景。对数亿中国农民来说，长期以来城乡二元对立的结构性存在的影响，他们不但在人格上低人一等，而且在精神上被歧视。他们要从被歧视的阴影里从被禁锢的精神牢笼里摆脱出来，那是十分困难的。这就像1954年美国的《宪法》做出了种族隔离是违法的规定一样，《宪法》虽然已经修正，而黑人真正的要想摆脱种族歧视还得从自己做起，自己的内心必须强大起来。谭渔在《裸奔的年代》里，从他离开乡村那一天起，他就开始了战战兢兢地朝着人格独立和精神自由的方向艰难地行走。在这个社会里，一个人的自身解放，才是至关重要的。作为谭渔或者是我，我们最深的恐惧可能不是来自外部，而是来自我们内心深处。为写这部小说，

① 乔治·桑塔雅那（1863～1952），西班牙哲学家和小说家。

②见《小说的立场——新生代作家访谈录》，张钧著，广西师大出版社2002年2月版，第443页。

断断续续，我用了将近七年时间。而这段时光，正是我人生的路途中最为迷惘的时期，痛苦忧郁而孤独，这部小说装载着那个时期我对生命最为真切的体验。应该说，《裸奔的年代》是一部有着我的精神自传性质的小说。

黄轶：这部小说的五个章节是分别独立的，但小说的内容又血肉相连。你把三个具体日子和两个短暂季节分别排放在第一、第二部里，但我在阅读的时候发现，你并没有按照时间顺序，这样一个文本形式其深意何在？

墨白：首先，我想阐明我对记忆的认识：记忆是无序的。现实一旦成为记忆，就具有了虚构的性质。比如，有些时候，谭渔在回忆往事时，那已经不是经历，而是回忆，小说里的几个重要人物，其实都是在回忆中出现的。1993年元月18日，锦是在谭渔的记忆里出现的。1995年12月3日，小慧是在谭渔的记忆里出现的。1996年11月6日，赵静的出现也是在谭渔的回忆中来完成的。这几个曾经来到过谭渔生活里的女人，都是叙事的切入点。一个人的生命有了一些经历之后，如果他想在记忆里回到那些充满生命活力的一幕又一幕生活场景，他只有依靠回忆来完成，他再也没有办法回到当年，再也没有办法进入那段曾经从他身边流过的时光。第二，我想说的是小说的空间。我想在这部小说里留给读者足够想象和参与的空间，我认为这对一个真正的小说家来说，尤其重要。然后，我想说的是，时间能改变一切。在这部小说里，我把谭渔最初和最后的不同的生命走向放在一起，就是想说明时间力量的强大，我们所有的人都没有办法战胜它。

黄轶：你说的是一个人的命运，在时间里会显现出来，很显然，这样的小说结构，你是精心安排的。那么，你认为形式是有伦理意义了？

墨白：对，形式即内容。所有的伦理都被包含在内容之中。

黄轶：呵，既然说到文本形式，我想和你深入探讨一下。你特别注重叙事风格和语言风格，你认为小说归根结底是“怎么写”的问题。有评论家认为你的文本在形式、语言、精神上存在着分裂，你对先锋形式的固守、你的诗人和画家的细腻多情的文笔、你对城市的典雅气质的追求都表明你精神上精致的一面，但在涉及到乡下人进城的描述时，常常出现连篇粗话表达对城市的愤激和诅咒，其实也是以此表达一种“乡下人”的道德立场，这和你进入城市的精神追求存在割裂。

墨白：不是割裂，是对抗。是人格的对抗，是精神的对抗，是城乡两个阶层的对抗。当然，这种深藏在我们潜意识里的对抗，是历史给我们造成的。

黄轶：我想这可能就是你的社会伦理观，你说“不是割裂，是对抗”，有时候城乡二元对立的思维模式常常会造成作家对城市先入为主的道德批判立场，有可能阻碍了理性的审视。或许你所说的对抗，就是表达精神的一种形式。

墨白：你说的“伦理观”，对于我来说太过于专业化。或许你说的对，有些时候，我可能被一些东西所迷惑，因为我的写作更多的时候是来自直觉和生存经验。说到这儿，我想到了鲍比麦菲林[①]，那个常常在右耳朵上插一根白色指挥棒的黑人指挥家。鲍比麦菲林在音乐上的建树，就是他充分地利用了人的声音，他把人的声音和乐器完美地结合起来。在演唱时，有些时候他发出的可能是一种噪音，但他把那噪声当成他音乐的根本。把那噪声看成是音乐本身的东西，这有点像我小说里的叙事语言。我觉得，在说到我小说的叙事语言的时候，不能抛开小说里的主人公。那些粗鲁的愤怒和诅咒是墨白说的吗？不是，那是小说里的主人公说的。这和小说的叙事视角有关。

黄轶：我觉得你真是一个孤独的坚持者，执着于文本和语言的经营，这一点难能可贵，因为现在我们看到一种

①鲍比麦菲林（1950～），出生于纽约歌剧世家。多次获得格莱美等音乐大奖。麦菲林成功地运用真假音低吟的唱法，在乐坛上独树一帜，可以说他是人声奇迹的创造者。

时尚，就是把发生的或想象的记录下来就成了。

墨白：说到叙事，我认为，优秀的作家，他的叙事就像一个优秀的足球运动员一样。

黄铁：这比喻新鲜。

墨白：我不知道你看没有看过去年9月份的女足世界杯？

黄铁：是决赛吗？

墨白：记不太清了，我指的是美国和巴西的那场比赛。你看，巴西队的克里斯蒂安妮和玛塔，真是踢得太好了。那么流畅，那样的有魅力，出乎意料，充满悬念，真的，就像好的小说叙事一样。

黄铁：你接下去不会是要说，好的小说叙事就是一场足球比赛吧？

墨白：你的感觉真准确，我就是想打一个这样的比方，好的小说叙事就像是一场足球比赛，现场直播。足球比赛就是小说的叙事。在一场比赛中，你不可能知道在球场上会发生什么样的事情，会发生什么样的意外，处处时时充满玄机。哎，2006年世界杯的决赛你还记得吗？

黄铁：法国和意大利？

墨白：对。那年夏季，我正在鸡公山上。由于雨季，我居住的别墅停了电，我就在凌晨两点起来，到景区大门的门卫那里去看决赛。我记得非常清楚，是凌晨两点。在看球的时候，我们有谁会想到齐达内主罚的那一个漂亮的“勺子球”？有谁会想到意大利球员马特拉奇顶进对方球门的那个头球？有谁会想到在最后的十分钟，齐达内会转过身来把马特拉奇顶翻在地？那真是让人难以忘记的一幕。这些，我们都没法知道，也没法预测。你也不可能知道齐达内在头顶马特拉奇那一刻他内心想的什么。

黄铁：是，这只有齐达内自己心里清楚。

墨白：这就是我说的小说叙事。

黄轶：有意味。是这样，如果我们第二天看影像，就算我们不知道比赛结果，比赛对我们的刺激仍然远远比不上看现场直播了。

墨白：我觉得，这就是现代派小说叙事和现实主义小说叙事的差别。现实主义的叙事就像重播，而现代派的叙事就是直播。

黄轶：有意思。我一直认为“进入城市”在一定程度上是你小说的“元叙事”，你是以情爱为叙事蓝本来突进城市的。《裸奔的年代》中，谭渔所经历过的情爱故事可以绘制成一幅性情地图：项县的锦、信阳的小红和小慧、在锦城邮电局工作的赵静、从锦城调到省城的叶秋，还有谭渔在陈州的妻子兰草，在这部小说里，性构成了象征。性爱在这部小说里，在不同的女性身上，显示出了不同的象征意义。你看，在兰草身上，性爱是一种观念，是一种困惑；在小红的身上，性爱是一种诱惑；在叶秋那里，性爱则是一种希望；在赵静那里，性爱则是现实生活里的神秘；而在谭渔师范的同学锦那里，性则是一种人生的遗憾。

墨白：同时，性也是谭渔精神释放的一个重要出口。

黄轶：对。而谭渔本人，也具有象征性。我们从谭渔的身上，能看到太多的时代给予我们的困惑。

墨白：是这样。有些时候，我把谭渔看成是一个神秘的房间，无数个神秘的房间就构成了社会，就有了我们所处的时代。

黄轶：你是说，我们每个人都是一个神秘的房间？

墨白：是这样，这也是谭渔象征意义的所在。你和我，还有另外所有的人，都是一间没办法去探视的秘密的房间，那些房间里都隐藏着一些什么样的秘密，我们所知甚微，我们只能依我们自己的经验去推测，去想象。玛莉·波依娜[1]在她的《你绝不知道》里唱道：“你绝不知道这个灵魂，你绝不知道他们的决定，你绝不知道他们的计划，你也许

①玛莉·波依娜，挪威少数民族“拉普人”，她成功将挪威原住民音乐带上国际舞台，她的歌唱汲取了“拉普人音乐”的特质与优点，玛莉·波依娜在音乐之中巧妙地融入了爵士、摇滚、World Beat 以及 New Age 等音乐元素，这让她的音乐内充满着原始纯净的世界律动。

相信，你也许判断，你也许想象，你就是那个人。”世间有太多的房间我们根本没法走进去，有些时候，我们只能待在夜色里，偷偷地听一听那房门开启的声音而已。所以我们常说，写作就是面对作者自己，因为在这个世界上，你最熟悉的还是你自己。这是个老话题，我们不知道都说过多少次了，可是要谈写作，你就没办法避开。问题是，我们怎样去看待我们自己的过去，怎样看待那个我们记忆里的自己。有的人常常不敢面对自己的过去，其实你过去的那个你，在记忆里，已经是另外的一个人。现在，我常常把过去的那个我，当成我的朋友，当成另外一个墨白。

黄轶：你的意思，我的过去，是另外一个黄轶？

墨白：对。我也常常把我的小说当作是另外一个人写的小说来读。有些时候，我是站在一个读者的立场上，去看那个名叫墨白的人写的小说。你别误会，我这可不是自恋，是自省。我认为这对一个作家十分重要，对一个人也十分重要。有了这观念，我们就有勇气来反省自己，客观而清醒地认识自己。

黄轶：那么你小说里的人物呢，你也把他们看成是自己的朋友？比如谭渔。

墨白：是的，我把谭渔当作我的朋友。难道不是吗？书一旦出版，那么谭渔就是一个完整的人，他就要靠自己去生活。一部作品就像一个孩子，一旦出生，今后的路就要靠他自己。

黄轶：你是说每部作品都有它自己的命运？

墨白：对，这就像一本书。读者在第一眼看到它的时候，它的长相漂亮不漂亮，要靠编辑和出版社。至于它的精神，它的命运，那是在这书出版之前，作家就已经赋予它了。就像谭渔。谭渔在进入城市之后，才渐渐地明白过来，其实他的家庭生活是一种无法沟通的生活，一种缺乏性爱的生活。可以这样说，缺乏性爱的生活就是谭渔婚姻悲剧的根源。

黄轶：是性的压抑。因为这种压抑，谭渔才开始挣扎，他从麻木的婚姻生活里渐渐地清醒，他想去征服在他生活里遇到的一些女性。我认为这是《裸奔的年代》里的另一个主题，另一个象征。《裸奔的年代》是一个具备了象征意义的文本。在小说具备了意象之后，就具备了多种解读的可能。比如对社会的解读。

墨白：我理解你的意思。谭渔是一个从农村走出来的青年，他离社会上层是那么遥远，离权力是那样遥远，在这个已经被世俗所腐化了的当下生活里，从骨子里，他仍然要显示自己作为一个男人的存在。你说得对，谭渔显示自己存在的一个重要的途径，就是去征服他生活里所遇到的女性。他在企图征服女人的过程中，寻找着自我生存的价值和意义，可是面对生活里的女人，谭渔却是一个失败者。他的忧伤，他的痛苦，他的无助，他的迷惘，他的绝望因此而产生。

黄轶：应该说，这部小说，具有哲学和心理学上的意义。在这部小说里，谭渔和五个女人有着肉体上的关联。谭渔每遇到一个女性，即使是在比较困难窘迫的环境之下，他仍然会生出一种性的渴望。在这里边，叶秋代表着谭渔终于"进入城市"，当性和谐的时候，代表着他们之间的沟通，当性遭到阻碍时，代表着他们之间的敌对。在《裸奔的年代》中，谭渔一次次迷恋于情爱，却又时刻背负着对妻儿背叛的忏悔。情人象征着城市文明的自由、性感、魅惑，它和一见倾心、博学多识、善解人意、主动多情、精神共鸣一组词汇相对应，而妻子构成的是一种责任、良心、庸常、牺牲的文化意象，她代表的是"乡土"，还有尊严。我们看到"乡土"对你的招安力量其实非常有限，因为忏悔从来没有能够阻止谭渔寻找城市"乐园"的步伐。但是，谭渔满怀希望从乡村来到城市，又绝望地从城市回到故地，妻离子散，他成了一无所有的人。因为性，导致了谭渔由积极转向颓废的精神状态和生活结局。正如你说的，城市带给人的是多余人的感受。这是否代表了大多数“城市异乡者”的心理？

墨白：谭渔可能是个个案，但是那些从乡村来到城市里的人的精神历程是相同的。

黄轶：但是我的感觉是，谭渔作为知识者的身份基本上不能代表进城的乡下人，他选择自我价值尊严的路子是性和爱，这个就说明了二者的距离。

墨白：或许你说到了问题的本质。你要等我回头好好地思索你提出的问题。

黄轶：其实，我觉得，你的写作是通过性爱抵达对现实的言说。

墨白：是把痛苦和迷惘的人生，把具有梦境本质的人生落实到实处。

黄轶：这也是写作的意义。你是一个对创作特执着的作家，常常有比较宏大的写作计划。现在我们回到最初的话题，你可以谈谈下一部吗？《孤独的旅程》是否继续沿袭前两部的路子，或者说是精神蜕变的主题？

墨白：我想在三部曲里构成一个隐喻的织体，让小说里的人物在不同的作品里交错出场。比如在这部《裸奔的年代》只出现于谭渔的回忆里的女友小慧，到了《欲望与恐惧》里，却来到了小说作者的家里，你注意，《欲望与恐惧》里的小说作者“我”，也是小说里的一个人物。

黄轶：这你在《欲望与恐惧》的后记里说得很清楚。“她”来到“我”家，和“我”一起讨论《欲望与恐惧》里的吴西玉的道德焦虑，对，是道德焦虑，道德的焦虑这个主题，在你这部《裸奔的年代》同样是一个关键词。焦虑，道德的焦虑，这在谭渔身上，比起吴西玉，这一点更为突出。其实，这种道德的焦虑，是我们所处时代的一个突出的精神现象。

墨白：说到道德的焦虑，使我想起了基耶斯洛夫斯基。基耶斯洛夫斯基被西方影界称为“沉默的见证人”，在他的电影《蓝色》《白色》和《红色》里，基耶斯洛夫斯基站在哲学的阶梯上，用带刺的针头探入了人性的深处，作品所关注的是现实生活里的普通人。这些普通人的生活就像网络，道德意识像是这张布满了灰尘的网上的蜘蛛，一有风吹，那蜘蛛就会在细丝网线上抖动。其实，我们的道德观是很脆弱的，它常常会受到来自各个方面的挑战和威胁。

黄轶：是的，我们的道德是脆弱的。而我认为，网的形态，却形象地说明了你这部小说的结构。你的这部小说就是网状结构。比如，这部小说的第一天里所讲述的那些人物，锦，雷秀梅……这些人物要么家庭生活是残缺的，要么爱情是破损的，要么变得庸俗不堪，要么沉到了生活的最底层，她们一个一个，真的像网丝一样，织成一个让人心酸唏嘘的故事，社会真的像一个带酸性的染缸，在你不知不觉间它就把你改变了。特别在这样一个“裸奔的年代”，每个人可能都会有一种焦虑感，不仅仅是为道德，更可能是为生命而焦虑，为存在而焦虑，因为人总要为“活着”找到一种精神意义，而现在恰恰是理想主义被嘲弄的社会，理性的求索或审美的优雅都丢失了，大家都沉迷在或者说宁愿心安于闹剧。

墨白：基耶斯洛夫斯基有一次在巴黎街头被一个十五岁的女孩认出来，那个时候基耶斯洛夫斯基已经拍过《薇罗尼卡的双重生活》，她说她在看了这部片子后知道灵魂的确存在。这使基耶斯洛夫斯基很感到安慰，他觉得只为了让一个巴黎少女领悟到灵魂的确存在，拍这部电影就值得了。

黄轶：这个观点似乎也能代表你的文学观。我认为，能感动一个人，就能感动和他相同的那些人。在这部小说结尾，谭渔孤独一人坐在人祖伏羲的墓前，望着灰暗的天空对自己发问“明天我要到哪里去”的时候，真的令人伤感。人生而孤独，天底下独一无二，而在生命的很多情境下，他处于茫然无助或凄凉的状态。同时，悲剧意识是一个现代人精神丰富性的标志。我把谭渔一次次涉身情网理解为抗拒孤独的一种自我救赎。

墨白：是呀，苦楚而孤独。有些时候我会突然想起德尔沃[①]，想起他笔下那些幻想的景物，裸女、火车站、宁静的乡村、空寂的小路、荒野的小屋、骨骸等等，这些像梦境一样的情境，确实是出自他内心对生活的感受，细腻而真实，散发着一种迷人气息，真的让人感动。

黄轶：你是不是也常常为自己而感动？

墨白：是吗？你别说，我还真的没有想过这个问题，为自己而感动，这真是一个诱人的话题。我想，当我们为自己而感动的时候，可能是生活最美好的时候，在这个人与人之间越来越隔膜的世界上，也是对自己的一种奖赏吧。

黄轶：是对生命的奖赏。

墨白：如果谭渔能意识到这一点就好了。

黄轶：或许谭渔也应该为自己而感动，他能走到今天，确实很不容易。

墨白：那就让我们祝福他吧。

①德尔沃（1897 ~ 1994），比利时20世纪最出色的超现实主义画家。

历史、经验、责任与创作

——墨白访谈录[①]

龚奎林[②]

时间：2009年6月12日

地点：墨白书房

墨白的创作起步于20世纪80年代后期的先锋小说时代，他的写作不但具有先锋小说的叙事技巧，而且更看重对人性的观照。进入新世纪，当其他先锋小说作家纷纷转向甚或退隐时，他却继续用自己的解剖刀、显微镜去观察世俗人生的人性欲望。墨白的小说贯穿着一种暗红色的悲剧宿命以及人性生存困境的无奈选择，从而给人一种历史苦难蜕变造就的尖锐的刺痛感和人性的荒芜感，进而传递出作者对生命的终极思考和人文关怀。因此，其叙述技巧的实验、人性蜕变的诡异、文本情绪的紧凑与张力总是给人一种耳目一新却又缓不过气的感觉。这次访谈我更多的是从文学外部（包括个人经验、生存背景、历史经验等角度）切入墨白的小说创作，从而获取一个作家的身后有着怎样的时代背景和怎样的精神成长资源。

龚奎林：你的小说充盈着童年记忆，其中既有快乐的童年经验，也有不幸的童年阴影。可否谈谈这种童年记忆与你小说创作的关系。

墨白：对我来说，童年经验是重要的。我出生在淮阳县新站镇，也就是后来出现在我小说中的颍河镇，在童年记忆里，这个镇子对我来说是神秘的。我的故乡地处中原，现在看来它的位置十分偏僻，但在陆路交通不很发达的

①原载《西湖》2010年第2期。

②龚奎林（1976～），江西新干人，文学博士，现任教于井冈山大学人文学院。著有《文学与人生——墨白小说研究与教学》。

五六十年代，颍河的航运在我们河南却是数一数二的。因为有了航运，故乡的集镇在我的记忆里是繁忙的。这你知道，颍河是淮河的重要支流，源头在登封嵩山脚下，流到周口以后有另外两条支流汇入，其中一条就是贾鲁河。贾鲁河的源头靠近郑州的花园口……

龚奎林：就是蒋介石以抗日为名扒开黄河的地方？

墨白：对。当年的黄河水顺贾鲁河流入颍河，所以后来我们那儿的大片土地就成了黄泛区。颍河的另一条支流就是流经漯河的沙河。沙河的源头在平顶山境内的尧山，那是哲人墨子的出生地。因为漯河在京广线上，所以大批的货物到漯河后再通过颍河转运，比如说从南方运来的毛竹，从大兴安岭运来的粗大的红松，到了河里，就被扎成长长的竹排或者木排往下运。

龚奎林：你小时候在颍河里看到过竹排和木排吗？

墨白：看到过，十分壮观，长长的好像没有尽头。我在《梦游症患者》里曾经写过，三爷的大儿子王洪良出外去调查他三弟王洪涛的反革命行为时，乘坐的就是木排。我在颍河里经常看到的是货船，那个时候我们称国营船，就是公有的船队。颍河的木船非常大，七八只排成一排，被汽艇拖着逆水而行。汽艇就是小火轮。没有汽艇的时候，船夫们就辛苦了，他们要背负纤绳逆流跋涉。如果是顺水那就舒服多了，船夫们在高大的桅杆上张起白色的风帆，一字排开顺流而下。颍河在历史上十分有名，春秋战国时的地图上叫颍水。那个时候的中原有着茂盛的原始森林，生活着大象。古代的河南地域被称为“豫”，可能与此有关。我在登封的嵩阳书院的厢房里，曾经看到过一对粗大的象牙，那就是在当地出土的。那个时候的河流是没有堤岸的，就连黄河也没有。古时的黄河像一条黄色的彩带被风吹着，在中原大地上随意的摆动，有时候它能流到淮河里来。

龚奎林：我曾经看过一个资料，淮河先前是有自己的入海口的，后来黄河夺淮入海，被沉淀的泥沙堵住了。

墨白：所以现在的淮河流入了洪泽湖，然后转道通过大运河进入长江。在我的童年和少年时代，颍河对我来说是十分神秘的，她不但开阔了我的视野，而且丰富了我的想象力。这无尽的河水从何处而来？我不知道。它又要把张了白帆的货船带到哪儿去？我也不知道。那个时候我们镇上有四个码头：镇子最西边是盐业仓库、粮食仓库和木材公司的码头，从漯河漂来的竹排和木料都停泊在那里。镇中是过河的渡船码头，镇东是土产仓库码头，再往东就是煤业公司的码头。货船来了，一排靠在河岸边，船舱那样深，那样大，装载着无数的秘密。船民南腔北调，仿佛带有异国的风味。有一次我看到一对抬了一大筐青菜的船夫从街上回码头，他们嘴里哎哟哎哟地歌着号子，满头大汗，样子很累，可他们就是不肯停下来休息，一直翻过大堤不见了。多年以来，那对抬筐的船夫一直在我的记忆里行走着，一刻也没有停下来过。在我童年的视野里，颍河就是最大的河流，天底下再也没有比颍河更大的河流了。

龚奎林：是啊，那个时候还没有山外有山的概念。

墨白：所以，河流和河流上的一切，对我构成无数的神秘。你知道，北方的河道与南方的河道不一样，它的河道非常深，夏季的颍河经常发生洪水，洪水气势磅礴，溢满了河道。洪水一来，颍河两岸的居民都上岸抗洪，到了夜间，两岸的河堤上到处都是马灯，像节日一样。

龚奎林：哎呀，那你们小孩子当时很兴奋啊。

墨白：孩子嘛，不知道洪水的后面隐藏着什么样的灾难，他有的只是兴奋。洪水大的时候，站在我家的院子里就能够看到，浑黄色的水面十分宽阔，像无数的马匹在奔腾，那种气势，没有什么可以和这条河流相比。所以它带给你的震撼是强大的，而你又没有能力去说清它，包括船民的生活，没法说清。对你来说，没法说清的东西就构成了神秘。比如说造船，我们那儿的许多船民，都是自己造船。造船的工序十分复杂，当船体在河岸边侧着立起来的时候，就成了一个巨大的音箱，当造船工人用锤子撞击板凿往船板之间的缝隙里下灰捻的时候，那种劳动带来的乐声使你无法忘记，仿佛那声音就构成了他们的生活方式。

龚奎林：他们都是本地人吗？

墨白：不，也有外地人。他们说话的语音让我明白他们有着和我不同的生活背景，就像造船工人击打船舱发出的声音，带给你无限的想象。到了冬季，整个颍河都被冰封，河面一片银白，像银带一样飘向远方。我们那儿的渔夫也和别处的不一样，他们捕鱼用的是一种细长细长的木船，一边是一块白色的木板，我们那儿叫白船子。傍晚的时候渔夫拉着白船子往上游去，到了夜晚，他就划着白船子顺水而下。鱼儿看到白板就像看到了光亮，它就跳上来，结果被白板外边的网兜网住了。夜间你听哗哗的打水声，那就是渔夫的白船子来了，白船子朦胧着从河岸边划过，然后又慢慢地隐到灰暗里，船桨打水的声音也渐渐地淡去。但也有许多恐惧的事儿，比如颍河里年年都会淹死人。总之，颍河带给我的是对世界的好奇和丰富的想象。除去河流，另一个构成我童年经验的就是土地。应该说，土地带给我的乐趣与欢愉是无法表达的，土地里能生长出各种各样的农作物，在我童年的时候，我没有见过纯粹用来供人观赏的花朵，像牡丹月季之类，而各种农作物的花朵我都见过，到现在为止，我仍然认为庄稼的花朵是最美的。因为土地，在我童年和幼年的记忆里，夏收秋种，劳动是没有休止的，因此在我很小的时候就学会了各种各样的农活。土地使我对世界产生了一种信赖感，只要有土地存在，生活就会有希望和保障。土地的神秘不但是会种植生命，还有对人的接纳。人死后，要下葬进入土地。隆重的丧葬仪式，对孩子来说充满了恐惧和神秘，但又是庄严而神圣的，我们的生命与土地就此构成了一种没法割裂的关系。另外一个构成我童年经验的就是我出生的镇子。我刚才说的河流和土地是人和自然的关系，现在我要说的是文化。我们镇上的文化是由佛教、伊斯兰教、基督教和汉族文化共同构成的。我们镇子西街居住的是回民，有一座明朝时期留下来的清真寺。而我读书的小学校，就是由山陕会馆改建的，这我在《梦游症患者》中写过。我们镇子河对岸，有一座天主教堂，是专门为河道里来往的基督教徒修建的。基督教在我们那儿的影响是根深蒂固的，现在我们那儿很多人都信基督教。还有佛教，我们镇西解放前曾经有过一个延庆寺，我的小说《失踪》写的就是这个寺院，可惜后来那里成了一个仓库，但佛教的影响仍在。在我记忆中，镇子街道上铺着石板，两边的门面房都带出厦，下雨天你可以从镇东走到镇西不淋雨。解放前雷家和马家那些大户人家留下的房子很有气派，是具有明清风格的建筑，高大、阴沉而潮湿，长满苔藓的院子里充满了神秘感。解放后这些房子都收归国有，成为镇政府的办公地，有的被都改造成盐业、粮食、土产等各种仓库。但这些建筑给人留下了许多故事。而我童年记忆里的一件大事来自一场火灾，俺家那场大火是在我出生不到一个月时烧起来的，母亲冲进大火什么都没有要，只把我抱了出来。这个偶然的事件，经我母亲的反复讲述，在冥冥中带给了一种梦境一样的东西。这个事件的本身很残酷，但对于童年的我来说却充满了刺激和好奇，到了最后这个事件给我的生命构成了一种密切的关系，这是我生命中无法避开的经历。以前我们说一个作家的生活是体验，但我不这样认为，我觉得一个作家的生活积累就是他的命运，是他身不由已躲都躲不开的命运。苦难也好，幸福也好，生也好，死也好，他早已身在其中。

龚奎林：从你的个人经验而言，你经历了许多人生苦难，从一个农民变成一个小学教师，最后进入省城成为专业作家，这种成长体验与你的小说创作是不是有着密切的关系？

墨白：不是关系密切，是决定性的。没有故乡的生活经验，就没有我后来的小说。我不到十岁那年，我父亲因为四清运动被判了刑，我们的家庭状况发生了彻底变化。这个变化带给了我两点：一是饥饿感，二是由饥饿引申出的对生活的恐慌感。当然，这是两个不同的话题：一个是生存的困境，归属于苦难；一个是精神的困境，归属于痛苦。关于苦难的记忆主要来自饥饿、劳动强度、居住环境、文化生活各个方面，而最深刻的是饥饿。我们镇上人均土地少，产量又低，再加上是生产队的分配制，所以一年当中有半年缺吃的。吃的产生恐慌，不仅仅是身体需要热量，还牵涉到孩子的精神成长。当一个人吃不饱肚子的时候，会连锁发生方方面面的事情，所以为了吃饭，我做过各种苦力事。那些年每到秋季，我都会扤着箩头夹着铁锨到收过的地里翻耕红薯。因为那个时候是用东方红拖拉机深耕种红薯，所以红薯扎的很深，当生产队的老牛拉着土犁子出过红薯后，还有许多红薯留在土地的深处。在茫茫的翻耕过的黄土上，只要你肯下力气，一下午就可以挖到一箩头红薯。一个十一二岁的孩子在太阳下的黄土地上翻耕，深层的土地里不停地给他带来刺激和惊喜，当夜幕降临的时候，一个孩子弯着腰背着一箩头沉重的红薯在黄色的土地上往家赶。你看我现在个子这么低，这是因为我在童年时从事各种各样的高强度劳动造成的，其实我家人的个子都不低，我大哥孙方友你是见过的。那时候，与吃饭有关的事情都要靠体力劳动，吃面要推磨，吃水要到水井里挑。我们那儿的水井非常深，有两丈那么深，而且要上台阶。特别是冬季下雪天，我小小的个子挑着水桶爬台阶，走不好，就会滑倒在地。一滑，两只水桶就咕咕咚咚滚到坑底去了。再一个就是家里的居住环境很差，一到下雨天，房子就漏雨，总是外面下大雨，家里下小雨，家里的锅碗瓢盆都用来接雨水。我很小的时候就为家里的房子漏雨而发愁，所以在我的记忆中，家里一直在不停地反复建房子，最初是土房，和泥，脱坯，全部是人力。

龚奎林：我们老家用牛去和泥，就是蒙着牛眼睛，让牛在泥地里反复踩。

墨白：我们没有牛，牛是生产队的，所以只有用人力。泥和好后再垛墙，劳累总是无边无际，所以这些经历你是无法忘记的。而更刻骨的是对生活的无望和恐惧，你不知道你的前途在哪里。因为那个时候的人是有等级的，不但有地富反坏右，就连工人和农民也不是一个阶层，工人吃的是皇粮，而农民是要靠自己在土地里刨食，这不但是制度问题，而是人的平等问题，这深刻影响了那个时代的人的精神，这也就是我们后来说的二元对立。身份的不同，就会影响一个人的命运。比如说考学要推荐，那就没有你的份，参军招工这些有出息的事你想都不要想。那种生存环境会给一个孩子带来很大的精神压力，你不知道前途在哪里，生活的朦胧和无望似乎永远没有尽头。生存体验和生存苦难不但从各个方面渗透到一个孩子的血液之中，而且渗透到整个社会之中，对苦难的记忆不光光属于我，而是属于那个时代。

龚奎林：疾病隐喻与死亡哲学贯穿在你的小说文本之中，尤其是精神病，这使你的小说渗透着一种浓郁的悲剧意识，你对疾病与死亡的钟情和你的生活经历有关吗？

墨白：有关。最初是我对死亡的认识。小时候我家住在镇医院的隔壁，我记忆里的镇医院门诊房非常宽大，而且房内的结构十分复杂，我从来没有弄清过那座房子到底有多少房间，有多少个出口。每天我都会看到身患重病的人被送进医院，也就是说疾病会随时闯入你的生活。在夜深人静的时候，我会被突然传来的哭嚎声所惊醒，那些过世的人要么是老人、要么是孩子、要么是男人、要么是女人。我躺在床上，听着那些无助的撕心裂肺的哭嚎声随着杂乱的脚步声，随着轧过坑坑洼洼的青石街道的车轮声，慢慢地消失，我的四周又陷入沉静。那个时候我躺在床上望着空洞洞的屋顶，心里充满了恐惧和好奇，那个刚刚死去的人他是谁？他长什么模样？他到哪儿去？到底是谁接走了他？作为一个孩子，他不敢向大人去寻问这些神秘的东西，于是你对生命产生了疑问，在不知不觉中死亡带给了你生命经验中无法避开的东西。而实际上，死亡就是一种生活，是我们无法避开的生活状况。当然，疾病也是如此，如果你去医院，如果你有意去观察，你会发现众多的身体疾病在我们存在的世界里极其普遍。我幼年的时候，在我们镇上见到各种各样的残疾病人。有一个修鞋匠是一个瘫痪的人，他走路依靠他的两只手臂。小时候我一直弄不明白，他是从哪里弄来的那么多修鞋的钉子呢？还有一个修车匠是个瘸子，他走起路来一拐一拐的，我们叫他八仙，但他的修车技术非常高。镇上还有一个疯女人，姓朱，我们都叫她朱疯子。我们成群的孩子撵着她，用坷垃砸她，好像觉得很刺激。朱疯子有时会突然回头追赶我们，吓得我们惊叫着逃散了。所以日常生活中的疾病不但使我们产生好奇而且给我们带来恐惧。当然，这是就身体的疾病而言，而另一种疾病是来自精神，精神疾病产生的根源是权力、道德、政治、宗教、文化等社会因素，精神疾病的存在就是对社会制度的隐喻。所以在我童年和少年经历的那个时代充满了各种不同的精神疾病，所以我童年和少年所处的社会是病态的，那种病态渗透在从那个时代过来的每一个人的精神里，这当然也包括我。所以这种病态在我的小说中呈现出来是很正常的。疾病隐喻与死亡哲学是人生的一个重要话题。

龚奎林：绘画也是一种表达对世界感受的方法，你的小说出现了冷色调和多色调，人物也如同雕塑一般，而你又是从专业绘画者转向文学创作的，绘画和写作同为艺术有着很多相通的东西但也有差异，绘画的元素是如何影响你的创作的？

墨白：谈到绘画，我要感谢我小学五年级的班主任，他叫张夫仲，是我绘画的启蒙老师。我从小学五年级一直到初中毕业，张老师都是我的班主任，所以我对绘画最初的认识和绘画技巧都是从他那儿得到的。因为我的初中和高中时代正好在“文革”中，所以众多的政治运动和节日给我提供了许多练习绘画的机会。一年的节日真是太多了：三八妇女节、五一劳动节、六一儿童节、七一建党节、八一建军节、十一国庆节、元旦、春节等这些节日学校都要出画刊庆祝，再加上众多的政治运动，所以我的初中和高中时期几乎没上过课，我整天都在学生寝室里度过。我把八张一开的新闻纸接成一体画一张巨大的壁画，这包括毛泽东、华国锋、邓小平这些风云人物的画像。等到1978年我进入师范学习绘画的时候，才开始接触大量的西方绘画，等到我进行写作的时候，一些绘画元素在不知不觉中进入到了我的文字之中，比如绘画对我叙事语言的影响。当然，我从许多大师那里得到了启示。比如夏加尔[①]，他使我对记忆和梦境有了更深刻的认识和理解；比如达利，他使我看到了时间和人性的另一面；比如蒙克[②]，他让我看到了死亡的存在和生命的焦虑；比如莫奈，他使我认识到当生命的主题确定之后，主题的重复和复式语言的重要性；比如凡·高，他让我看到一个真正的艺术家，在他的精神和肉体达到高度的统一性后他的作品所产生的无穷的魅力，等等。所以我认为，绘画和写作虽然说一个是视角艺术一个是语言艺术，但绘画和写作却有着相同的本质。

龚奎林：河南作家的作品中都孕育着一种哲学思辨和历史意识，在我看来这是同其他省域作家的最大差别，你

①夏加尔（1887～1985）的绘画主要表现对童年和青年时代他的故乡俄国一个名叫维台普斯克小镇的回忆，打破了时空观念的限制，不同的瞬间和不同场合同时出现于画面，表现自由的幻想。飞跃在他画中的鸟、时钟、情侣、花束、牛羊、马戏演员、新娘，都是乡愁与爱的幻想。夏加尔艺术的神奇之力，在于能与所有阻挠灵感超脱与压制人性的各种势力相抗衡。

②蒙克（1863～1944）是20世纪表现主义绘画的天才，他的绘画给我们最强烈的特征是透过风景，对劳动者和自我精神的深刻表现，从生的不安到爱的焦虑，从死的恐惧到爱欲的痛苦，他以苛刻偏激的表达方式来传达意念，从而创造出令人难忘的爱、热情、嫉妒与死亡的形象。

的作品同样如此，能否对此谈谈？

墨白：哲学来源于生活，比如儒家的人生观和道德观，比如老庄要达到的人生境界，都是中国文化的主流，这些就储存在民间的日常生活当中，我们从一出生就受到这种文化的熏陶，蕴藏在中国文化中的哲学思想和我们息息相关。比如对死亡的认识，其实就是对人生哲学的认识，那个时候，你或许没有认识这是一个哲学话题，但有关死亡的事件一定有哲学的意味在里面。当然，随着时间的推移，我们会把许多我们自己考虑的问题归纳到哲学上来，比如一个人的历史观。以前我总觉得历史是古人的事情，其实历史和我们每一个存在过的人都有着密切的关系，我们就是创造历史的人。为什么这样说，因为任何历史都具有强烈的主观性。比如司马迁的《史记》，它同样带着强烈的主观印记在里边，《史记》是从司马迁的角度来看历史的。如果换一个人来写《史记》，那么他所呈现的事件可能和司马迁所呈现的事件有着很大的差别。我们现在看到的历史是由无数的个体记忆所构成，而众多的个体记忆构成了集体记忆，这就是我们现在看到的历史。所以后来人类对历史上的任何历史文献的考证都无法还原到历史的真实，无论你怎样考证都是带有主观性的历史观。当然，这是一个关于哲学观念的话题。现代哲学已经渗透到意识形态的各个领域，比如对时间的认识。博尔赫斯认为，时间是一切哲学问题的核心。古代哲学家把人类大的哲学观念早已提了出来，比如老子的《道德经》，比如古希腊的哲人们提出的哲学话题。现代哲学只是在古代哲学的基础上更加细化。因为哲学就根植于文化，就存在于我们的生活当中，那么作为涵盖社会学的文学创作携带哲学的思辨和自己的历史观，那是很正常的事。

龚奎林：读你的小说能明显地感觉到一种诗性语言和诗性化情绪，据我所知，你写过不少诗，洋溢在你的小说深处的诗人气质和这些有关系吗？

墨白：实际上，我对诗歌的热爱不亚于对小说的热爱。师范毕业后我回到故乡小学任教，一待就是十一年。20世纪的80年代，正是新时期诗歌的繁荣时代，大批的民间诗歌团体纷纷在诗歌报刊上亮相，十分壮观。那个时候我们小学的几个青年老师也成立了一个文学团：叫“南地文学社”，而我们当时主要是进行诗歌创作。那个时候我们不但订了大量的文学刊物，比如《收获》《十月》《人民文学》《世界文学》《外国文学》《苏联文学》《文艺报》，那个时候的《文艺报》还是以刊物的形式出刊的，同时我们还订了许多诗歌报刊：《诗刊》《星星诗刊》《诗歌报》《诗选刊》，等等。所以我对新时期的诗歌进程是十分熟悉的，而且我本人也写诗，我自己有两本手抄本诗集，装订得像正式出版的书籍一样，从封面到版式都是我自己设计的。

龚奎林：哦，那你准备什么时候拿出来出版呢？

墨白：呵呵，到目前为止我还没有这个想法。但是，诗歌的观念对我的小说叙事起着潜移默化的作用，比如隐喻。我小说中的隐喻是与诗歌有关系的，包括小说叙事的诗性语言，都与我写诗、喜欢诗歌有关。但是我觉得，我小说中的诗性语言恰恰不在这里，而是来源于小说语言的情绪化。这种情绪化是有质感的，就像一条流动的小溪，可以触摸。当然，这种情绪化不光是作者本人的情绪，而更多的时候我赋予作品中的人物，加上我小说的复式语言所带来的节奏感，可能是这些，给你带来了以上的阅读感觉。

龚奎林：你的创作一开始就致力于对颍河镇的构建，你把许多意象赋予了这个小镇，而在我看来，你小说中水的意象尤其突出。我一直在想，这种意象给你的小说创作带来的是什么呢？

墨白：这是一个很有意思的话题。从某种程度上来说，水的意象代表了我小说的叙事风格。水的意象不仅体现在叙事语言上，也体现在故事的场景里。当然，这与我对河流的认识和理解有关，这也是我生命中无法避开的，因为颍河给了我太多的东西。这你知道，我对颍河进行过深入的了解和调查。2001 年，我从故乡出发，独自沿着颍河一直走到安徽的正阳关，也就是颍河和淮河的汇合处，然后又顺着淮河往下走，一直走到淮河流入大运河。2007 年，我又从信阳出发，沿着淮河往下走，慢慢地接近淮河的腹地。应该说，淮河对我的写作影响非常大。在我的意识里，淮河与我们民族的苦难经历最为贴近，因为我们在现实里看到的很多重大的水灾都发生在淮河流域，比如 1975 年的那场罕见的水灾。所以说，淮河有着更多的人文气息，淮河上至今仍然生活着大批的船民。淮河对我们民族来说是一条重要的河流，尽管它充满苦难，但它带给了我们很多警示性的东西，比如现在的河流污染问题。如果你留意的话，我的小说里多次写到这些。可能正是我对淮河的情感才奠定了我小说中对水的情结。

龚奎林：乡土中国的苦难是你小说的主要命题，因而你的小说出现了许多底层者的边缘叙述，你为什么这么喜欢苦难叙事？

墨白：现在有人提出“底层叙事”，我觉得这里面有一个问题，那就是他们把“底层叙事”锁定在社会问题的层面上，他们只注重了底层，而忽略了叙事，而我们应该明白，我们面对的是文学，它首先应该是叙事，是应该具有文体意识的叙事，是建立在文体创新上的社会学，这是文学观的问题。我们的文学所要关注的是生活在这个社会里的每一个人，在文学面前，人是平等的，没有大和小之分。对于文学而言，你能说孔乙己小吗？你能说祥林嫂小吗？我们应该首先从文学的角度出发，去对这一部分人群的生存状态和命运进行关注，而不是从社会学的角度出发，去给他们讨个公道，这种理解才是准确的。我认为底层的苦难远远没有结束，我们需要加深对这种苦难存在的认识，而不是去淡化这种苦难。也就是说，我们文学家要真正地关心他们的存在，就要从文学的角度来正视他们苦难和痛苦的存在，而不是去俯视他们的存在。实际上，中国作家如果没有真正了解中国农民，那是不可能写出大作品的，尽管中国城市这么庞大，但现在城市的主题仍然是由农民构成的，为什么这样说？因为现在中国的意识形态仍然深受权力意识的影响，而这种权力意识就是建立在传统的农民意识之上的。也就是说，现代的社会仍然不是开放个性的舞台，这就是我们的民主进程为什么缓慢的原因。在我看来，中国底层的苦难不仅仅是物质生活的贫乏，还是精神层次的匮乏。人类的苦难历来更多的是精神苦难。比如死亡这个母题，就是人人无法摆脱的精神苦难，无论任何人，当他真正面对死亡的时候，他都无法超脱，这就是精神苦难。所以，现在生活中的物质苦难远远不是精神层次上的苦难，所以我们的写作不能只面对那些所谓的社会问题，文学要关注的是人类的灵魂，人类由精神构成的苦难才是文学面对的永久命题。

龚奎林：是的，你的小说主人公大都是一些挣扎着的痛苦的灵魂，你通过解剖刀把时代阵痛下国民的劣根性呈现出来，借助文学叙述还原灵魂的真相，以引起疗救的注意。因此，在你的笔下，人性的剖析与作家的责任总是连为一体的。

墨白：文学的责任并不是为读者提供摆脱苦难的灵丹妙药，文学的任务就是把普通民众的生活状态和他们赖以生存的真实的社会形态呈现出来，这远远不同于社会中通常的道义上的帮助和观照，例如金钱资助。文学的作用是任何东西都无法代替的，它要告诉我们的是这个时期人的生存状态和环境是怎样的，比如我们读《红楼梦》，就是为了了解那个时代的社会形态，精神危机，因为国家的危机则是由个体的精神危机汇集推动的。作家的责任是为这个社会提供精神分析的母体和蓝本，是从意识形态来完成对整个人类精神的体现。如果没有作家体现人类精神的这个层次，这个社会是不完整的，这恰恰是作家责任的首要所在。

龚奎林： 你作为当年先锋小说作家之一，经历了二十多年的风雨人生路，依然坚守自己的文学主张，而时下也流行一句话“先锋作家死了”，或者说转向了，你赞同这句话吗？

墨白： 任何时候“先锋”都不会死，这是文学的规律。“先锋作家死了”说的是某些人，某些先锋作家在文坛上消失了。我们都知道，整个文学史是创新的历史，没有创新哪有文学史？所有的流派提供的东西都是创新的东西，那个所谓的先锋作家死了，而后一个先锋作家又出现了，只能说是不同的类型的先锋。如果先锋死了，文学没有了生命力，那么整个文学就没有了希望。一个时代的文学，如果没有叙事文本的创新意识，哪里还有文学？所以说“先锋文学死了”，这是门外汉的说法，我们没必要这么大惊小怪。任何有出息的作家都是不会向读者和市场妥协的，真正有出息的作家会引导读者走向陌生的境界，提供一些我们不明确的东西和新的思维方式。比如卡夫卡、乔伊斯、博尔赫斯、纳博科夫，等等，哪怕你说就连这些人也死了，那么我仍然相信还会有新的先锋出现。

龚奎林： 我在阅读你的作品时，总感觉你笔下的主要人物都经受了记忆之痛和时间之伤，为何如此？

墨白： 是为了再现人存在的真实。有许多人总把现实主义、现代主义和后现代主义断裂开来，实际上它们是相通的，是承上启下的。现代主义和后现代主义关注的是人类存在的时间和人类记忆的存在，这是更真实的现实。海德格尔在《存在与时间》中说，时间呈现的状态是当下、过去和未来，而我们生存的现实只存在于现实的一瞬之间。在存在主义看来，任何事物都是当下的问题。现代主义和后现代主义就是对时间和记忆的认识，是对人类存在的认识。我们都知道，记忆建立在时间的一瞬间，梦境、幻觉、经验、历史、生命的存在形式统统存在于一个人的记忆之中，所以我说现代主义和后现代主义是建立在现实之上的真实，这是现实主义根本没有认识到的问题，也是现实主义没法解决的问题，说到底也就是文学观念问题。时间和记忆的问题是文学的根本问题，因为时间和记忆涉及到人类精神层次的各个方面，它不仅仅是文学话题，更是哲学话题。

龚奎林：为什么对“颍河镇”这一文化隐喻场如此着迷？这个问题你曾经和张钧、雷霆都谈到过，我也对此好奇。你说：“一旦进入颍河镇，我想象的翅膀我自由的翅膀我语言的翅膀就会自动的张开。一个作家要建立一个属于自己的文学领地，是极艰难的事情，像马尔克斯，像福克纳，像沈从文。一个作家的文学领地是和一个作家的艺术生命紧紧相连的。”现在对这个理解有新的变化吗？

墨白：没有。一个真正的小说家是靠直觉写作的。不论你在这之前读过多少人的书，掌握了多少叙事技巧，有多少新的艺术观念，你一旦进入写作，那么以前你所认识到的那些都要抛开，而是要进入到和你的生命息息相关的生活里去。也可以换句话说，无论你掌握了多少叙事技巧，而那些技巧统统是为表达你脚下那片你熟悉的土地而服务的，都是为了更准确地表达你所生存的社会形态和生命意识，是为了更准确地表达我们对生命的感受，这是丝毫不能怀疑的。也就是说作家一定要靠直觉写作，他的写作要建立在他的生活经验之上，这很重要。所以，我生命里的颍河镇也就是我文学里的颍河镇，颍河镇对我来说，是什么都不能代替的。

龚奎林：你的作品常常凸显出传统文化的现代断裂，能谈谈吗？

墨白：这是我们所处的时代的精神特征。以前在“毛泽东时代”形成的道德观念、价值观，一旦到了改革开放就受到了彻底的颠覆，中国改革开放以来，我们整个国家和民族发生了翻天覆地的变化。这种波澜壮阔的社会变革，当然会造成社会矛盾和人性的张力冲突，在精神上出现明显的断裂，这很正常。

龚奎林：你刚才说到的传统文化的断裂，我突然明白，你的小说为什么迷恋表现“文革”政治的遗风和固执的乡村民间文化和现代观念的冲突。

墨白：20 世纪 50 年代以后到 80 年代以前的新中国，应该是文学的一个重要话题，但这是一个缺少中国当代文学深刻关注的时代。这一点，西方文学对二战的关注是我们的一面镜子。关于二战，西方作家写出了多少震撼人心的好作品呀，可是目前关于我们那个时代的中国当代文学，所涉及的都是一些皮毛，没有进入到那个时代的本质里去。比如文革。我认为文革只有在中国的文化土壤里才会发生。为什么？就是说中国的皇权意识存在于民间，文革之所以发生，那就是和我们每一个中国人都有着直接的关系，和我们身上的奴性有关，和我们赖以生存的处处扼杀个性的文化土壤有关。存在于那个时代的每一个人都应该对“文革”的发生负有不可推卸的责任。每个人对“文革”都有责任，因为那个时候我们都不知道自己是谁。

龚奎林：就我所知，你的阅读非常博广、视野非常开阔。西方文学、西方电影、西方绘画你都有很深的涉足，而且对你影响很深，能谈谈这方面的感想吗？

墨白：首先我认为阅读是一种有重量的精神运动。一个作家应该站在人类的精神高度来看自己的处境，这样会使自己的写作更清醒。罗曼·罗兰[①]曾经说过，所有的光明

① 罗曼·罗兰（1866～1944），出生在法国中部克拉姆西小镇，法国思想家、文学家、社会活动家。主要著作有《名人传》《约翰·克利斯朵夫》《母与子》等，1915 年获得诺贝尔文学奖。

不是在黑暗之外，而在光明之中。所以一个作家不能固步自封，自以为是。广泛的阅读能改变一个人顽固的旧观念，这对一个作家极其重要。

龚奎林：我喜欢读你的随笔，你的随笔和你的小说一样充满玄思，如何理解这种“玄”。

墨白：我没有想到这个话题，但很有意思。这可能和我的叙事观念有关，用小说的叙事方式来写随笔，有动感，有悬念。这个话题我想得不是太清楚，大概是这个意思。

龚奎林：从你的个人角度而言，你作品的主人公都非常的孤独和忧郁，我的理解可能是和你这个人一样，你的作品似乎对生命的终结有着不解之缘。

墨白：因为人的终极现实的存在，任何人都无法摆脱这种孤独和忧郁。我们每一个在现实生活中存在的人，没有谁能真正知道你在想什么，就连你最熟悉的那个人，你也不知道他的潜意识里存在着什么。也就是说，我们无法打开人的精神世界，而一个人的精神世界恰恰是浩瀚的，像大海一样。很多人都处在孤独之中，处在精神的忧伤之中。你所说的我作品中的这种孤独我觉得恰恰是我追求的东西。

龚奎林：在文学与影像纷纷联姻的当下，而你依然在创作中坚守自己的文学观念，文学的形式和技巧固然是作家认识世界的方法，但在当下消费主义文化和大众读图时代，这种叙述实验对读者的接受来说，是否距离太远？

墨白：上面我已经说过，任何形式和技巧都是为了更好地表达我们自己脚下的土地。但是文学仍然存在着创新的问题。小说到了21世纪，单单讲一个故事，远远不是小说的本质。小说里的故事应该只是一个叙事单元，故事应该和小说结构、叙述语言、小说的哲学意味、小说的个性化和艺术的真实一起，成为构成小说的一种元素，使小说这种文学形式更丰富。我觉得文学呈现的东西是任何东西无法替代的。文学应该是培养一个民族精神品位的重要的一环，我们每个人都要有使自己成为精神贵族的愿望。在我看来，精神贵族其实就是高度的精神自由，一个人的精神自由是非常重要的。因此需要培养自己的人生境界，任何时候好的东西都是在塔顶上的。人类的精神是一座金字塔。人只有卸掉背负的世俗的利益和荣誉，才能往精神的高峰攀登。

龚奎林：最后问一个文学外的问题，当初为什么把笔名称为“墨白”，“墨”和“白”是自然界中两种最靓丽的色彩。同时，这两个字在我看来又是充满矛盾的黑白分明，也就是说，这个笔名本身含有诗意的、对立性的味道，是富有张力、使人过目难忘的。

墨白：这是个非常有意思的话题。墨白两字所包含的意义当初我没有想到，根据后来我的理解，“墨”是绘画上最极致最美的颜色，“墨”和“白”构成了宇宙中的白天和黑夜。再一个，道家的最高境界是“无”，当墨变成白的时候就是无。道家的太极就是“黑”与“白”的构图，黑中有白，白中有黑，并通过这两种元素来概括自然的存在。但是，这些都与我的笔名无关。我当时起这个笔名就是为了简单好记，是无意识的。

作家面对经验世界的时候该如何表达自己和周遭人群的理性诉求，该如何通过艺术的建构传递人间的真善美与邪与恶，因为时间关系，这些都不能作太久的访谈。但回望我和墨白先生的对话，使我认识到，他是一个在自己的经验世界里担负起责任的作家。是的，作家的责任是一个作家进行文学创作的根基与灵魂，市场经济固然重要，但是在嬗变与阵痛中作家应该坚守自己的灵魂与信念，那就是通过文学创作裨益于我们的时代与社会，墨白无疑就是这样一位优秀的作家，他用自己的文学解剖刀穿透人性与社会的变异与蜕变，呐喊成为他微言大义的原动力。在这篇访谈中我们更清楚地看到，个人经历、生存体验、历史阐释、叙事实验等等这些构成了墨白小说的母题，并使他作品呈现出一种斑斓多彩的姿态。

(2009 年 7 月，根据录音整理)

精神自由与人格独立

—— 墨白访谈录①

高俊林②

时间：2009年11月26日

地点：墨白书房

高俊林：这些天我集中阅读了您与一些批评家的对话，在你们的对话里，其实已经涉及了有关您小说创作的各个方面。

墨白：这说明我以前说的太多了，这次我要多听听您的。

高俊林：我这样做的目的，一是想尽量避开你们曾经谈论过的话题，二是想以此为参照来审视我对您小说的阅读感受。在我阅读您小说的同时，我还从不同渠道搜集了一些批评家对您小说的评论文字。我从中发现了一个有意思的现象，评论家们从您小说里发现了各不相同的论述话题，这些话题主要围绕在叙事学、社会学和精神活动这三个层面。在叙事学方面，评论家们主要指出了您小说的结构及其叙事迷宫、对叙事语言的探索、形式与伦理的关系、民间叙事与诗学记忆、叙事的荒诞性、象征性、隐喻性、虚构的颍河镇所构成的精神家园等这些话题上。具体到社会学意义则是城乡二元对立、人性的异化、疾病的隐喻、历史的宿命、对“文革”的审视、对国民性的批判、人类生存的困境和精神苦难、您小说的历史观，等等，而精神层面的话题则包括：人生的寻找与生命的神秘性、现实即梦境、人生的游离性和命运的偶然性、对自我审判等这些人生主题以及小说人物的失语、自卑、梦游等精神特征上。

①原载《小说评论》2010年第3期。

②高俊林（1973～），陕西定边人，文学博士、评论家，西北大学教授。

墨白：你在最近的一篇文章中也提出了西方现代叙事与本土关系的话题。

高俊林：是这样，我把您看作是新时期以来，在中国本土成长起来的既具有现代先锋意识又包含着古典忧患意识的当代作家。我之所以不厌其烦地列举上面这些论点，一是想表明您小说世界的丰富性，第二就是，想把我们谈话的内容放在这个基点上。我觉得，中国大陆当前的后现代写作面临着一个非常突出的本土化问题。抛开具体的写作成就本身不谈，就本土化方面而言，为什么同样是东方世界，印度、日本甚至台湾地区做得比较好，例如白先勇。您觉得是不是因为我们拒绝了自己固有的传统的缘故？

墨白：不是我们拒绝了传统，而是我们身上传统的包袱太重。在我们生活的环境里，从小到大，连空气里都飘荡着传统文化散发出来的气息，正是这些使我们深陷井底，挡住了我们的视线。我们应该先走出去看世界，然后站在世界的高处回头审视我们自己。

高俊林：但是在我看来，中国大陆的后现代不是自然生长出来的，甚至也不是嫁接的，而完全是一种移植。套用一句流行语，它是“被后现代化”了的，而不是自然而然地生长起来的。它将原来的树木连根拔出，传统被连根斩断，然后栽上了新的苗子。但我们都知道，文化的地域差异是一个普遍存在的事实。作为当代文坛上一个在后现代写作领域里做了很多探索的作家，您的写作不但引起了文坛的多方关注，也取得了非常突出的成绩。您在实际的写作过程中有没有过这样的困惑，就是一种远离传统的无根的漂泊意识？

墨白：我相信，真正进行探索的小说家，都会为此感到困惑和产生漂泊感。当我们困惑的时候，那是我们并没有意识到文学的精神实质。后来我才明白，无论你掌握了多少现代和后现代的叙事技巧，你要关注的永远应该是你所处的社会现实，应该关注你所熟悉的那些人的生存状态和精神状态。无论你是哪个国度的小说家，无论运用什么样的手法，而真正的文学精神都是相同的。

高俊林：在当下的小说界，由于现代叙事学的嫁接，中国传统小说的叙事可能就一去不复返了。可我注意到今天在底层的人们依然喜欢阅读传统的评话体小说。而更为年轻的一代则倾向于消费一些文化快餐。您有没有想过尝试一种新的章回体式的写作手法，像40年代在延安解放区的一些作家所尝试过的那样？

墨白：没有。在小说的叙事上，我决不会倒退。小说叙事学的发展也绝不会倒退。如果我们回到传统的叙事方法，那说明我们已经丧失了创造和想象的能力。文学史是创新的历史，这是常识。真正的小说家决不能向读者妥协，真正的读者也绝不会放弃对审美情趣的提升和尝试。如果你的小说不能给读者带来思考，缺少真正的文学精神，只从商业的角度考虑，那你不如去写电视剧，你不如去写小品。看看人家赵本山，看看人家小沈阳，一个小品就老少皆宜，多风光？在这个时代，小说家是十分寂寞的。但有一点我们也不能不承认，小说艺术是人类最重要的精神母体、语言母体，许多好的电影、话剧、电视剧都是由小说改编而成，这是事实。说到底，文学仍然需要面对复杂的人性和人类像海洋一样浩瀚的精神世界，而不是面对钞票、浮躁、谎言和世俗。

高俊林：每一个作家都有自己的阅读资源：民间、古典、外国、现当代，您更趋向于从哪里获取资源？

墨白：在阅读上，我是一个杂食者。要说有所偏颇，我更倾向于西方文学，因为我从小到大所受的都是中国传统文化的教育，我需要补习的是外国文学。但无论读什么书，就是发现自我和认识自我的过程。这是我的读书心得。也就是说，我无论读什么书，都是在读自己。我渴望从别人那里发现和认识自己，深挖隐藏在我记忆深处的那些被遗忘的经历，并不断地拓宽进入自己精神世界的航道。

高俊林：写作本身有着不同作用，例如对于孔子或者司马迁来说，是一种作为使命感的写作，对于波德莱尔[①]来说，可能是一种宣泄，对于卡夫卡来说，又可能只是一种随意性的个人习惯。所以每个作家的写作都持一种姿态，要么是民间的，要么是精英的，要么是主流的。就我的阅读感受，您始终保持着一种民间的写作立场。在写作的时候，您是完全不考虑这方面的因素，还是纯粹从自我出发？

墨白：一个作家的写作就是他的命运。我在颍河岸边一个偏僻的小镇生活了三十多年，我的身份就是农民。除此之外我还从事过搬运工、油漆工、木匠、石匠、小学教师这些工作，为了生存我外出流浪，这就是我的命运，这就决定了我写作的民间立场。我没法拒绝命运带给我的这一切。

高俊林：您怎样看待现时代作家创作的境遇问题，一个作家的创作受着哪些因素的具体的制约？是来自政治方面？经济方面？文化方面？还是有心无力的无奈？

墨白：对一个作家的制约，主要是来自精神方面。一个作家真正要面对的就是他自己，而不是别人。一个作家成熟的标志就是他的精神达到高度的自由，他能抵制住来自金钱、权力、地位、世俗等等各个方面的诱惑，他要敢于面对自己灵魂深处最黑暗最肮脏的那一面。伯恩哈德曾经说过，只有真正独立的人，才能从根本上做到真正把书写好。我所理解的这句话的含义是，一个作家最重要的是精神的自由和人格的独立。

高俊林：您的绘画经历显然为您的文学创作打上了深厚的烙印。我注意到您的小说中非常追求一种色彩感觉。您自己在创作中有没有自觉意识到这一点？又是如何把握以达到一种相对平衡的效果的？

① 沙尔·波德莱尔（1821 ~ 1867）给近代西方诗歌开创了一个新时代，他不仅是法国象征派诗歌的先驱，而且是西方现代派诗歌的鼻祖。他用《恶之花》再现的“病态的花”在世界诗歌宝库中已成为无与伦比的令人战栗的艺术珍品。

墨白：任何艺术都是相通的。你可能注意到，我在和别的批评家谈话时多次涉及了这个话题，比如我们说起过黑人蓝调音乐对我叙事语言的影响。蓝调产生于苦难之中，黑人用蓝调音乐表达他们对苦难生活的感受，可以说蓝调音乐的产生和他们在生活中遭遇的苦难有着直接的关系。同时我们也多次谈到电影艺术对我的启发。最近井冈山大学的龚奎林博士来访，我还和他谈起过夏加尔、达利、蒙克、莫奈、凡·高这些画家对我的影响，绘画对我的影响不单是叙事，更多的是对我陈旧的艺术观念的更新。

高俊林：您怎样看待时间观念、空间观念？我的这个问题是在实际生活的层面上提出来的，当然也可以就小说创作中涉及到的具体情境而言。因为我们知道，迄今为止，我们对于这个世界的感觉完全是建立在时间的假设与空间的限定上，您有没有想象过一种超越时间与空间的叙事风格？也就是说没有时间，没有空间。所有的事件与人物都是无时不在又无处不在，它们完全超越了我们通常意义上的所谓时间与空间？

墨白：假如我在小说里写咱们今天谈话的书房，这个书房说不定就会消失。但是，假如我在书房这个空间前面写出具体的数字来象征时间——2009 年 11 月 26 日，高俊林来到了墨白的书房——那么这个空间和数字就不会消失。数字就是时间的象征。有了象征性的时间，就会像迷宫、镜子等等那些东西一样，具有持久性。我常利用空间来解释时间，让时间变得可以触摸。就我的理解，时间应该存在于空间之中，如果没有空间，我们怎样才能解释时间的存在呢？比如现在我们所处的书房。空间存在于时间之中，而时间又是在空间中展开的。按照牛顿的说法，时间现在正流动在空洞的地方。时间在任何时刻，都正在以统一的方式流动。也就是说，时间在世间，在宇宙的任何一个地方都在流动。时间是河流。现在，每时每刻，我们都在流淌的时间的河流之中。而当我们行走在自己的时间河流里的时候，就没法进入别人与我们并行的时间河流之中，这就像赫拉克利特[①]所说的一样，人不能两次踏进同一条河流。当然，现在我们坐在这儿交谈，就是时间的两条河流的交叉。如果这样理解，当我们在不同的地方看同一个电视节目的时候，当我们在不同的房间上网交谈的时候，也应该被看作是时间的交叉。而当我们在不同的地方阅读同一本书的时候，应该说是时间的重叠。当我写《映在镜子里的时光》这本书的时候，所有的人都不在场，后来人们在另外的时间里阅读这本书，我认为这就是作者和读者的时间重叠。应该说，我们的时间可能会因为同一本书在多年之后而重叠。关于时间的交叉和重叠，我是这样理解的：时间的交叉，是时间在平面上流动时产生的，是前后方向和左右方向的交叉；而时间的重叠，则是指时间的深度，是上下的，竖向的。博尔赫斯说时间是一切哲学的核心问题。在这里我引申一下，时间同时也是现代小说叙事的核心问题。从记忆的性质来说，虚构的小说和源于具体环境的小说有着同样的真实，也许更真实。但环境瞬息改变，只有象征始终存在。这一点，卡夫卡做得最好。我总在为创作一部具有象征意义的小说而努力。

高俊林：您的小说中所涉及到的权力观念，您觉得是一种象征性的具有普遍意义的，还是当下我们所置身的时代与环境使然，只是一种特殊性，或者只是一种历史性的现象？

墨白：权力意识在我们这个民族根深叶茂，皇权、父权、夫权。在我们的现实生活中，权力意识无处不在，权力意识隐藏在我们每一个人的内心深处。在我们身边，没有哪一个人不渴望权力的。在现实生活中，当权力的宝座向你招手的时候，没有谁不动心的。你说我不渴望，那是你没有真正面对自己的灵魂。而我们中国人一旦大权在握，我

① 赫拉克利特（前540～前480年），古希腊哲学家。

们就要维护它的独裁性，这是我们文化的本性。在我们这个国度，民主和法制之所以进展缓慢，这就是根源。

高俊林：我前一段时间一直在看太平天国的历史。那些天国官廷里的权贵们大多数一开始都是地地道道的农民，有的甚至是等而下之的赤贫阶层，为什么一旦在大权在握以后，马上就堕落腐化至极？

墨白：应该承认，我们教科书里的历史观对培养我们民族的思维方式和行为方式起着根本性的作用。比如在说到农民起义的时候，我们的历史课本里有一个关键性的词语，叫“杀富济贫”。这个词语是有情感色彩的，是褒义的，也就是说，我们自己认为这是正确的，是应该提倡的，是应该效仿的。这个词的潜意识告诉我们，一个人如果有了钱，有了财富，那他是有罪的，是应该受到仇视和惩罚的，就应该把他的财产“劫”过来，然后把人“杀”掉。这个词的另外一层意思是，在我们这个国度里，穷是有理的。实际这种思想已经渗入了我们这个民族的骨髓，成了像鲁迅先生所痛刺的“国民性”的特点之一。可是一旦“杀富济贫”成功，那些掌握了权力的人就会从这个极端走向另外一个极端，那就是我们刚刚说过的权力意识。等到自己的手里也有了权力，我们灵魂深处的恶习就开始泛滥，最初的目标已经被改变。

高俊林：在时间观念上，您更愿意把握哪一种，是过去、现在还是未来？对您来说，哪一种感觉更为真实？

墨白：时间的长度，远远超出了我们这些凡人的想象力。时间是永恒的。时间的永恒包含了过去、现在和未来。永恒是所有的过去，过去不知道从何时开始；永恒是所有的现在，这包括了宇宙中所有空间，包括我们人类居住的所有城市和乡村，当然也包括我们现在谈话的书房；永恒是所有的未来，尚未到来但永远存在着的未来。其实，说明白了也很简单。对于我们来说，我们所有的生活都存在于现实的一瞬之间。而现实的一瞬，很快又会变成过去。所以，失去的时间构成了我们过去的经历。但是，过去对于我们来说却是不真实的，因为过去只存在于记忆里；对于我们来说，未来也是不真实的，因为未来只存在于我们的希望之中；只有现实的瞬间，对于我的写作来说才是真实的。可是，这个我们赖以生存的瞬间，又是不确定的，是在变化之中的。所以我小说里的真实是建立在以现实的瞬间为基础，在记忆和想象之里间展开的。

高俊林：20世纪中国文学创作中一个很突出的现象就是：作家本身的出身问题。往往在大学中文系科班教育出身的人成不了作家；反倒是一些从事其他行业例如医生、画家、军人等涌现出了许多作家。您自己最初就是从事绘画的，您怎样看待这一现象，能否从自己的亲身经历谈一下心得？

墨白：科班出身的大多从理性出发，理性认识往往会使我们成为学者，而小说家需要的是感性认识。好的小说家在感性认识的基础上还需要想象力和创造力。说到这我想先说说赫拉巴尔[①]。赫拉巴尔出身贫寒，自出生就失去了父亲。他一生中从事过许多不同的职业：他在公证处当过抄写员，当过仓库管理员，在铁路上当过铺铁轨的小工，火车调度员，服过兵役，做过小手工业基金会的代理人，在一家批发公司里当过业务代表，还当过另一家公司的推销员等等。在这之前，他一直生活在捷克一个名叫宁城的小城里。他从小时候开始，便日复一日、年复一年地到酒馆里听人们在面对困苦生活时倾诉心声。他三十五岁那年来到了首都布拉格，住进了破旧的贫民区一个由废弃车间改成的大杂院里，使用公共厕所和澡堂，连洗漱用水也要提着水桶到院外去打。他就在这样的环境里一住二十年，这期间，他做过废纸回收站的打包工、剧院的布景工，更多的年头是要到二十公里外的一家钢铁厂去劳动。他在这

①博胡米尔·赫拉巴尔（1914～1997），20世纪最伟大的捷克文学家，主要作品有《过于喧嚣的孤独》《河畔小城》等。

里接触到了炼钢工人和技术人员，还有教授、工厂主、学者、小业主、银行经理、企业家、政治家、律师、普通人和囚犯。他在四十九岁那一年才正式出版了第一本小说集《底层的珍珠》，从此一发而不可收，成为20世纪捷克文坛继《好兵帅克》的作者哈谢克[①]之后又一位文学大师。可以说赫拉巴尔是一个从社会底层走出来的作家，他太多的生活经历成就了这个热爱文学的人，他的不朽之作《过于喧哗的孤独》和所有的著作都来自感性认识。但是，他在年轻时代就拼命阅读本国以及世界的文学和哲学著作，他崇尚哲学家康德[②]、叔本华[③]和克尔凯郭尔[④]，崇尚诗人波德莱尔、阿波利奈尔[⑤]和兰波[⑥]。在他的朋友中有演奏家、画家和诗人，这些经历使他对文学有了充分的理性认识。所以说，一个小说家，首先需要的是对生命的感受，然后由理性的光辉来唤醒他记忆里的那些沉睡的生活经历，并引导他走向新的境地。对于一个优秀的小说家来说，感性认识和理性认识，两者缺一不可。

高俊林：在我们的生活现实里，当腐败变成了一种非常普遍的现象，甚至构成一个肌体的必要组成部分后，文学对于某一个具体腐败分子本身的谴责已经没有多大意义了。我注意到了您的小说中也写到了腐败，但您并没有停留在一般道德意义上的谴责层次上，您关注的不是腐败现象的表面，而是关注他们的生存境遇，他们的精神世界，以及他们人生的失意、痛苦、不安、焦虑和恐惧。我感觉您写得很平静，不露声色。这使我想起了鲁迅的小说。我最近一直在自我反思，其实，我们每一个人都持有双重标准：例如对于腐败本身非常痛恨，但一旦在得知自己的亲戚朋友进入了官场，获得了职务，或者赚了钱，也就是说有了腐败的机会后，反而得到一种精神安慰。我们都来自社会的底层，就我们熟悉的底层而言，一方面他们纯朴、率真，另外一方面他们又非常自私、狡黠。他们有时候温厚、善良，

①哈谢克（1883～1924），捷克伟大的小说家，他的长篇小说《好兵帅克》是人类文学遗产的经典之一。

②康德（1724～1804），德国哲学家、天文学家，星云说的创立者之一；德国古典唯心主义的创始人、不可知论者，德国古典美学的奠定者。

③叔本华（1788～1860），德国哲学家，唯意志论的创始人。认为意志是人的生命的基础，也是整个世界的内在本性。

④索伦·克尔凯郭尔（1813～1855），丹麦基督教思想家，存在主义先驱。主要著作有《非此即彼》《哲学片段》《生活道路的各个阶段》《恐惧与颤栗》等。

⑤阿波利奈尔（1880～1919），法国诗人，小说家，超现实主义文艺运动的先驱之一。

⑥兰波（1854～1891），19世纪后期法国天才诗人。

有时候又极端冷酷、残忍。“五四”早期的作家大多具有民粹主义的倾向，对他们进行了无限的美化，其实他们也是在进行着19世纪俄罗斯作家曾经做过的那样。前一段我读了陀思妥耶夫斯基早期的一些文章，他以一个贵族的身份对于底层民众非常温情，认为他们饱含着最为天真的性情，其实同时代的托尔斯泰、屠格涅夫[①]、契诃夫都有这种倾向。直到30年代中国的沈从文、废名依然如此。您有没有觉得自己在反映底层人不幸遭遇的同时，因为暗含着的人道主义同情反而在一定程度上冲淡了您对于他们各种痼疾的批判？您觉得自己在以后具体的文学创作过程中会涉及到这些吗？您将以怎样的心态去面对这个现象？

墨白：首先，我们缺少的是对自己灵魂的审判和认识。今年，翁贝托·埃科[②]加入了意大利知识分子抗议政府总理贝卢斯科尼发动的对揭露其性丑闻报纸的指控的论战，他为此回顾了意大利1931年的历史。墨索里尼的法西斯政权勒令全国一千二百位大学教授宣誓效忠，但仅有十二人拒绝，他们为此失去工作，其余皆为保住教职而屈从。埃科为此总结道：人民是一切罪恶的同谋。这话极其深刻，而且这句话也说中了我们疾病的根源，在20世纪60年代发生的“文革”运动，就是这句话的最好注解。“文革”之所以能在中国发生，那是因为我们有这样的文化土壤。我们不能光去指责“文革”的发起者，其实生活在那个时候的中国人都是“文革”的同谋，是支持者和参与者。可是事过之后，我们又有多少那个时代的过来人对自己当时的行为进行过自我审判呢？比如现实生活中的腐败，其实我们也都是参与者。当然，我们身边的许多人并不是为了发财去行贿，而是为了生存，为了求得一个安身立命的工作，他们更多的是出于无奈。前几天，我看到一则消息，说是因涉黑被双规的前重庆市司法局局长文某，他被媒体曝光的价值三千万

①屠格涅夫(1818～1883)，19世纪俄罗斯伟大的现实主义作家，抒情诗人，主要作品有《前夜》《父与子》《贵族之家》等。

②翁贝托·埃科（又译安伯托·艾柯，1932～）出生于意大利的欧洲重要的公共知识分子，主要作品有《玫瑰的名字》《波多里诺》《密涅瓦火柴盒》等。

的豪华别墅成了旅游景点。一个刘姓导游说，现在的“双子别墅”已经成了新的风景名胜，就像赖昌星的“红楼”一样。许多游客绕道也要去观看一下，并从内心里发出惊叹，哇，别墅好漂亮，真够豪华！这样的别墅也能成为“风景名胜”，而且你会感受到前来的观看者都是由衷的向往和羡慕。这就是我们所处时代的荒诞，这和“文革”时期，那些心怀无端仇恨的红卫兵前去揪斗地富反坏右时的情景有什么区别吗？没有。我相信，如果这些人一旦像那个贪官大权在握，说不定还能盖出比这更豪华的别墅来。这就是伯恩哈德所说的可恶的习惯势力。我们的生活内容实际就是有许多可怕的习惯势力所构成，我们每一个人都被习惯势力带着往前走，却很少思考习惯势力对我们的危害。叔本华说，真正的习惯力量建立在懒惰、迟钝或者惯性之上，它希望我们的智力和意欲在做新的选择时免遭麻烦、困难，甚至危险。所以在我们的历史中才有太平天国最后的结局，才有“文革”的产生，才有接连不断的贪官污吏被曝光，因为我们是这些罪恶的同谋，因为产生这些事件的毒根就深藏在我们每一个人的内心深处。我们深陷习惯势力之中，却麻木不知。这就是我们所处的社会的病症，这才是最可怕的。我生活在这个时代，这个国度，我深处这种习惯势力之中，我身上同样有这样的恶习，所以，我的写作首先是要面对自己的灵魂。

高俊林：对您小说的阅读，使我想到了福克纳笔下的约克纳帕塔法郡、哈代[①]笔下的威塞克斯、沈从文笔下的湘西，还有贾平凹笔下的商州、莫言笔下的高密东北乡。应该说，您也为中国当代文学创造了一个颍河镇。您创造的颍河镇不再是某个人物的，而是用现代的文学观念再现了本土社会生活的丰富图景：现实与历史、日常与幻想、瞬间与记忆、真实与梦境、美好与邪恶、世俗与宗教等这些，都在您颍河镇小说的系列里再现出来，并构成了我们这个

①托马斯·哈代（1840～1928），英国作家，主要作品有《还乡》《德伯家的苔丝》《无名的裘德》等。

时代的精神载体。您笔下的颍河镇是一个令人惊奇的世界，颍河镇既像一面巨大的镜子反映着一切，又像一个巨大的磁场吸引着一切。福克纳将现实的世界、破碎不堪的世界拾捡到约克纳帕塔法，而您在构造颍河镇的时候同时选择了福克纳与卡夫卡：既有福克纳的大气，又有卡夫卡的虚幻和精神渴求。当然，这是您自己的世界，颍河镇构成了您的创作“母体”和“精神家园”。对于您的小说创作，“颍河镇”是我们无法避开的话题，最终我们还是回到了这里。我感兴趣的是，颍河镇是您在下笔的时候自然而然地发生的，还是您一开始就有意为之，想以此来铸造一个具有规模性的家园系列？您觉得对于一个作家来说，他早年的生活经历尤其是其生于斯、长于斯的故乡，对于其一生的创作是否发挥着至关重要的影响？

墨白：像评论家一样，在和朋友谈起我的小说时，颍河镇同样是我无法避开的话题。但老说这个话题让我感到有些为难。一方面，关于颍河镇，我所想到的可能都已经都说过了，我不愿意重复那些我已经说过的话；另一方面，你现在又涉及到这个话题，如果我拒绝，那就显得我这个人有些不近人情。但是受你热情的感染，我还是要说两句。就像一个人无法选择他的出生一样，颍河镇对于我的小说创作来说，是命中注定，是自然而然。我现实中的一切都和我笔下的颍河镇不可分离，就像血与肉的关系。以前是这样，今后恐怕还是这样。在我今后的小说里出现的人物，他精神的故乡我相信仍然是我熟悉的颍河镇，无论他走多远，哪怕他走到月球上去，我都不会割断他和颍河镇的血脉。

地域、文化、精神

——与墨白对话[①]

江 媛[②]

2010年3月下旬，清明节的前几天，我以一个异乡人的身份，同墨白先生前往他的故乡，去领略他小说里创造的那个充满魅惑的颍河镇，去倾听他笔下那条神秘灵动的颍河。我第一眼看到颍河，内心立刻变得明澈而宁静。那是一条随日光流转，变化莫测的河流。它流过漫长的岁月，流进一座座瞬息万变的信息市镇，似在诉说又似在涵养千年的幽雅。

我们寻迹河流，走进锦城，仍然能凝望古老的建筑，感受历史从遥远的地方穿过时空像阳光那样照在身上，发出沉默的邀约；我们搭乘红色的渡船，进入颍河镇，仍然能感受到河流两岸遗存着生命力顽强的民风民俗，渗透着情韵十足的百姓生活；我们乘车寻访陈州，仍然能流连于历史悠久、万人云集的国际性民间庙会，欣赏到各种各样和民众生活息息相关的民间艺术……

在旅途中，我同墨白先生在三个不同的地方，就他小说所引起我们关心的话题进行了交谈……

2010年3月27日下午两点，周口关帝庙

3月27日上午，我和墨白先生在郑州火车站广场会合，

①见《墨白研究》（原文题目为《灵魂栖居的地方》），大象出版社2013年10月版，第35页。

②江媛（1974～），女，喀什莎车人，当代诗人，著有诗集《喀什诗稿》，评论集《精神诊断书——墨白小说的政治阅读》等。

一同搭乘八点四十分出发的大巴，从郑州前往周口。我坐在窗前，看到广袤的豫东平原在明媚的阳光下染绿了春天，染红了花朵。它那茸茸如绿毯的麦田，明艳如少女鹅黄的油菜花，风情如少妇回眸的粉色桃林……无一不令人神清气爽，得失两忘。仰望淡蓝色的天空，你偶尔能看到一只飞翔的风筝，忍不住发出一声轻叫，心生一阵狂喜。我们乘坐的客车沿着京珠高速公路往南，与右侧正在修建的京珠高速铁路并行，一同延伸着脚下的路。十一点四十分，班车到达周口，我们下车后走进汽车站东侧的一家餐馆，一位头戴伊斯兰白帽的回族男人正站在热气腾腾的羊肉锅前拉面，我恍若回到故乡莎车，按捺不住内心的激动。餐后，我们打车前往位于颍河北岸的关帝庙。这座关帝庙原名山陕会馆，始建于清朝康熙年间，是全国重点文物保护单位，也是墨白小说中出现的重要场所。我穿梭于关帝庙的雕梁画栋之间，不禁为它精湛完美的建筑艺术惊叹不已。我一遍遍抚摸着关帝庙正殿门前石柱上雕刻的图案，极力猜测着其中的故事。一位学生见我入迷，收起手中的相机对我说：“我小时候家就住在关帝庙附近，我刚学会走路就常常笨拙地爬上那些高高的石阶，把关帝庙前一根根廊柱石墩上雕刻的造像全部抚摸一遍，我转累了就依着廊柱不知不觉地睡下，直到妈妈找我回家。”我看着那张青春的面孔，仿佛看到那个用心抚摸每一根廊柱石墩雕刻的小孩。如今他长大了，回到这里寻找自己学步的时光，寻找母亲童年的呼唤。我走出正殿，穿过回廊，走向关帝庙后院的一条长椅，与墨白先生一同坐下来休息。在正对着我们的西厢房的山墙上，还保留着“文革”时期留下的经多年风侵雨蚀变得有些斑驳的马恩列斯毛[①]的巨幅壁画……

墨白：马恩列斯毛，现在很少能见到这样的壁画了。

江媛：是难得，“文革”的见证。对了，你是什么时候认识关帝庙的？

①马恩列斯毛，指马克思、恩格斯、列宁、斯大林、毛泽东。

墨白：十几岁的时候，我第一次到关帝庙是和我大哥一块儿从老家往这儿送麦子。那个时候这里被改造成了面粉加工厂。刚才我们看过的大拜殿里、春秋阁里，包括花戏楼下面都堆满了粮食。这里之所以能完整地保留下来，跟这有很大关系。“文革”的时候这里的雕像全都被推倒了，现在你看到的都是后来重新塑造的。1998年以前我在这儿居住的时候，关帝庙前面全是清末、民国时期遗留下来的小街道，房子里住着商户和市民，曲曲折折，充满了生活气息，隐藏着许多秘密。可现在全都扒掉了，从关帝庙山门前到颍河边这么大的空间变成了一个广场，只在靠近颍河边上建了几幢水泥楼房，这刚才你都看到了。这里变得单调，没有一点内涵。以前从山门这儿往河边去，是一条幽深的街道，两边都是古老的建筑，街道的尽头是一道高大的河堤，顺河的街道从颍河大桥外侧的引桥下的桥洞里通过，构成一个十字。引桥两侧是五六十年代风格的建筑，商店，旅社，街道弯曲，形同几何构图，桥梁房屋高低不等，富有层次感。1996年我的第一部电视剧《船家现代情仇录》在这儿拍摄的时候，剧组就住在颍河大桥西北角的国营旅社里，有几场戏就是在贾鲁河汇入颍河的入口处拍摄的。

江媛：离这儿远吗？

墨白：不远，就在这西边不远。从这再往西两公里，就是沙河和颍河汇合的地方。民国时期周口被称为小武汉，首先是地理上的概念，武汉那儿是三江汇流，这儿是三河汇流。那个时候你走在弯曲的街道上，迎面而来的是商贩的叫卖声。可现在这些全都扒掉了，变成了一片等待建筑的空地。

江媛：我的故乡喀什也有类似的现状。很多外地人到了喀什老城都无法相信，那里依然保存着两千多年的古巷，吹送着古老的风声。那里的居民依然保留着上千年的传统习俗，住在中国唯一的具有伊斯兰特色的迷宫式传统街区里。喀什老城是一个什么概念呢？就是保留着中世纪原貌的维吾尔族街区。这条街区古巷幽深，阳光错落，民间艺人常常坐在高高的屋檐下沉醉地演奏自己心爱的弦琴，对来者和去者皆视若不见。每到艳阳7月，当你走进喀什老城，时空仿佛发生了错位，老土墙苍凉坚实地挺立在幽深的古巷里，散发出阵阵凉气；纵横的古巷时而笔直深长，时而蜿蜒曲折地让你突然迷失方向。你偶尔会遇见一位头蒙褐色面纱的维吾尔族女人步履从容地迎面走来，她拍动着粮食和鲜花的气息经过你身旁，袅娜地走进深巷，在半明半暗的墙影里摆动着鲜艳的裙裾，转眼没入深巷不见。你也能看见眼眸明亮的孩子，依偎着白帽端戴、鹤发白髯的老人，伸出小手指着木雕高檐上的斑鸠，说些天真的话。时光在这里放慢了脚步，两千年岁月的沉淀给这里的居民留下优雅的生活姿态、从容的生活韵味。你走进古巷，几经辗转于高大的木雕建筑群里，感觉两千多年前的气息似乎趁着砖木的味道悠然回来，轻轻抚摸你疲惫的心房，让你变得沉静而愉悦。这里的居民有的已经有上百年的家族居住历史，他们大多居住在土木和砖木结构的建筑里，将自己的居所代代相传。他们前代人住过的房子，后代人再往上盖一层，使得房子越盖越高，形成一种独特的建筑记忆。你根本无法想象，喀什老城究竟有多古老，它似乎储存了时光，只让时光在偶尔的时候飘出那群神秘的街区。如果你去过喀什、英吉沙或莎车这些地方，你时常能遇到一些民间艺人聚在一起形成的民间乐队，他们有人弹冬不拉，有人演奏都它尔，有人敲击蛇皮手鼓，还有姑娘小伙、老人孩子随着音乐翩翩起舞。去年，我的同学打电话来说喀什老城要扒掉了，不再有了，我当时感觉自己身上的一根筋似乎被人抽掉了，非常疼痛。我觉得对故乡的记忆就在影响你生活的建筑里，就在你曾经用自己的情感抚摸过的，热爱过的建筑里。当你回到那里再也无法找到它们的时候，你觉得自己是一个无家可归的人，一个找不到回家路径的人。即使你曾经在那里出生，在那里成年。在2004年我从喀什走下飞机，打车来到昔日经常玩耍的人民广场，我不由得左顾右盼。这里出现了类似温州或广州的街道建筑，我找不到回家的路，非常想哭，我看着来来往往的人们，不得不坐在路边等人接我回家。

墨白：那些能勾起我们对过去生活回忆的，和历史相连的，隐藏着无数秘密，飘荡着生活气息的实物都消失了，我们很愁肠。当然，我并不是说时代不可以根据自己的理解和观念来改变自己的生活，我是说当这些建筑消失之后，那些曾经经历过的人，还有他们的后代，怎样才能回到那个时代的生活场景里去，回顾我们的经历和过去。你说，现代人不需要回忆那些吗？需要。这就像一个人，他没有道理拒绝回忆自己的童年、少年和青年时代。一个时代和一个民族也是同样。可是当这一切都消失之后，我们拿什么回忆那些已经流逝的时光呢？难道我们有一些照片就够了吗？难道我们有一些那个时代的物件就够了吗？不够，我们已经失去了那个时代本质性的东西，我们曾经聆听过的东西，我们曾经闻尝过的东西，我们的爱和恨，我们的愁和乐，这些灵魂深处的东西，我们去哪儿寻找呢。

江媛：是这样，时代的变迁是无法阻挡的，问题是我们用什么来把生命中的短期记忆，转化成长期记忆，或者把短期记忆转换成永久记忆。

墨白：这里你涉及到叙事学的话题。或许这时我们才突然意识到，小说作为一种记载人类生活状况的艺术形式，跟我们的生活有着密切的关联。对人类精神的再现，对人类的生存环境的再现，对我们个体生命的再现，小说这种艺术形式突显出了它的重要性。

江媛：小说是尊重个体生命的一种手段，他能使生活在社会底层的，那些没有话语权的人发出自己的声音。由于官僚体制的存在，实现对个体的尊重非常困难。再说，以后随着安葬形式的改变，地下没有了被埋葬的历史之后，我们只有指望文字了，在这些文字中，小说的功能是不可代替的。

墨白：是最好的形式。那些文字能带领我们进入已逝的生活，能进入我们那个时代的精神世界，并与我们的当下生活构成对话。可是，现在读小说的人越来越少了，这让人感到有些凄凉。这并不是因为我是个写小说的人。如果是明白人，他都会意识到，如果没有小说对人类精神的佐证，对人类精神生活的呈现和记录，就会造成对人类精神的一个不可弥补的损失。这让我想起了太多的作家，比如舒尔茨①。如果不是舒尔茨，不是他的小说，我们很难知道在波兰有一个名叫德罗戈贝奇的小城，我们很难感受到在他笔下出现的那些几乎无法复述的充满神秘的房子和院子，和他那个一生充满了绝望和失败、悲哀和不幸的父亲。你说的对，小说首先是对我们自身认识的一种方式，我们可以从人类优秀的小说那里看到我们自己的生存状态。你可以说没有小说我们可以通过别的艺术形式，比如图片，比如电影或者电视剧，可是我们不能忽视的是，小说是这些艺术形式的母体。没有作家深入地对人类灵魂的探寻，我们进入人类的精神状态是很困难的。

江媛：电影和电视剧都无法代替小说的作用，小说对人类精神生活和现实生活的探索更深入、也更全面。当你走进建筑和格局变成千城一面的城市里，当你摸不着属于个体生命曾经存在过的感动和温暖的时候，你就得靠小说的寻迹或预言得到安慰。小说不但可以让那个时代各种各样的人物活动起来，还能承担精神层面的东西。比如，我认识的颍河镇就是从你的小说开始的。你小说里描写过的那些东西，常常会在我的眼前晃动。如果没有你的小说，我是无法进入到你那个我从来没有听说过的小镇的。我通

①舒尔茨（1892～1942），波兰籍犹太作家，死于纳粹枪杀，生前出版过《肉桂色铺子》《用沙漏做招牌的疗养院》两本小说集。这位生前默默无闻的小说家被越来越多的人认识到其作品的巨大价值，被誉为与卡夫卡比肩的天才。

过你的小说认识了在那里生活过的人们，比如《裸奔的年代》里的谭渔，《欲望与恐惧》里的吴西玉。我还可以通过这个小镇了解中原文化的精髓，了解它周边的城镇和人们。比如你小说里的锦城。

墨白：我小说里的锦城就是现在我们所在的周口。

江媛：噢，是这样。你小说里围绕着颍河镇还常常出现另外两个城镇，一个是陈州，一个是项县。我不太明白，这几个城镇在地理和行政区划上，到底是一种什么样的关系？

墨白：首先，颍河镇处在这三个城镇的中心，锦城在颍河镇的西方，距离二十公里；项县在颍河镇的下游，向东十公里，这三个城镇同在颍河的岸边，稍微呈现出西北——东南的走向；颍河镇隶属陈州，是它下属的一个镇，陈州和项县之间由106国道相连，相距三十公里，西北东南走向，同隶属锦城，是县级。锦城是一个地级市，和陈州呈东北——西走向，相距也是三十公里。我小说里的人物离开颍河镇就要通过这三个城镇中的某一个。

江媛：现在我有些明白了。《霍乱》里的米陆阳一行人，《同胞》里的老二马仁武、《梦游症患者》第一章里的姥爷和文宝，都是从项县方向逆流而上的；《光荣院》里的虾米、《航行与梦想》里的萧城则是从锦城的方向顺水而下，而《母亲的信仰》里的母亲、《父亲的黄昏》里的父亲都是从颍河镇出发往北到陈州去。这么说来，颍河镇就构成了一个小说人物的磁场，他们从其他地方来到颍河镇，或者从颍河镇出发到其他地方去。

墨白：对，锦城、陈州、项县的地理位置构成一个三角，而颍河镇正好在它们的中心，偏东南一点。

江媛：《讨债者》里的讨债者进入颍河镇，谭渔过河离开颍河镇，他们走的显然不是水路。在锦城和项县之间还有公路吗？

墨白：对，有一条高等级公路，往东一直通往安徽。和这条公路并行的是一条连接洛阳和上海的高速公路，还有一条连接京广线和京九线的铁路。这就是颍河镇的地理位置，是背景，小说的本质是在企图呈现时间的概念又体现历史意义的同时，还原人的情感、语言细节、精神面貌，还原那个时代的生活环境。比如我们现在身处的关帝庙，如果被扒掉了，我们拿什么去追寻关于这个建筑，关于那些从山西和陕西来的商人，在我们不熟悉的那个年代书写的历史呢？

江媛：在新疆，我没见过关帝庙。我来到内地看到不少关帝庙，觉得挺吃惊。这种信奉好像永远不会被改变，有人推倒，再有人竖起来。可是，如果被扒掉呢？

墨白：就像你刚才说到你的故乡，喀什那些被人扒掉的古巷纵横的老城，就像我们刚才路过颍河大桥时看到的那条大道，它已经变得一览无余。过去那些曲曲弯弯的街道、高高低低又错落有致的沿街建筑消失了。它们存在的时候，我们可以找到回忆我们曾经拥有的那些生活的入口。如今，这里被扒掉了，被建成和别处没有差别的建筑了。

江媛：个性没有了。

墨白：现在我们又回到小说上。尽管小说存在的形式是纸媒的，是文字的，但它有自己的功能，它有人物，有故事，有情节，不像我们眼前的这座关帝庙，是无言的。当然，建筑是有自己的言语形式的，它一年一年地站立在这里，任凭风雨，任凭时光在它的身上留下痕迹。但文字的东西是传播的，它是活动的。中国这么大，世界这么大，不能所有的人都来到锦城看一看关帝庙，如果是一部关于关帝庙的小说，就可能走得更远，人们通过小说在远方就能感受到这里的一切，就像我们通过巴尔扎克感受巴黎，通过乔伊斯感受都柏林，通过布尔加科夫感受莫斯科，通过纳博科夫感受圣彼得堡，通过博尔赫斯感受布宜诺斯艾利斯一样。我们可以通过《红楼梦》感受荣国府，可以根据《红楼梦》里的文字建筑大观园，我觉得这就是小说的价值。只要人类存在，小说里所描述的东西就会存在。

江媛：小说是丰富的，比如它能激活人的想象力。没有到过颍河镇的人，通过你小说的描述，就会产生想象，萌发想到这里看一看的愿望。我就是通过对你小说的阅读接受颍河镇的。当然，每一个读者的想象里会出现不同面目的颍河镇。小说是个性的存在，颍河镇是个性的存在。小说成就了一些人，也成就了一些建筑。比如卡夫卡的旧居，后来变成一个书店，人们因热爱卡夫卡，因而把他的居所保存了下来。

墨白：是这样，比如你到了莫斯科，会发现有很多作家的故居被保存下来，并成为纪念馆。普希金[①]、布尔加科夫、契诃夫、高尔基[②]、莱蒙托夫[③]、列夫·托尔斯泰、安德列·别雷[④]、陀思妥耶夫斯基，等等，当然还有艺术家和诗人的故居，比如马雅可夫斯基[⑤]，比如茨维塔耶娃。

江媛：作家们的文学成就不仅保护了建筑，还赋予建筑以独特的个性和文化意蕴，使建筑散发出作家的某种精神力量，并传递出这个作家的独特文学魅力。我觉得小说是门经久不衰的艺术，小说为此承担了太多的东西。

墨白：小说对文化的传播不是单一的。世界这么大，在我们之外，有太多人的生活为我们所不知，比如现在我们说到莎车，说到在喀什那边人的生活，内地人怎样去了解？如果不是鲁迅，不是鲁迅的小说，绍兴能走多远呢？如果不是沈从文，我们又有多少人知道凤凰这个地方呢？

江媛：是的，这种力量来自小说。沈从文赋予凤凰城迷人的个性色彩，使我们从中知道了凤凰城的历史，凤凰城的演变过程。这让许多心灵找到了可以栖息的地方。小说其实是一种创造，是一种大胆的冒险和尝试。比如你小说里创造的颍河镇，就很有意义。在中国，小说相对西方

①普希金(1799～1837)，俄罗斯不朽的诗人，他的创作对俄罗斯文学的语言的发展有着深刻的影响。

②高尔基(1868～1936)，俄罗斯作家，主要作品有《母亲》和自传体小说《童年》《在人间》《我的大学》等。

③莱蒙托夫(1814～1841)，俄罗斯民族诗人，主要作品有长篇小说《当代英雄》，长诗《恶魔》《童僧》等。

④安德列·别雷(1880～1934)，20世纪初享有世界声誉的俄罗斯作家，他的长篇小说《彼得堡》与乔伊斯的《尤利西斯》和普鲁斯特的《追忆逝水年华》并称为“世界三大奇书”。

⑤马雅可夫斯基(1893～1930)，十月革命前后俄罗斯的诗坛巨人，未来派诗歌的主要代表。

来说还是新生事物，我并不为小说担忧，我只担心没有好的小说出现。好的小说和我们的生活有着密切的关系，好的小说也许就凸现在生活的细节里。我觉得小说不仅间接地记录了历史，还反映出特定时期的伦理关系、建筑美学以及服饰和饮食文化。一部小说不仅能反映出某一特定时期人们的精神面貌、学养修为，还能表现出那一时期人们的兴趣、爱好、游戏、风俗，等等。你看《红楼梦》里就详细叙述了人们怎样娶亲，怎样待客以及如何行住坐卧。小说应该是一门综合艺术。如果历史构成一个人的骨骼的话，小说应该是他的血肉、灵魂甚至毛发。小说有太多的东西能为人们的好奇心提供愉悦。从你的《梦游症患者》里，我就读出了那个时代人与人相处的方式、婚丧嫁娶等习俗，这些与其他地方完全不同。你小说中底层人物的生活态度非常可爱，他们非常善于自嘲，是那种心酸式的自嘲，这是在别处看不到的。当然，在你小说中出现的建筑、山陕会馆、酒厂、酱菜厂以及那里的气息和味道，都构成了一种独特的存在。

墨白：如果我们不看重这个，就是不看重我们的精神构成，我们不能忽视这个。

江媛：但这需要过程，需要从我们自身开始做起。几年前一个从国外回来的朋友对我说国内没有大学教育，我感到震惊。大学教育其实是素质教育，不是别的，素质教育是通过阅读而实现的心灵教育。我读过一本小说叫《生死朗读》[①]，小说中的一个女人，她虽然不认字，但她对情感的把握，对情感的珍惜，都需要具备一定的修养才能够达到，尽管她不识字，但她已经具备了欣赏小说，理解小说的能力。我就不明白我们中国人为什么就这样难于获得阅读和审美的情趣？还是浮躁吧，还是实用主义吧。

墨白：实用主义是我们文化的精髓，它体现在我们生活中的各个方面。你看这堵墙壁，如果不是关帝庙，这幅

① 《生死朗读》，本哈德·施林克（德国）著，姚仲珍译，译林出版社2000年3月版。

马恩列斯毛恐怕早就消失了。

江媛：希望我们下次来，这些古建筑还在，并为我们进入今天，提供一个回忆的入口。

2010年3月28日，晚上9点，颍河岸边

3月28日这天上午，在颍河镇，我有幸参加了墨白先生侄子的婚礼，这真是一次有趣的经历。这次婚礼中的迎亲，待客，人来人往，礼炮和唢呐声一直进行到夜晚才停下来。等这些结束后，墨白先生陪我一起沿着街道走出安静下来的镇子，去看被月光笼罩着的那条神秘的河流……

江媛：这是一条温文尔雅的河流，它和我故乡的叶尔羌河相比，显得悠然自得，清新含蓄。叶尔羌河是一条野性的河流，它是塔里木河上游的支流。说起来不怕你笑我，我知道这条河流的名字都快二十岁了，在这之前，当地人总是叫它大河，我从来不知道这条河流日夜陪伴着一个浩瀚的塔克拉玛干沙漠，我也从来没有意识到我居然和中国这样有名气的河流和沙漠生活在一起。这种经历就像我从来不知道你小说里写过的民间艺术一样。它们在我的生活里默默地存在，默默地影响着我，就像维吾尔族的十二木卡姆，喀什的百姓每天都在葡萄园里弹唱，我却不知道人们唱的就是十二木卡姆。它们就像种在人们花园里的一棵棵树木和玫瑰花，天天与人们厮守相处，感觉是件自然而然的事。后来，我来到内地，才发现十二木卡姆的名气非常大。当然，河南豫剧的名气也非常大哈。我面前的这条颍河总是透露出一股温情，它总在不经意间变幻着色彩，让人在回眸一刻露出惊讶的表情。我家乡的那条河可不这样，你站在很远的地方就能听到它哗哗的流水声在四野里传荡。它自喀喇昆仑奔流而下，两岸除了竖起一堆堆加固的木桩和野生树木你再看不到别的建筑。那条河究竟流淌了多少年我也弄不清楚，它不像我们眼前的这条河，你在春秋战国时的地图上就能找得到，它在你的小说里也无处不在。对了，你是从什么时候开始意识到这条河流的存在呢？

墨白：我在这个小镇上生活了三十多年，我的童年，我的少年，我的青年，我几乎天天都同颍河相伴，白天，你站在我家的阳台上就能看到它。你看这河滩地，在不远处，就是我曾经耕种过的农田。它就像血液一样在我的体内流淌，它成为我小说的背景是自然而然的事情。在交通不发达的时代，它是我连通外部世界的一个主要的通道。这你知道，颍河是我们省有名的内航河，20 世纪的五六十年代这里的航运十分繁忙。那个时候经常有陌生人通过颍河来到我们的生活里。

江媛：在闭塞的年代，可以说这条河是你和世界沟通的隐喻，可是我发现，今天的颍河镇完全被打开了，它不再闭塞，各种各样的人物穿梭来往，比如重庆人呀，深圳人呀，哈尔滨人呀，厦门人呀，不同方向的人都汇集到这里，颍河对你来说已经是一条开放的河流，现在它对你的写作有什么象征意义？

墨白：对于我小说里的颍河镇来说，首先，它的地理位置不可动摇，其次，它仍然是我小说的一种象征，是呈现我小说内容的母体。当然，就像你说的，随着时间的推移，小镇已经发生很大的变化。

江媛：但古老的习俗还保存着。在今天你侄子的婚礼上，我看到在拜天地的桌子上放着一个斗，斗里放着五谷杂粮，桂圆红枣，秤杆大葱之类。我不明白，就向身边的一个大妈请教，她给我说得头头是道。你看接新娘的时候不再用花轿，全用轿车，十几辆，好几个地方的牌照，北京的，深圳的，天津的，奇怪的是新娘下车的时候还有三个孩子挑着犁铧，烧着麻秸火围着轿车转了三圈，尽管我不明白这是为什么，但我知道那一定是很古老的习俗。

墨白：是这样，都有讲头，回头我给你找一本这方面的书，各种各样的民俗都在上面，婚礼的，葬礼的，你可以慢慢地研究。我在这个小镇上生活的时候，镇上很少有人能走出去，这当然是跟20世纪六七十年代的社会背景有关，那个时候一个人想出去是很困难的，首先你没有身份的保证，没有公社派出所给你开证明，你可能就会被当成地富反坏右遣送回来挨批斗。尽管这样，我们小镇上仍然有人要偷着跑出去，因为那个时候生产队里分的口粮一年不够半年吃，为了生存，人们冒着被批斗的危险还要往外走，可有意思的是，我们镇上的人要去的地方都是新疆。

江媛：为什么呢？

墨白：或许那个地方更容易生存。

江媛：这很让人吃惊。实际那个时候新疆的生存环境还是很恶劣的，怎么觉得那个地方更容易生存呢？

墨白：这就说明当时我们小镇上的生存环境比你们那儿更恶劣。在你那儿，起码能吃饱肚子。

江媛：我们那个地方是可以随意开荒种地，没人管你。

墨白：其实也不光光是为了吃饭，还有精神层面的东西。那个时候偷着跑出去的大多是出身不好的人家，或许他们到那里可以隐名埋姓，精神上相对自由。我们小镇是个非常有意思的地方，一个四千多人的小镇，那个时候就有将近五百口人在新疆谋生，而且有很多人都和我有血缘关系。我大伯一家十几口都在新疆，当然，他是解放后随着部队去军垦，属于农七师，在奎屯。后来，我大哥孙方友去新疆当过盲流。我四弟后来也因为经商的事情到那里躲过一阵子。今天不是我四弟的儿子的婚礼吗，这个新郎官，现在还在新疆的阿勒泰服役。今天下午父亲给我掰着手指一户一户地算，光我们东街，到现在还有几十口人在新疆。

江媛：小时候，我认识一些从内地过去的人，我把他们当成异乡人。因为你能从他们的神色之间读出苦楚来。那些人非常聪明，比如他们会做卤肉什么的，但当地人不会。当地人先是有禁忌，他们只吃牛羊肉，内地人一去，就打破了这种禁忌。他给你做卤肉，猪耳朵猪蹄什么的。我每次都跟在那些人后面，他们显得很神秘，在一间小屋里捣弄捣弄东西就出来了，什么冰棍呀，什么豆腐呀，你必须承认，这些人的生存能力特别强，后来去的人越来越多，把新疆人的饮食习惯都改变了。新疆人不吃蘑菇，不吃鱼，不吃茄子，不知道什么叫茄子。你别笑，我小的时候，河里的鱼比我还长，就是没人吃，不知道吃。内地人教会了当地人怎样吃鱼，现在新疆人都吃鱼，河里的鱼自然也就少了。原先不是有水葬吗，西藏那边的风俗，新疆也受了影响。但这帮人非常聪明，他们把许多东西都打破了，比如盖房子。新疆人以前住的是那种泥垛起来的房子，内地人去了就改成平房了，因为他们会烧砖。他们会想着法弄钱，什么都能干，居然还有卖糖人的，就像你小说里写的那种，我小时候见过，五分钱一个，他搞得神神忽忽的，不让你看清，一会儿一个糖人就捏出来了，像变戏法一样。

墨白：那么封闭的年月，我们小镇上的人出走的愿望还是那么强烈，等到改革开放，那就更不用说。可以这样说，在中国所有的省份都可以找到我们颍河镇人，不说别人，就我自己家，我给你算一算，我大哥的儿子在哈尔滨的司法警官大学读的研究生；我二哥的两个儿子毕业后进的都是外企，一个在深圳，一个在海南的三亚，他们的业务大多在国外，整天飞来飞去；我四弟的另一个儿子在无锡打工；我有个妹夫高中毕业，现在在清华大学下面的一个化工厂里做开发，他懂化学，还有我的两个堂兄，我的姨表兄弟，舅表兄弟，全国各地哪儿都有。生活是很苦，但他们肯动脑子，会使用自己的智慧。有些时候聪明得让人不可捉摸。正因为这样，有时也给他们的生存带来了阻力，人家有时候不相信聪明人。

江媛：是这样。我记得小时候，我家靠着盐湖，有一个打鱼人，也是从内地过去的。

墨白：他很有可能是我们颍河镇人。

江媛：不是没有这种可能，即便不是，你也可以在小说里把他变成颍河镇人，这我知道。每天他天不亮就划着自己做的木船出去打野物，什么都有，回来后他会挨家挨户去送，有一种动物叫水老鼠，有这么大，他说你吃吧，吃完把皮留给我就行了。我们高兴呀，可以呀，我们吃肉你收皮。后来我才知道，那是什么？水獭。

墨白：那皮比肉值钱。

江媛：就是，太聪明了，你想想，那是80年代呀，一张皮子顶两块钱，你说他发了多少财？其实，你这个小镇早就走出去了。你的小说让我想起了汉代，在西汉我们那儿有一个国王叫延，他在西汉元帝时，作为侍子久居长安，受到了高度发展的汉朝文化熏陶，逐渐喜欢上了中原文化。延继承莎车国王位以后，不但推行汉朝中央政府的政令，还依照汉朝的各种典章制度来治理国家，也就是说，当时新疆和中原的关系已经很密切。后来，我听到了伏羲和女娲的神话，他们在洪荒岁月跑到昆仑山，躲过了洪水。我觉得这非常有意思，这个神话的隐喻性特别强，这说明中原和新疆是有着紧密的精神联系的。《山海经》中曾用百姓丑陋、少教化来形容莎车那个地方，当时我看了很伤心。当时那个叫延的莎车王到中原生活很多年，学习中原文化，确实说明了当时的情景。我在你的小说里看到一个奇怪的现象，你小说里的人物一有困境，就要流浪到新疆去，最初我一点也想不通。我想，中国这么大，为什么偏要去新疆呢？

墨白：是呀，这就是文化。我给你举个例子。在郑州，你去一个澡堂里洗澡，你问搓背的人是哪的，他可能会告诉你他是周口郊区的，你再到另外一个澡堂去问，那里搓背的人可能还是周口郊区的，如果你深究，他们很有可能是来自同一个村庄。有一阵我们镇上做皮革，呼啦一下就起来十几家皮革厂。有一阵做蒜片挣钱，仿佛一夜之间到处都是脱水厂。

江媛：你不止在一部小说里写到过脱水厂，《告密者》《秋日辉煌》[①]《仲夏小调》[②]，这些小说里都写过。

墨白：对，你看，一旦知道某样生意能挣钱，就会一哄而上。只要有一个人带头，别人都会跟上来，这就是文化培养的结果，缺少个性，缺少独立思考，缺少自由精神。我小说里的人物为什么会动不动就去新疆，就是这个原因。也有例外，《隔壁的声音》里的我四叔，他就去了东北。为什么去了东北？最初他也是准备去新疆，他扒的火车在路过郑州的时候他睡着了，等到地方下来一看，怎么是北京呀？没有办法，四叔就跟着一个山东人去了长白山伐木。这恰恰说明了文化的力量，缺少审视和怀疑，缺少独立思考，什么都是一哄而上。

江媛：我在《梦游症患者》里看到了这种现象。镇上的人们看到游行，他看到那些熟悉的人，会根据自己和那个人的关系不问根由地跟上去，或者为了自己的利益加入进去，可他从来不问一问为什么。他们确实吃苦耐劳，但他们聪明却精神萎缩，他不会像新疆人那样见事不平，就从腰里抽出刀子往桌上一拍，要死要活就这样，内地人不会。

墨白：内地人缺少阳刚和血性，很少反抗，这是中国正统文化培养的结晶，即便是反抗，他也会变一种方法，所以内地人看上去不像新疆人那样直接，有血性。

江媛：这就是内地人和新疆人的明显差别。说内地人忍辱负重，其实是软抗。新疆人看不惯这种东西，嫌内地人圆滑。你说的有道理，这是中国传统文化的教化，讲究

①《秋日辉煌》，载《萌芽》1991年第1期。

②《仲夏小调》，载《莽原》1992年第3期。

中庸之道，提倡君君臣臣父父子子，这跟文化环境有关。

墨白：从这里你能看到我们民族的劣根在哪里，体现出了可怕的一面，把人压塑成这个样子，面对生活他感到茫然，所以有的地方出厨师，叫厨师之乡，有的地方出玩猴的，叫杂技之乡。就连淮阳的太昊陵庙会上的泥泥狗，也出在一个地方。明天到了庙会上，见到那些卖泥泥狗的你去问，他们都是来自县城北边一个名叫金庄的地方。

江媛：可你小说里的泥泥狗是在颍河镇上做出来的呀？

墨白：对呀，这就是小说。我不知道你看没有看过吴冠中的画，他有一幅是画高昌故城的，他把火焰山搬到了高昌故城做背景，这你知道，根本不是一回事。但你看了以后特别信服。我写小说，可以把许多在外地发生的事件搬到颍河镇来。虚构叙事，这是小说的精髓。

江媛：今天在你忙事的时候，我去寻访了一些你小说里故事的发生地，比如这河边不同地段的码头，东边的那个渠首，镇子里的清真寺、医院、粮库，还有你工作过的小学，那个已经被扒掉改成中学的山陕会馆的旧址，尽管有些建筑已经消失，但你小说里的描写的情景还是一下子在我的脑海里活动起来，我一眼就认出了《梦游症患者》里老鸡挑水的酱菜厂，认出了王家老二被三眼铳炸死的那个地方，对了，还有那条船，你看。

墨白：码头边上那一条吗？

江媛：对，你看，月光下它显得更神秘，那一会儿我自认为那条船就是当年三爷沉下了他小儿子王洪涛和他二媳妇伊素梅的那一只。我想，从现实生活到小说，肯定有一个神秘的过程，现实生活里摸得着的东西到了小说里，可能就成了一种精神的隐喻，而不再仅仅是物质上的，而是和精神、肉体构成了某种关系。在中原生活了这些年之后我发现，物质、精神和肉体之间的关系十分复杂。读你的小说有时我就想，这其中很可能有你个人的自传在里面。

无论它怎样虚构，怎样搬移，它都躲不开。比如两性关系，你在写到这里的时候，想没想到过要躲闪，或者说要在技巧上躲闪？

墨白：我同意你的观点，小说首先是作家对生活的感受，有生活的经历在里面，但由于记忆，决定了小说的虚构性质，就是我刚才说的虚构叙事。作家的写作是从记忆开始的，他只不过是想极力地把小说里的故事还原到那个时候或者那个时代的物理时间的状态里去。具体到某个个体，首先我要尊重小说里的人物的生存环境、生活状态、文化背景，等等，真正的小说家要敢于面对自己灵魂，自己灵魂深处最灰暗的那一部分。在我们每一个人的灵魂深处，都存在着复杂的潜意识，小说家有责任切入到这个人物的内心世界里去，我觉得这不是躲闪的问题，而是要有能力赋予作品里人物灵魂深处闪光的东西，那种最难以表达的东西。

江媛：在你的小说里有着强烈的反抗精神，可我怎么也联系不到现实生活中的你，这是件很奇怪的事情。你有点温和。

墨白：一个小说家的外部生存环境和他的内心世界是两个层面上的东西。就说我自己吧，对于母亲我是个儿子，对于妻子我是个丈夫，对于儿子我是个父亲，在日常生活中的接人待物我有我自己的原则，但同时我也有自己的精神活动。比如我对民族文化的认识，对民族劣根性的反思，对人性恶的痛恨，这些精神层面的认知被我赋予了小说里的人物，让他来代替我说出我想说的话，所以一个小说家的现实生活和他在小说里所表达的东西是不矛盾的。比如纳博科夫，他在小说里呈现的作为一个成人面对少女的心情，拿出这个东西需要有很大的勇气。

江媛：《洛丽塔》应该在中国出现，但遗憾的是没有人能把他写出来。实际上对少女侵犯最严重的是中国男人，而《洛丽塔》却被一个从俄国出来的人在美国把它写了出来，从这里，你就能看出我们中国男人在面对自己内心的时候，力量多么弱。敢做不敢当，这很可怕。在中国，对少女的性侵犯是高于外国的，这一点，只有纳博科夫承认了。这是我多年之后看得泪流满面的一部小说，它还原了一个对小女孩的性侵犯的男人的内心世界。以前我认为这样的男人是魔鬼，我不知道在他的内心世界里究竟想些什么，但我在纳博科夫这里看到了。

墨白：所以说，一个作家的伟大，就在于他敢于面对自己的内心世界，如果一个作家连他自己的内心世界都不敢面对，那还有什么话可说呢？

江媛：是呀，我们要有勇气来面对，来用我们手中的笔，把那些丑陋的东西，把那些肮脏的灵魂来埋葬。

墨白：把一切归还给寂静，就像这月夜。

江媛：刚才我们出来的时候，我看到了被月光笼罩着的道路，它两边生长着高大的杨树，我突然有一种回到故乡莎车的感觉。

墨白：真的吗？

江媛：真的，那一刻我真的很激动。

墨白：走走走，我们回去，你也让我去感受一下。异乡的月夜，那个能让人想起自己故乡的月夜，一定很美，充满幻想。

2010年3月29日，下午一点钟，淮阳，龙湖边一家小餐馆

这天早晨，我们一早就乘上了中巴车从颍河镇前往淮阳，去逛太昊陵庙会。太昊陵始建于明朝初年，陵园占地八百多亩，建筑雄伟，殿宇巍峨，是全国重点文物保护单位。整整一个上午，我们都在随着人流走动，太多的东西像空气一样被我呼吸着，我们走累了，在龙湖边一家小餐馆里坐下来，在混杂了各种气味的空气里，我们透过窗子，还能看到当年伏羲画八卦的地方。我们一边等待着饭菜一边闲聊……

江媛：上午我在庙会上看到泥泥狗的时候，就想起了你的《民间使者》。在这部小说里，你想要表达的是艺术与爱情的关系还是艺术与生命的关系，是艺术与历史的关系还是别的什么？

墨白：对此我也想过许多次，可都没有一个准确的答案。我相信萧伯纳[①]曾经说过的那句话，要求一个作家解释其作品的意义是荒谬的，因为这种解释可能就是他的作品所要寻找的。

江媛：我理解。但在你写作的时候，我想一定有一种强烈的情绪在推动着你。读这部小说的时候我能感受到。我就在想，民间艺术对于我们这些生活在现实生活中的人们来说，到底意味着什么？

墨白：《民间使者》这部小说有两种结构，内部的和外部的。外部的比如你在小说里读到的那些民间艺术，就像我们刚才在庙会上看到的泥泥狗、布老虎、桃刻艺术、糖人，等等。还有前天我们在周口关帝庙的民间艺术展览室里看到的剪纸、土布，等等。我觉得民间艺术首先是一种时间的象征。比如泥泥狗，传说它起始于人祖伏羲和女娲。在洪荒年代，天地间只有他们兄妹了，他们就用泥造人。这当然是神话传说，是在没有科学的古代，人类对自己的来历的一种想象，但这也是对时间和历史的隐喻。比如剪纸、木板年画，过去民间结婚、春节的时候都要用，一年一年这样延续下来，这和人们的日常生活有着密切的关系。泥泥狗为什么会流传保存下来？因为我们有这样一个庙会，每年的农历二月二到三月三，整整一个月。无数的香客来到这里给人祖烧香，他们会把泥泥狗作为一种信物，作为一种礼品买下来。民间有一种风俗，小孩子都会到公路上

①萧伯纳（1856～1950），英国剧作家，评论家，1925年诺贝尔文学奖获得者，主要作品有《圣女贞德》等。

拦住香客要泥泥狗，那时候香客就会撒一把泥泥狗给他们。同时，泥泥狗也是一种简单的乐器，你看一看你买的泥泥狗，你拿出来看看，每一个都能吹得响。还有你买的泥埙。

江媛：最初我是在你小说里看到这泥埙的，在《民间使者》里有一个你自己画的插图。现在我终于看到真的了，我来试一试。是的，声音很古朴。不过要吹成曲调，还需要功夫。

墨白：你说这些东西同我们的生活有什么关系呢？比如小说里写到过的桃核雕刻成的艺术品，你在会上也见到了。在中原，民间有桃树能避邪的说法，所以孩子的手脖上都要戴一个桃核刻成的艺术品。这个庙会就是民间艺术交易的场所，就这样一代一代地流传下来。由于与日常生活有关，所以就得到了延续。在没有电影、没有电视的时代，文化的传播就依靠这些民间艺术，当然还有别的形式，比如戏剧和皮影。民间逢年过节，或者红白喜事，有钱的人家就会请一个剧团过来，生活稍差一些的也要请一场皮影戏。从外表上你看它只是唱戏，但是那是由许多艺术门类构成的。比如皮影，它首先是一种造型艺术，是绘画艺术。皮影的制作过程需要很高的艺术造诣。

江媛：在我们那儿从来没有见到过皮影，也没见到过泥泥狗。剪纸我倒是见到过一些，因为我母亲爱剪着玩。但是我们那也有自己的民间艺术，比如英吉沙小刀，比如和田玉，还有阿德莱丝绸。

墨白：不同的地域，产生出来的民间艺术也不同。但有一点相同，它们都和日常生活有关联。

江媛：是这样。刀子是要随身带的，玉器也是随身带的。玉器这东西还有许多文化内涵在里面。其实玉器实现了中原和西域的文化交流。在西域的古墓里，能挖出汉代的东西，在内地的汉墓里，也能发现和田玉、昆仑玉。丝绸和玉器一样，也是一种文化交流，这种交流才促使丝绸之路走这么远。可遗憾的是，这种古老的艺术快消失了。前两年我回去的时候，阿德莱丝绸已经开始工业化生产了，这就很麻烦。工业化生产失去了以前那种缓慢的、悠长的、细致的、天然的本质，民间艺术应该是手工的，它的图案是有讲究的，它的染色也全部采用植物染料。所以我来到这里，看到这些民间艺术我很感动。其实一个国家一个民族的魅力不在于你的建筑和别人一样，你要有自己独特的艺术形式。我相信，那些在海外的华人在看到各种各样的泥泥狗时，一定会想自己是从哪里来的。这就像《圣经》里创世纪里开篇所写的那样。我一个从新疆来的人看到这些就感到十分神奇，人总是要问一问自己是谁，自己从哪里来，最终要到哪里去。随着这些东西的消失，我们可能有找不到自己的那一天。今年我有个朋友从温哥华回来，她说家里要是没有那个老宅子，她就没有必要再回来了。虽然母亲已经去世，但住在那所老宅子里她就能感受到母亲的气息。在颍河镇也好，在叶尔羌也好，我们都一样。一个人出去，再回来，他有点像一个离家的孩子渴望重新回到母亲的怀抱。所以文化的个性和艺术的个性是相通的。比如新疆民歌，那些民间艺术家，他坐在街头，在快乐的时候，痛苦的时候，他都会弹起乐器在那里唱。有时你也听不懂他唱些什么，但他们很用心的歌唱，这些人在收获的季节，在田间地头围成一圈，弹琴歌舞。许多人觉得新疆歌舞非常美，非常迷人，其实新疆歌舞就是排解自己情绪的一种方式。

墨白：这让我想起了蓝调音乐。蓝调音乐起源于劳动，起源于黑人在日常生活的痛苦和快乐。

江媛：是这样。在那种环境里，说实在的，一个人要时常面对一种彻底的孤独。在辽阔空间里行走的时候，你必然会排解一些恐惧呀，寂寞呀，思念呀，你就会唱。他们歌唱没有那么严格的要求，就是随心所欲，就是倾诉内心的快乐与痛苦，后来我来到内地，才发现新疆民歌这么有名。过去一些人到那里采采风，回来一下子就弄得名利双收，他们只来索取，却未想到回报。现在我回去之后，随着电子音乐的进入，新疆民歌已经被改变了。我听到长途客车上播放的新疆民歌，除了语言还是少数民族的，乐器和伴奏已经和内地的一样。这非常可怕，所以我就想问你，现在你看到的泥泥狗，和以前的有什么不同吗？

墨白：有，你看这泥泥狗，它的底色不再是墨，为了市场，已经换成了黑漆，在阳光下你能看出光泽，这就坏了。这样的泥泥狗已经失去了它的精神本质。

江媛：噢，那应该用什么？

墨白：墨。

江媛：噢。那个时候人们为什么要把泥泥狗的底色染成黑色呢？

墨白：是为了色彩对比的强烈。泥土本身是黄的，为了色彩的强烈，它就染成了黑色。因为墨是我们传统文化的一个重要部分。你看《民间使者》里有一个细节，冷姨的父亲回到满是战争创伤的桃园，他什么也没说，就拿着刀去砍桃树的树干，把树干砍的遍体鳞伤，让桃树的液体流出来结成胶，然后用这个烧制染料。把泥泥狗染成黑色，这同我们的祖先对色彩的认识有关。你看这个泥坝，就是黄土本有的颜色，如果泥泥狗像它一样不染成黑底，就很难突出另外的几种颜色，黑色上面画上黄、红、白，你看这有多么的醒目。

江媛：是的，很大胆。

墨白：这是色彩学上的话题，就像印象派绘画，印象派绘画就是对色彩的研究和实践，是对光的研究。你看这个泥泥狗，你看着平常，其实它不简单，首先它是造型艺术，是微型雕塑，其次是色彩的艺术。

江媛：我看了以后很吃惊。就中原文化来说，这有些超出了常规，有些像西域的用色，就是用大红大绿，我第一眼看见泥泥狗就愣住了，我想怎么会这样着色？

墨白：所以故乡的概念，不光光是土地和房屋，也不光是老宅子的问题，更重要的还是精神层面的东西，它有让你留恋的东西，这就是我刚才要说的《民间使者》里的内部结构。比如民间艺术，这些东西看似不重要，其实它里面凝聚了我们太多的喜怒哀乐。

江媛：是这样，它凝聚了人们日常生活中的情感，成为一种象征。比如泥泥狗，它有神话在里面，它有女性生殖崇拜在里面，它有情爱在里面，无论你接受的是什么样的教育，无论你是当官还是为民，看到它你就会接受和喜爱。我第一眼看到泥泥狗就非常吃惊，一个黑色的泥猴身子上图着五颜六色，画着女性生殖器，这让我震惊，它的造型和着色是那样的收放自如，不受常规的约束。如果一个小说家能以这样具有生命力的东西作为书写对象，那肯定很有分量。在我看来，你的小说在很大的程度上不仅传播了民间精神，还在很大程度上保护了民族文化的传承。民间艺术同时也是一个地方文化的符号和象征。如果我从这里离开，回到新疆，我给那里的朋友谈到你的颍河镇你猜我说什么？我当然会说颍河，一条河流，它就是一座城镇的血液，它赋予这个地方的人们以特别的气质。接下来我就会说这些民间艺术，这些把自然和人类的情感凝聚在一起的艺术。这种东西让人容易记忆，而且经久不忘。

墨白：民间艺术是一种带有情感的东西。比如你这次送我一把从新疆带回来的手工制作的英吉沙小刀，你看，它有多么的精美。但它不仅仅是一把能够使用的小刀，它的意义已经远远溢出了这把小刀之外。首先它来自西域，那么遥远的地方带给你的是无穷的想象，我不知道制作这把刀子的是一个什么样的人，他是在什么样的状况下制作这把刀子的，他制作的过程是怎么样的我也不知道，这一切都在我的想象之中。

江媛：如果加入这样一个人，加入这个人的情感，这就是小说。

墨白：对，如果有人物进来，有故事进来，还有这个人行动的地点和时间，那么这个刀子背后的一切都活了起来。还有买这把刀子的人，他为什么会从遥远的地方带上这样一把刀子，这把刀子最后的流向和下落，都是小说要关注的。你看它是一个简单的工艺品，但却会成为一部小说的纲，它可以穿起来存在于我们记忆里的东西。比如《民间使者》里的民间艺术，这些就成了我这部小说的切口。

江媛：你讲到了小说的结构问题。小说里总有一些魔法器，作家的头颅就是这样一个魔法器。我想问，这个你熟悉的盛大的庙会，你能用什么样的魔法使它进入你的小说？

墨白：这个我还没有想。

江媛：噢，你看，那么多人来到人祖的陵墓前烧香，跪拜，倾诉。

墨白：更多的是乞求。那些来这里烧香的人，不是乞求自己升官发财就是乞求保佑家人平安，不是求子就是希望能消除家人或自身的疾病。这就是与西方宗教不同的地方。西方的宗教是向上的，是关于时间和灵魂的，而我们的宗教信仰是向下的，是关于空间和实用的，西方人进教堂首先可能和灵魂有关，是忏悔。来这里烧香的人只有乞求。你也看到在人祖的陵墓前烧香的情景，那么一大堆在燃烧的香火，你离很远就能感受到香火的热浪扑面而来，有一种威慑的力量，所有的人都站得远远的把手中的香投进去，敬拜人祖是以大地为香炉的。一方面是我们这个民族对祖先有崇拜的习俗，就这样一代一代的延续，另一方面是有目的而来，就像你说的是倾诉，这个倾诉当然有苦难和痛苦的成分在里面，比如自己没有孩子，自己家人和自己的病痛，自己的命运渴望改善，他们都很实际，乞求的内容和自己的生活有着密切的关联。但他们是茫然的。在画卦台那儿刚才你也看到了，有人随便在那儿立上一个塑像，称为财神爷，或者药王爷，就有人下跪，很虔诚，没有怀疑。无边的苦难就存在于民众之中，看到他们跪在那里你会有一种酸楚的感觉。

江媛：是的，他们几乎是在哭诉。这也说明普通老百姓无处诉求的现实。他来到这里，感觉有一个人在认真地听他倾诉，而且这个人不会打断他，并对他的倾诉给予默认和尊重。或许这正是我们生存的社会对个人的言说极端忽视的结果，个人的声音得不到倾听造成了各种各样的心灵病痛。

墨白：所以就有了宗教信仰。不是说中国人找不到信仰的形式，能找到。昨天在我家你也看到了，我姨和我妗子都来参加我侄子的婚礼，她们和我母亲坐在一起说话。我母亲初一十五都给老天爷烧香，我姨到处跑着去拜佛，每个星期，我妗子就要带着她的几双儿媳妇去基督教堂里诵经。这还不算，昨天来参加婚礼的还有我大哥的亲家，他是我们镇上的回民，信奉伊斯兰教，我们镇上的清真寺昨天你也看到了。我相信，无论信奉什么，人们内心都有一个美好的愿望，是在精神上找到一个依靠。因为一个人在世上，当他面对孤独，面对恐惧，面对疾病，面对死亡的时候会感到茫然无助，不知道怎样排解，所以他要寻找一个比自己强大的认为能帮助自己的神灵。但是，你从我的亲人那里可以看到，几乎所有人类的宗教都在我们小镇上出现了，可是你要让他们讲出个一二三，他可能说不出来，他们信奉的条件首先是实用，他要下跪的那个不知道面目的对象首先是万能的，是能给他带来好处的，不是从精神和灵魂出发。从这一点说，其实我们是没有自己的宗教的。就像我母亲。我母亲无论到了什么地方，只要看到有烧香的地方，她老人家都要去拜一拜。

江媛：这恰恰是社会现实的象征，她是考虑个人的力量太小了，那个左右她命运的力量太强大了，这个时候她就不敢忽略任何一方。现实生活中也如此。我当时感到奇怪，在你那个小镇上，为什么会出现这么多的宗教呢，而且彼此也说不清楚，彼此都想让自己信仰的神领导对方信仰的神。

墨白：这就是可怕的地方，中国正统文化历来都压制个性的成长，所以没有独立思考问题的观念，缺少独立判断事物的能力。在这种情况下，如果你再造出一种宗教，照样有人相信。前些年的法轮功就是一个很好的例子。法轮功为什么为那样顽固地存在着？就说明了这个问题。我们这个民族现在应该做的就是个性的觉醒，精神的自由和人格的独立，是精神的修养和重建。

江媛：有时候我觉得中原人在人性和人格压抑方面，比喀什那儿严重得多。在叶尔羌汗国第二代苏丹阿不都热西提汗时代，那位收集十二木卡姆的王妃阿曼尼莎汗，其实是个樵夫的女儿。她的父亲打柴人马合木提，每天一边赶着毛驴，一边愉快地和女儿唱歌。有一天阿不都热西提汗化装成农民外出打猎，晚上没有地方住，樵夫接待了他，并让自己十三岁的女儿出来为客人唱歌。少女阿曼尼莎汗，会弹琴善歌舞，甚至会作诗。阿不都热西提汗很喜欢，立即赶回驻地，戴上王冠，带上十头羊和茶叶、绸缎，由官员陪同返回马合木提家中，先送上礼物，然后恭敬地恳求主人把女儿嫁给他。这种求婚在内地是不可能的，皇族的婚嫁要讲门第，打柴人的女儿顶多被选做宫女就不得了了，怎么还能做王妃？那是不可能的。有意思的是，这个樵夫以前也是宫廷里的大官，后来就不干了，到民间去了，去做樵夫了。这是很有意思的事，他对生命的选择，是靠自己的意愿，而不是去乞求谁。就像你说的，在这里，让人感觉到的更多的是乞求，刚才我们在太昊陵前，我有一种听到无数心灵在哭泣的感觉。这个地方的文化教化就是让你做一个顺民，让你无条件地去热爱当权者，这样个性就没有了。我们生活中的权力意识过于强大，大到了让老百姓已经形成了恐惧的阴影。

墨白：由于权力意识的存在，在这里的等级观念是很强烈的。西方也有阶层，但他们讲的是格调，是生活习惯的不同，一个月收入一万美金的人和一个月收入两千美金的人坐在一起，他们绝对不会感受到人格上的不平等。不像我们，是真正的有阶层。前一段报纸上刊登了一则消息，说的是广西烟草专卖局销售处一个姓韩的处长的“香艳日记”的事，不但关系到他的性丑闻，还有受贿的事儿，最后给他的处分是什么呢？开除公职开除党籍，就是把他降为一个普通的老百姓，那普通老百姓有了过错往哪儿降？一个人的公职身份成了挡箭牌，党员身份成了挡箭牌，这就是人格的不平等，法律的不平等，这就是阶层。同一件事，身份地位的不同会得出不同的结果，这就是权力意识造成的。在我们小镇上，一个老百姓是不敢随便走进镇政府的大门的，他站在镇政府的大门前，自己的双腿就可能会哆嗦。他看到的不是一个大门，而是权力对他产生的威慑。

江媛：因为那里把握着你的命运。

墨白：我小时候见到生产队长就感到害怕，我总希望自己的家人能和队长家搞好关系，如果能和大队里的干部说上话，我就觉得生活有希望。就像你说的，因为他们能左右我们的命运，那个时候你就会把自己的命运和他们手里的权力联系在一起，当兵呀，推荐当工人呀，有机会出个公差呀。所以这种权力意识和你的生活密切相连，它制约了我们的精神自由和人格独立。说中原是中国的缩影那不是简单说的，也不光光是因为有黄河在这里，它同时在我们民族的劣根性上也达到了极致。在现实生活里，它确实体现了我们文化最本质的东西。其实，权力意识渗透在我们老百姓之中，任何人都有这种权力意识，几乎我们每个人都是参与者，因为你也企图从中获得好处。我们都有责任，我们是罪恶的同谋，因为你信奉这个东西，你信奉，就是支持它，纵容它。你站在镇政府门口，腿就哆嗦，为什么要哆嗦？从另外一个角度来说，这就是你对官本位的认可。你说你是受害者吗？可能就是受害者，恰恰是你对它的恐惧成全了它。我们回头来看“文革”，“文革”为什么能进行？而且那样彻底？就是我们每个人都觉得“文化大革命”好，五体投地，毛主席太伟大了，你是发自内心的，你没有对它提出疑问，那你就是纵容它。文化本身也是这样。所以说小说，我们的文学作品，它能让你看清这些。当小说再现了我们当年的生活以后，你会大吃一惊，噢，原来我们就生活在这样一种环境里。

江媛：你的《梦游症患者》让我第一次看到中国人开始反思了。中国人太不注重反思了，而且盲目自大。这本书就是一本关于反思的书，所以我希望这本书走得越远越好。在我们身边能写出反思作品的作家我不敢说太多，能写出敢于真正彻底反思和自我批判作品的作家更是凤毛麟角，现在已经有这样的作品出现，这就很棒，这就说明我们进步了。一个国家，经济固然重要，但更重要的是精神的成长。你在物质上不论有多富有，那都不是彻底的进步，要想彻底实现民主和自由，就不能忽视精神的自由和独立。当然，要做到这一点很难。

墨白：尽管艰难，我们还是要往这个方向努力。我们以前口口声声赞扬自己的文化传统多么优秀，其实我觉得一个不能深刻反思自己行为的民族，这本身就是一个很大的缺陷。20世纪50年代初新的政治体制出现以后，我们有太多的经历应该反思，大跃进，“文化大革命”，我们缺少的就是回头反思这些经历的勇气。二战过后将近七十年来，西方不断地有关于二战的文学作品出现，比如你谈过的《生死朗读》。前天我们在关帝庙里看到马恩列斯毛的壁画时，我就想到了斯大林，想到了卡廷惨案。春节前我看过一部根据穆拉奎克的作品改编的波兰电影《卡廷惨案》[①]，让我特别震惊。1937 年 9 月苏联入侵波兰，1940 年 4 月苏联红军在斯摩棱斯克市附近的卡廷森林里，用残忍的手段杀害了两万多名波兰军官和平民。1943 年德军占领这一地区发现了屠杀现场，二战后苏联方面一直隐瞒事实真相。直到 1992 年的叶利钦时代才承担了这一事实。一方面，斯大林主义者在人性的丑陋上和法西斯没什么两样。另一方面，尽管拖了这将近半个世纪，俄罗斯人还是站出来承担了自己的罪行，敢于反思，这就像后来的德国敢于反思自己的罪行一样，让我们感到在邪恶之外还存在着道义的力量。法西斯的后代都能对自己民族的罪行自己反思，我们为什么就不能对“文革”从灵魂深处进行反思？20世纪在中国发生的“文革”事件，最典型地体现了封建体制的精髓，同样也体现了我们这个民族的劣根性。要彻底地认识“文革”，我们首先要有勇气面对，如果不敢回头看，那就说明我们身上的疾病根本就没有好，我们仍然病重在身。我们要有自我审判的意识。我认为小说恰恰是能认识人类自身的一种艺术形式。现在人对小说的冷漠是一种遗憾。一个民族要想提高自己的精神修养，小说是必不可少的。实际上我们的精神成长同小说、同文学作品有着密切的关系。从小学到大学，到后来的阅读经历，可以说都跟小说有关系，因为我们课本上有。所以说小说已经进入了我们精神生活。一个人养成良好的阅读习惯很重要，我说的是那种不带任何功利性的精神修养上的阅读。当然，一个民族也是这样。

①《卡廷惨案》，2009 年出品，导演安杰依·瓦拉达。

江媛：现在的阅读都是功利的，干什么都是实用主义，连宗教信仰都建立在实用主义的立场上，从来没有从精神层面上来考虑问题，我觉得这与我们的教育失败有关系。好的阅读不仅仅反映出一个人的精神修养，也能反映出一个民族的精神修养。20世纪90年代我有一个朋友在莫斯科读书，那时俄罗斯正在经历着叶利钦时代切肤之痛的变革，他告诉我，莫斯科的芭蕾舞场馆照样场场爆满，人们排队买票，有些人宁可饿着肚子也要去看芭蕾舞。我们为什么说俄罗斯人有希望？就在这里。我相信中国人不会有这样的傻瓜，你让他饿着肚子去看芭蕾舞？可能吗？他吃饱肚子后会去想三宫六妾，会想一夫多妻，实用主义。为了精神享受，谁肯放弃权力给予的好车和洋房？

墨白：饭来了。哎，你看，我们怎么办？是看泥泥狗还是吃饭？

江媛：当然要吃饭。

墨白：看看，所以要想改变这些很困难。

江媛：是呀，要不怎么说，我们的路途还很遥远呢？

（2010年4月5～13日，根据录音整理）

在小说的内部构建历史

——与墨白对话①

张延文②

时间：2010年7月26日

地点：鸡公山

张延文：墨白老师，您好，很荣幸有机会和您在这秀美的鸡公山上展开一次有关文学和历史的对话。在来之前，我在网络上搜索了一些关于鸡公山的资料。作为民国时期的四大避暑胜地之一的鸡公山，开发已有一百多年。在20世纪中国的历史进程当中，京汉铁路、北伐战争，还有很多重大的历史事件都与鸡公山有着关联。在清末和民国初期，鸡公山是西方传教士的一个重要集散地，宗教文化，特别是基督教对于中国文化的影响在此才慢慢显现出来。20世纪30年代是鸡公山传教最为繁荣的时期，当时在这里居住的两千多外国人当中有一千多人是宗教人士。第一次国内革命战争时期，鸡公山作为大别山西麓，和红四方面军也有关系。抗战时期国民政府进行的“武汉会战”，总指挥部就设在鸡公山上。

墨白：建国后的许多重要的政治事件也和鸡公山有关，“抗美援朝”时期这里是后方医院，医院里有一些参加过抗日战争的日本军医。还有我们不愿正视的“信阳事件”以及“大跃进”时期的放卫星，等等，也都和鸡公山有关。

张延文：可以这样说，鸡公山是中国20世纪社会进程中一个不可忽视的缩影。一座山，随着不同类型的政治事件的发生和人物的进入，而逐步汇入了中国近现代历史的

① 原载《山花》2010年第10期，原文题为《人文环境与文学精神》。

② 张延文（1970～），河南方城人，文学博士，博士后，主要从事诗学、社会学方面的研究，著有《新时期（1978～2011）诗群流派研究》等。

进程之中，这在中国的名山之中也是屈指可数的。

墨白：鸡公山的文化积淀也是相当厚重的，比如宗教。20世纪初期到30年代，鸡公山上有两座西方人建造的教堂，“武汉会战”时期宋美龄就在其中一座教堂里守礼拜。当时有多种教派在山上共存：信义会、中国内地教会、长老会、浸礼会、美国圣公会、美以美会、安息日会等等，有许多不同国籍的教徒聚集在这里，这是一种在我们的文化之外的精神现象。那时候有多达二十多个国家的传教士和商人在鸡公山上留下了三百多幢不同风格的建筑：哥特式、罗马式、拜占庭式、合掌式建筑，等等，建筑就是文化。当时山上还汇集了英国、法国、德国、美国、日本等发达国家的三十多家银行与商号。如果我们抛开侵略这个词语，从文化的角度、从现在改革开放的观念来看，包括商业在内的各种外来文化，肯定给当时中国人的生活带来了新鲜的信息，这无疑是打开我们眼界和思维的一条途径。

张延文：有人说，西方人入侵中国是从基督教开始的。西方人用洋枪洋炮打开了中国的大门，但他们还是走了；而真正留给我们的除了物质和技术层面之外的，更为深入的还是精神层面的，比如我们说到的宗教和文化。

墨白：作为精神，西方宗教对中国社会的影响是无法加以量化的，就建筑而言，宗教的痕迹可以说遍布了中国的许多地方。有一年我去云南三江并流地区，在维西前往德钦的路途中，到过澜沧江边一个名叫茨中的地方，我在那里见到了一座哥特式教堂。至今，每逢礼拜，茨中及附近村庄里的信徒还去那里做弥撒。我们很难相信，宗教渗透到了那么偏远的地区。宗教作为一种精神现象，的确已经影响了我们的生活。我之所以说这些，目的是为了下面这个话题：那就是西方文学对我们的影响。西方文学对于中国文学的影响和宗教比较，力量更为强大。我们以20世纪80年代以来这个时期为例，在短短的时间内，大量的西方文学和文化涌入中国，几乎渗透到了我们精神生活的每一个角落。

张延文：我们以鸡公山为例可能会看得更清楚。随着西方的宗教、政治、经济、文化力量的进入，从人文景观到自然景观，整座鸡公山都被改变了。就建筑来说，西方人在鸡公山留下了一个比较完整的具有西方风格的建筑群。在这个建筑群里，我也看到了不少融合了中西方元素的建筑样式。也就是说，我们无意中，已经接受了西方的文化，从某种程度上说，鸡公山为我们浓缩了传统中国在吸收了西方现代文明并被改造的历程。

墨白：不错，鸡公山上我们中国人自己盖的别墅，比如颐庐和姊妹楼，在无意之中已经吸取、接受、借鉴和利用了西方的建筑元素。同样，我们的文学也是这样，特别是当代小说，在我们接受西方观念的同时，小说的叙事已经被改变。我们之所以承认小说是西方的概念，那是因为我们传统的小说概念是话本，是讲述。就连白话文以后的现实主义，也是以讲述为基础，是建立在社会学上的。但西方的小说叙事理念是叙事，是建立在叙事学上的社会学。讲述和叙事是干预生活的两个不同的概念，一个是不在场，一个是在场。西方小说的叙事理念是到了新时期之后，才逐渐被国内的小说家们所重视，并影响了我们作家的思维和叙事方式。我们逐渐抛弃了现实主义的对生活不在场的讲述，开始用西方现代主义、后现代主义的小说叙事理念来进入生活现实，来关注我们的社会进程，并以此来呈现人性，呈现我们的道德观和价值观。

张延文：是的，您的长篇小说《映在镜子里的时光》《欲望与恐惧》《裸奔的年代》，等等，就是运用了现代主义和后现代主义的叙事方式，来切入当代的社会生活的。其实，文化对人的影响是缓慢的，首先，文化要有自己存在的形式，才能谈及到影响。就像鸡公山，只要你到这个地方来，就要面对不同的文化，就会有所感触。我想，在这方面，您的体会最深。

墨白：鸡公山所呈现出的多元文化，确实使我对整个人类概念下的文化有了一些新的认识，这可能在无形中已经影响了我的写作。人文环境对一个写作者来说有着直接的作用。我们可以设想一下，如果说没有20世纪80年代的改革开放，我们的国家和民族还处于封闭的状态下，那么我们目前的写作会是一种什么样的状况？现在，当我们提到朝鲜，会觉得这个国家的文化封闭得让我们不可理喻。可是如果我们回过头来看我们自己的历史时会发现，其实，当年我们自己所处的环境，和今天朝鲜的处境在某种程度上没有本质的差别。我们也曾经让我们之外的世界感到不可理喻。同样，写作也是一样，任何一个作家都不应该封闭自己的视野，他应该接受和吸收整个人类优秀的文化遗产。而接受外来文化的目的，是为了改变我们旧有的观念，是为了更好地关注和认识我们生活的现实。

张延文：您触及到了一个非常重要的话题：个人的写作需要依赖时代的人文环境。在此，我们不妨拿鸡公山来做一个假设，如果不是三四十年代的抗日战争对于这座山的历史进程的打断，如果不是新中国以后这座山进入了另外一个历史纪元，那我们可以想象一下，现在的鸡公山到底会是一个什么样子？如果一直有着开放的人文环境，按照正常的发展规模的话，也许现在的鸡公山已经成为了一座具有世界目光，不下几十万人口的国际都城了。

墨白：文学也是如此。如果说不是抗日战争、解放战争和建国以后的时期，从鲁迅那个时代就具备了开放精神的新文学传统一直延续到现在，我们中国的文学现状又将是一个什么样的局面呢？残酷的是，历史既没有如果，也不会让你打比方，历史事实就是历史事实，无法更改。我们要做的就是以客观的态度来正视历史，并以此为借鉴。

张延文：您的作品当中有着非常强烈的历史感，对于历史的认识和理解是深入和全面的。比如您的中篇小说《民间使者》，就是一部从民间角度展开的个人、家族和民族的心灵史，您在这部小说的结尾部分，还运用了符号学等方式，来对此进行了结合中西方哲学的解读和升华。在更多的作品里，您反复关注着个人与时代、个人与历史等这些我们无法避开的问题。

墨白：这里牵涉到作家的写作态度和精神。历史是什么？在政治家眼里，历史是实用主义的，对他有用的，他才拿来。而小说家的历史观却不同，小说家应该引导人们正确地认识生活、更客观地认识历史。我们怎样看待过去的历史？比如怎样看待20世纪六七十年代我们的固步自封？怎样看待对外来文化的切断？所以，历史的客观性和公正性在小说家这里是至关重要的。小说家是通过自己的作品，给人以客观公正的历史观和价值观，来佐证我们看待历史的方法以及现实生活中的进程的。

张延文：巴尔扎克说过，小说是一个民族心灵的秘史。小说涉及的主题不单是个人的、政党的，而是处于整个民族的背景之下的；小说主要指涉的是超越于现实层面的，独立于主流意识形态之外的超越的历史。一部具有时代感的文学作品应该有助于读者去理解和思考自己的时代，重新认识自身所处的生活的位置，已经的、可能的和将要发生的事物在单一的处境里被唤起并在更为广泛的背景里重构。我觉得，当代中国具备这样品质的小说家为数不多，但同时我也认为，您的作品已经具备了能够让读者重新发现自己、认识自己这样的价值。比如《风车》，您的这部小说就深入了时代生活的核心层面。还有《隔壁的声音》，这部小说从表面上看，是一个中年人去东北深山里的农场探访亲人的历程，但在故事的结尾，小说却呈现出了完全不同的主题，故事被转移到了遭遇冤案后上访的事件，而故事真正要讲述的却是个人与历史、个体与时代的关系。那些生活在遥远的山村里不为外界所知的人们，仿佛被历史所遗忘，无法进入到历史的进程当中；但他们的生活却完全被历史的力量所操纵，甚至一不小心就会被击得粉身碎骨，他们的肉体和灵魂，都是被历史的阴影所控制和奴役的。小说所涉及的，就是当代中国处于底层的民众的真实缩影。

墨白：文学的存在是以整个人类的生活为背景的，是在历史的进程中人类精神世界的呈现。我们为什么说文学重要，那就是因为文学挖掘记录的是人类的精神生活。对人类浩瀚的内心世界的呈现，只有文学能胜任。我们说20世纪中叶的中国文学出现了断裂，其实指的就是文学最基本的功能的丧失，因为那个时代的所谓的文学，根本就没有切入到人类的精神实质里去。如果说以鲁迅为代表的中国20世纪三四十年代的现代文学表现出了一种强大的精神，那这种文学精神也是有具体的篇目呈现出来，比如《狂人日记》《阿Q正传》，等等。我们说20世纪50年代、60年代和70年代文学精神断裂，那是因为没有真正的文学作品来呈现那个时期的中国人的精神本质。

张延文：不错，这种倾向一直存在于中国文化的传统之内，这种畸形的发展导致了类似于断裂的现象。在极端的历史环境当中，激发了内在的、行将消失的东西借助某些名目产生的恶性的变异。但是，是不是进入到20世纪80年代之后，这些东西就真正的消失了？或者说，三四十年代的文学传统里真正值得借鉴的是什么？也许我们那时只是采取了更加开放的方式去对待外来的事物，更为积极的方式去接纳新鲜的事物，而到了50年代之后，那些健康有益的交流被中断了呢？

墨白：是我们所处的人文环境已经被改变了。作为文学形式来说，建国后文学是没有断裂，也有大量的小说、戏剧出现。我们所说的断裂是真正的文学精神的断裂。那时的文学不是站在人性的立场上来观察社会，那个时代人是被分成等级存在的，人的尊严和价值是被忽视的。那个时期中国人的精神本质是什么？是恐慌与压抑，是狂热与盲目，是人性的丧失，是自我精神的消亡，可是那时的文学没有切入到这些人的精神本质里去，没有起到文学应有的反映那个时代人的真实的生存状态和精神状态的作用。

张延文：就是说，当时的文学丧失了文学的真实性的要素。这种艺术的真实的缺失，是建立在对于个体的人的价值的忽视的基础上的，这也是中国传统文化的根深蒂固的东西。

墨白：那个时期的中国的文学，缺少对历史的正确判断。当然，当时也不允许你有什么正确判断，对与错那是给你定好的，那个时候的中国作家丧失了精神自由。一个作家一旦丧失了精神自由，他的写作一旦被某种主观意识形态所控制，那么文学的精神本质就已经丧失了。比如说，一部文学作品的主题是阶级斗争，要反的是地富反坏右，所以工农兵的形象肯定是高大的。我们本来就是个压制个性的民族，你一旦身处这样的人文环境，那你就失去了判断能力。我们为什么说一个作家最重要的是精神自由，是人格独立？只有独立的人格和精神，你的写作才有力量抵抗外在的社会对你的干扰和侵入。我们说，到了20世纪80年代改革开放以后，小说家们把真正的文学精神承接下来，那是因为在一些重要作家那里，他们的小说所呈现的品质和三四十年代的现代文学精神是吻合的。

张延文：说到文学精神的承接，我认为您是其中的一员，这我们从您的一系列描述颍河镇的小说里可以得到印证。在关于颍河镇的小说系列里，您的《霍乱》《同胞》《失踪》等小说，切入了抗战时期中国人的精神层面；在反映五六十年代的作品当中，《风车》实际上就是对大跃进的反思；而《梦游症患者》则是对“文革”在精神上的反思；您反映20世纪末期的中国人精神生活的小说就更多了，《父亲的黄昏》《母亲的信仰》《讨债者》《迷失者》[①]《七步诗》《光荣院》《局部麻醉》《白色病室》《事实真相》，等等。这些反映不同年代的小说，共同构成了您小说里的颍河镇的精神体系。说是颍河镇人的精神体系，实际上它也是中国人不同时期的精神呈现。在物理时间的序列里，您的小说的这种呈现，应该被看成是对中国20世纪二三十年代文学精神的承接，是一脉相承的精神体系。

墨白：当下的文学状况，和中国20世纪二三十年代的文学状况有所不同。现代文学精神通常会被归结为若干个具有代表性的作家那里，这名单可包括鲁迅、老舍、矛盾、巴金、沈从文、张爱玲，等等；到了新时期以来，我们很难再将文学的发展归结为某些单个作家，文学史的描述也是以思潮、流派等方式来加以总结的，比如早期的伤痕文学、寻根文学，后来的先锋派、新写实，等等。

张延文：我认为这里面更为重要的原因是新时期以来的作家，具备了超越具体的思潮和流派的大家很少，他们的写作往往被裹挟在简单的甚至狭隘的创作方法和具体的历史文化场景当中，没有高屋建瓴的意识和整体上把握历史的能力。在这方面，您的以颍河镇系列为代表的小说应该是个例外，您的小说已经具备了现代文学时期那些大家的风范。我们说，一个好的小说家，他应该在自己的小说内部构建着自身的历史，而非在多大程度上反映历史现实。我认为，颍河镇的真实性并不来源于和真实世界的联结程度有多深，而是说它的内部已经生长了新鲜的东西，已经具备多种叙事功能，已经构成了自我呈现历史和精神的文本体系。

墨白：你涉及了一个小说家的叙事能力问题。在一个

①《迷失者》，原载《黄河》2002年第5期。

小说文本里，小说的空间感、小说的隐喻性、小说的象征性等等这些，它肯定是建立在小说家对发生在现实世界中的一些事件的呈现上，小说再现了生活中一些让我们迷惑的事件和现象，比如说现实生活中的神秘。

张延文：是这样，现实生活中处处构成神秘。我记得您在一篇访谈里说过大致如下的话：在城市的街道里，时刻都会有人流通过，在他们中间，哪怕是你最熟悉的那个人，你又对他了解多少呢？深藏在他内心世界的秘密，他潜意识里的精神活动，我们都无法知晓。对此我也有深刻的感触，比如大街上走过来一个中年男人，你知道他是干什么的？他是什么身份，他是个杀人犯还是贪污犯？或者他是个赌徒，也可能是个正派人，是个善良人。这些无法确定，那么整个世界呢？无数的个体构成了巨大的神秘世界。这个秘密的世界，就是一个小说家要关注的。

墨白：我们衡量一部好的小说，就是看它对生活的穿透力能不能使你对生活有所领悟。比如说，在我们谈话的时候，在我们的世界之外，在拉萨，在北京，在西班牙的巴塞罗那，在丹麦的哥本哈根，在世界的许多地方，正在发生着一些不为我们所知的事情，但是这些事情肯定有着某种共同的本质，小说就是要寻找这种生活共有的本质，让我们通过这种本质，去理解那些在我们生活之外的世界，去了解我们生活中那些共通的东西，从而对那些我们未知的世界做出思考和判断。比如卡夫卡的小说，就具备这种能力。他小说里的那种压抑、恐惧和不安，那种小人物惶惶不可终日的心理，放在我们的现实生活当中，同样是真实的存在。

张延文：您说到了文学的根本。当小说家在自己的小说里设定一个人物时，他就拥有了赋予这个人物命运的权力。但是，作家的这种权力来源于哪里？他凭什么为某些人物带来好的境遇，而又让另外一些人物遭遇痛苦？

墨白：我觉得小说家的权力是生活赋予他的。小说家有些时候是没法选择自己小说里人物的命运的，小说里人物的存在的权力是社会和时代所赋予他的。首先，社会和时代是作家创作的背景，这和他的写作息息相关，这就是刚才我们说到的人文环境。在拥有了生活经历之后，作家依靠的就是他的想象力和创造力，同时也要看一个作家的自由精神达到什么样的程度，他对文学精神的领悟到了什么样的程度。

张延文：就像一个人，一部小说也有自己的命运。无论是一个民族和一个国家，甚或是一座山，一条河流，都有着自己的命运。命运在显在的权力体系和隐秘的权力体系构成的网络里载沉载浮。西方当代的社会学家，把世界按照结构和功能的方式来将社会归结为一个庞大的、无所不在的权力体系，人的言行举止、内心世界无不受到这个体系的控制。我们也可以把这个控制体系理解为你说的人文环境。在小说家这里，他能单单把这个权力体系表现出来已经很困难了，之外如果还有另外的发现，那就要靠小说本有的精神品质了。对一个小说家及其作品进行量化分析，显然是不科学的，精神世界所产生的神秘力量也是无法将其结构化和体系化的，精神世界所产生的神秘事物和现象是非结构化和非体系化的存在。

墨白：但有一种规律存在着。在西方的传统社会里，对于神秘事物的崇拜主要表现为宗教文化活动上，即使在现代的西方社会，宗教的力量仍然起着巨大的规范作用。在中国传统文化里，神秘同样是一种巨大的存在。人需要一个偶像去遵从和膜拜，我们的精神世界需要天人合一，顺天应命，所以我们人间的重大活动，需要和那些我们看不到的神秘事物的意志相吻合，人的一切都是由神秘的力量所控制的。

张延文：这是文学无法避开的一个话题。可遗憾的是，我们中国当代文学里对于神秘力量的描写和理解越来越淡化了。小说中的神秘力量，并非是科学理性战胜了愚昧和迷信这么简单。在当代小说里，比如在高行健获得诺贝尔文学奖的作品《灵山》当中，就有对神秘事物和现象的描写，他部分地“复活”了当代中国社会和传统文化之间的神秘力量中的对应关系。也许我们使用“复活”这个词不大合适，但至少他是触及了这些元素。在您的小说里，我们也看到了这种神秘力量的存在，比如《重访锦城》和《迷失者》，比如《雨中的墓园》，还有《光荣院》和《讨债者》。但总体来说，当代中国文学作品之所以缺少力量，神秘力量的缺失也许是其中的原因之一。如何借鉴或者说在作品里引入神秘的力量，如何在平静如水的日常存在里发现那些不同寻常的事物，并获得启示和警觉，这才是小说具有长远的艺术感染力的来源所在。小说要想具备这种感染力，就需要作家能够对现实中存在的一切进行判断、理解和思考，具有发现的能力。作家理解世界的能力将会决定他为人物的命运设置出多少种可能性，或者说，他会对自己人物命运的可能性做出什么样的判断，他将如何处理这些可能性？

墨白：这些问题就是小说家的创造和发现的问题，小说要对现实生活有所发现和创造。

张延文：是这样。比如您的小说，在《讨债者》中，讨债者所遭遇的那种个人被外部的神秘生命力量的控制；《雨中的墓园》中的“我”离开家之后所遇到的充满主观性的对历史真相的不同的描述，还有《寻找旧书的主人》里的主人公，他在寻找中所遇到的种种神秘的东西，其实这些，都普遍存在于我们的现实生活中，而又常常被我们所忽视。

墨白：神秘对于现实生活中的单个人物来说，影响其命运的并不一定是宏观的事物，可能是那些难以预料的、在冥冥之中我们无法识别的小事物，是那只我们无法看到的神秘之手。比如现实生活中的偶然性。

张延文：是这样，有人可能买一辈子彩票，都没有中过什么奖，而有人随便买了一下，就中了大奖。虽然这只是人的命运的极端个例，但却有偶然性和必然性在里面。一个作家，就是要去把握这些更为难以把握和捕捉的东西，一个小说家，要有小到对个人命运的把握，大到对人类的存在状态把握的能力，乃至对国家和民族的未来的感知和把握的能力，要拥有洞穿神秘的力量，洞穿一个人命运的力量。在阅读《光荣院》的时候，我就强烈地感受到您这种洞穿力量的存在。在《光荣院》里，我发现了多重的命运主题，其中神秘性的主题和显性的权力主题形成了一明一暗的两条线索。《光荣院》里的人物一方面受着外在的政治力量的影响，命运又被社会文化历史变迁所左右；同时还有一种神秘的力量，更为深入地影响着他们的生活，这些神秘的力量来源于死亡，来源于欲望，来源于梦境、来源于虾米这样的小人物的不可说的身世和归宿。这种神秘的现象在《错误之境》里也得以体现。

墨白：谭四清到一个陌生的地方去寻找他的情人，但是寻找的过程中却有一些不可预测的人物和事件呈现出来，将他的命运带入了不归之途。他被各种始料不及的社会现实所左右，最终偏离了他要达到的目标，正是这种神秘，才构成了我们的现实生活。

张延文：人的计划永远是不可达成的。即使是人的最终的归宿、最为真实可靠的死亡，对于个体来说也是不可把握的，反倒成为了我们焦虑和恐惧的根源。文学作品就是要呈现这些真实的处境，它在光鲜的、完整的、切实可靠的事物的表面为我们呈现了另外一个巨大的、虚无的、空洞的、不可知的、难以捕捉的、令人感到深入人心的恐惧和战栗的东西。这也是我在您众多的作品里感受到的，您小说所具备的使人震慑的艺术力量，就是您对20世纪的现代小说的文学精神承接的最有力的证明。

墨白：我认为，作为能体现真正文学精神的小说，不可避开叙事不谈。小说作为人类精神世界的载体，小说所揭示的社会现象的深浅和小说的叙事文本有着直接的关系。

张延文：小说文本内部的空间应该是多元的，当作家展开一部小说，预设一个人物时，他铺设出了多少个关节点，为人物的命运营造了多少种可能性，当一部小说结束之际，作家是如何来处理他所铺张开的这些可能性的？如果是产生出了收缩性的结果，那么这样的小说空间是限制性的。如果是产生了外延式的格局，那么小说所获得的空间是无限制的，处于增殖的趋势之中的。我认为您的小说是后一种类型，您的小说是以扩大化的辐射的方式，来抵达事物本质的结构形式。您的小说所呈现的生命形式拥有多种可能性。

墨白：好的小说文本结构，在任何段落里面都应该是敞开的，呈网络状。就是说，它为你呈现出各种不同的路径。读者一旦进入，无论从哪个路径往前走，都是相通的，但是你又不知道这个小径会通往哪个地方。就是说，在你将要到达的那个地方，会发生各种各样你意料不到的事情，会有一个陌生的世界出现，这些事情很可能在你的生活经验之外，这样的结构留给你的，是一个邀你参与的丰富的空间。

张延文：这就是您小说的叙事风格。您太多的小说都具备了这种开放式的网状结构，可以说，您小说的叙事已经形成了自己的风格，拥有了独立的文本价值，这也是我认为你承接了现代文学精神的理由之一，从叙事学的角度，可以说是拓展了现代小说的文学精神。我们在您的小说文本世界当中，获得了艺术空间的本源。

小说的传播是靠自身的力量

—— 关于《墨白文集·中篇小说卷》访谈

张延文

时间：2010 年 7 月 23 日

地点：鸡公山

张延文：在你编辑的“墨白文集·中篇小说卷”当中，分别包括《航行与梦想》《尖叫的碎片》《局部麻醉》《瞬间真实》《幽玄之门》与《雨中的墓园》六部，每部小说集有六到七部中篇小说组成，这近四十部作品蔚为大观，这些作品创作的时间跨度有多长？在编辑这些作品集时，有没有遵循什么内在的审美规范？或者说是否每部作品集都有着其内在的主题线索？

墨白：《情与仇》[①]是我中篇小说的处女作，写于 1987 年 3 月。《尖叫的碎片》[②]是收在这里的最后一部作品，写于 2009 年 2 月。时间跨度正好是二十二年。像你说的，在编辑作品集的时候，是考虑到了小说里的时代背景、美学原则和叙事主题等等这些因素。

张延文：在你编辑的文集里，我发现了一个很有趣味的现象，那就是每一篇小说文本的前面大都配置了一幅名画，这些名画出自凡·高、莫奈、夏加尔、蒙克、霍默[③]、列宾[④]、高更等不同风格流派的大家之手，这既增加了小说的可读性，又决非简单的装饰；这些名画和小说文本的内部主题密切相关，起到了不同类型的艺术样式之间的互文性关系，彼此阐释，互相生辉。你早年学习过绘画，这是否也与此有关？你的小说创作和绘画之间的关系如何？绘

①《情与仇》，原载《百花洲》1990 年第 4 期（发表时题为《世仇》）。

②《尖叫的碎片》，原载《山花》2009 年第 5 期。

③温斯洛·霍默（1836 ~ 1910），出生于波士顿的一个中产阶级家庭，是 19 世纪下半叶最重要的美国画家，他的绘画既现代又古朴，画风鲜明，具有美国特色，因此，人们常把他和梭罗、麦尔维尔、惠特曼等文学大师相提并论。

④伊里亚·叶菲莫维奇·列宾（1844 ~ 1930），出生在俄罗斯哈尔科夫省（今乌克兰）的丘古耶夫镇，是 19 世纪后期伟大的批判现实主义绘画大师。列宾在充分观察和深刻理解生活的基础上，以其丰富、鲜明的艺术语言深刻地展示当时俄罗斯广阔的社会生活图景。

画从哪些角度影响了你的小说创作？

墨白：谢谢你的理解，我的思考都被你的评述所包括。绘画像诗歌一样，不但影响了我的文学观，而且影响了我的叙事风格。

张延文：在众多的插图里，有两幅比较特别：一幅是《民间使者》里的插图，一种民间乐器：泥埙。另一幅是《黑房间》里的插图，内容是一幅以颍河镇为中心的简略地图。这两幅插图虽说不是名画，但在我看来，却非同寻常。在你作品的叙事当中，这两幅插图是否具备了一种特异的叙事功能？

墨白：它们是小说文本的有机部分，包括上面你说的那些题图，只有进入小说的叙事，才能体现其中的奥妙。

张延文：在这些作品当中，有没有一个明确的时间线索，或者说你的小说写作有没有明显的分期？

墨白：好像没有。到目前为止，我还没有考虑过这个问题。

张延文：自20世纪80年代以来的新时期文学创作已经有了三十多年的时间，基本上和中国现代文学的时间长度差不多了，其中涌现了一大批不同风格流派的作家，无论是作家人数和作品数量都远远超过了现代时期，但其中是否有能够和现代时期的大家相媲美的作家，一方面尚待时间的检验；另一方面也需要当代人的比较和遴选，然后以集中出版的方式来对其作品加以推广和宣传，增加其作品的传播效果。由知名出版社出版文集，这就是一个很好的传播方式，同时也是对一个作家创作成绩的肯定。你是如何理解自己的创作成就的？和现代文学中的那些大家相比，你觉得自己的创作在哪些方面是承接五四以来的新文学传统的？同时，你自己的写作是否正在或将会形成新的文学传统？

墨白：你的问题体现了一个批评家的智慧。其实我们都明白，这些话题由谁提出来都是基于他要评判对象的作品本身。现在我们评判现代文学史上的一些作家，比如鲁迅、沈从文、张爱玲，主要还是从其作品的文本价值和建立在文体价值上所产生的社会意义上。什么是新文学的传统？其实就是文学精神的本质：一是作家能给我们提供一种看待世界的新方法，二是作家的作品能深刻而准确地体现他所处时代的社会本质、穿透作家所处时代的精神内核。看一个当代作家的作品是否能构成你所说的文学传统，同样也是这样的标准。当然，最重要的标准是要经受时间的检验。

张延文：一部作品的完成，需要读者的阅读和接受，西方的文学批评模式当中，还有一个以阅读者的接受作为中心的批评体系，其中提到一个理想读者的概念。你在写作时，有没有一个理想当中的阅读者形象？不同类型的读者的接受情况会不会影响你的写作？

墨白：在写作中，我首先考虑的是怎样忠实地表达自己对世界的认识和感受，忠于自己和表达自己的内心世界是我尊重读者的基本原则。

张延文：在你的写作当中，有很多的关键词可以列举出来，比如独立的立场，边缘的姿态，这两者似乎都接近于“民间”这个主题词，你的写作是否具备了民间写作的属性？或者说民间资源对于你的写作影响如何？

墨白：我在农村生活了三十六年，农民、木匠、油漆匠、石匠、搬运工人、小学教师等等这些，都是我身份的底色，所以我的心也在民间。我的身份决定了我写作的属性和写作内容的取舍，这已经不是影响，而是我的命运。

张延文：一个作家的艺术能力达到了一定境界之后，就会拥有较为稳定的艺术风格，作家的美学风格一旦形成，就会成为他生命密码的一部分，很难改变和突破。你是如何使自己的写作风格既能保持内在的连贯性，又可以做出适当的调整而不至于出现僵化？

墨白：寻求叙事语言对我生命体现所呈现的最佳方式，是我一直在追求的；用文本间的差异来呈现我的美学观点，也是我一直在追求的。我用叙事语言来建构自己的艺术风格，用不同的文本结构来丰富我的文学世界。我这样说，不知是否回答了你关于僵化的问题？

张延文：专业。下一个话题是爱情。爱情是文学作品当中的一个千古不易的核心主题，你的作品当中的爱情题材所占的比例好像并不大，即使像《重访锦城》《民间使者》这样的爱情故事里，也仍然穿插了很多其他的主题，为什么你的作品当中的爱情题材不那么显著呢？你是如何在自己的作品当中来处理男女两性的性别冲突的？

墨白：其实，我大量的小说涉及到了不同的爱情和爱情观。比如：《爱情的面孔》《红房间》《苦涩的旅程》[①]《航行与梦想》《俄式别墅》《爱情与颅骨》[②]《错误之境》《霍乱》《同胞》《白色病室》，等等。爱情从来没有从社会生活里分离出来单独地存在过。如果分离，那叫不食人间烟火。在我的小说里，爱情的出现，只是人性的一种，它依附在复杂的社会之上。

张延文：很多评论家把你称为先锋作家，将你的写作纳入到现代主义和后现代主义写作之中。这一方面说明了你在文体形式方面的探索创新，比如在叙事方法和叙事结构等方面做出的努力，另外一方面也说明了你的文本在思想性方面达到的深度和广度。但先锋和经典之间显然还是有一定距离的，先锋能否成为经典尚需时间来验证；而传统和现代之间的差别也许只是一种误读。你是如何来为自己的写作定位的？和当代的其他著名作家比较起来，你的写作应该处于什么样的位置？你有没有想过自己的哪些作品具备了经典的价值？

墨白：这个话题刚才我们已经涉及过。就像你说的，一部作品是否会形成新的文学传统、是否能成为经典，是

①《苦涩的旅程》，原载《长城》1991年第3期（发表时题为《生命之舞》）。

②《爱神与颅骨》，原载《莽原》1991年第2期（发表时题为《唢呐声咽》）。

需要时间的，是建立在读者的不断阅读和认可之上的。至于一个作家的作品处于什么样的位置，这不是作家本人所考虑的。任何有价值的作品都是独一无二的，是不可替代的。我们之所以视一部作品为经典，就是基于这一点。经典与否，只有作品本身才能证明。

张延文：对于你的小说，评论家们的评价涉及到的元素很多，不同时期的评价也有所不同。有评论家认为，你最早是作为先锋作家之一进入大众视野的。先锋作家对于一个时期的写作来说，具备了更多的文体试验的元素，比如那个时期以马原、格非等人为主的先锋作家群体就是如此。先锋作为一个文学概念，具有很强的模糊性，先锋的未必是合适的。将你纳入先锋作家，这在早期也许还有点价值，作为一个臻于化境的大家，再这样称呼是不是有点不合时宜也不那么准确了？

墨白：我尊重评论家们就我的作品发出的不同的声音。作家的作品已经发表，就属于社会的精神财富，怎样评价那是人家的自由。有人乐意给你戴一顶草帽，有人乐意给你戴一顶礼帽，有人乐意给你戴一顶棒球帽。其实，这都无法遮盖那顶帽子下的真实面孔。

张延文：不错，有的评论家给你戴上了一顶现代主义写作和后现代主义写作的帽子。现代主义和后现代主义写作最初属于舶来的概念，我们中国社会的现代性尚未真正成型，后现代主义的元素也只是在局部范围呈现。在中国当前的社会语境下，真正意义的现代主义和后现代主义写作显然有点水土不服。一个好的作家，必然是立足于本土经验和本土意识的，也只有基于自身的文化传统的开放式写作才具备更为深远的价值。事实上，在你的作品当中，显然是深得东方文化的精髓的，只是你赋予了传统文明以现代的质素，或者说鲜活的生命经验。你的写作应该说是一种基于本土经验和本土意识的，同时又具备了超越精神的开放式写作，具体如何来命名你的写作，恐怕还需有一个逐步深入认识的过程。你是怎样看待这个现象的？

墨白：你说到了我小说的本质。其实我不止一次说过如下的观点：一个作家，无论他接受了多少外来的观念和叙事手法，最终他还要回到他熟悉的那片土地。所有的观念和方法都是为了表现他所处的社会的精神实质，为了表达他对所处世界的真实感受和发现。因为一个作家的情感和责任不可能从生他养他的土地分离开来，这样他的作品才能根植大地。至于怎样命名这样的写作，我想，随着批评的深入，批评家们最终能找到一顶合适的帽子来。

张延文：在一篇评论里，我曾经如此评价你的写作："墨白小说作品的语言、形式和思想，以及普遍的象征价值，都达到了中国当代文学引领者的境界。墨白以其恢宏的气魄和深刻的思想为中国当代文学带来了哲理的深度、介入的力度和世界的广度。墨白就是那个中国当代文学中的国家声音的发出者。墨白的小说艺术达到了世界水准，将成为诺贝尔文学奖得主的有力竞争者。"在我看来，你的作品如《光荣院》《民间使者》《重访锦城》，等等，都具备了经典作品的价值。但你的作品很少获奖，而且在海外的知名度和你的写作本身比较起来也不大相称。你觉得这其中的原因在哪里？是否因为推广宣传不够呢？

墨白：卡夫卡 1924 年临终的时候吩咐自己的朋友马克斯·布罗德[1]烧掉自己的手稿，而布罗德没有理会他的遗愿，出版了《审判》《城堡》和《美国》。布尔加科夫写于 1925 年的《狗心》，到了 1987 年才在大型刊物《旗》上发表，1943 年布尔加科夫去世，他写于 1928 至 1940 年间的《大师和玛格丽特》，在 1973 年才得以出版。在卡夫卡和布尔加科夫这里体现了文学的规律。文革时代家喻户晓的作品，现在的孩子还知道吗？沈从文在 20 世纪 80 年代以前默默无闻，从来没有入过正堂，可现在我们在谈及

① 马克斯·布罗德（1884 ~ 1968），出生于今捷克共和国的首都布拉格（当时属于奥匈帝国），犹太人。是弗兰茨·卡夫卡的终身挚友，是其遗作整理出版者和影响力推动者，著有《卡夫卡传》。除此之外，布罗德本人也是一位著作颇丰的作家和门类广泛的评论家。

现代文学的时候，恐怕没办法避开他。作品的传播是靠作品自身产生的力量。当然，眼下的媒体和网络的力量十分强大，如果你能上春晚演个小品，一夜之间能红遍天下。但话说回来，恐怕小说上春晚有些不太合适，哪怕是你搬出曹雪芹来，导演也未必买你的账。

张延文：中国社会经济的发展自20世纪80年代之后日新月异，经济规模已经超越了日本而雄踞世界第二，中国赶超美国成为第一大经济体也是早晚的事。但是，我们的文化发展好像并不理想。自20世纪80年代末以来，你的作品大量地见于包括《收获》《花城》《十月》《钟山》等重要的文学刊物，可以说你的作品充实了中国当代文学写作，是当代文坛的最重要的生力军。但是，你在物质、荣誉等方面得到的报酬却少得可怜。即使是在现代时期的中国，一个知名作家的一部小说获得的稿酬，就足以让其在北京买到一座院子。这种对比让我们必须正视我们这个时代到底是怎么了？是文化进步了，抑或是退步了？你是如何看待这个问题的呢？

墨白：在我们这个貌似重视文化和精神的时代，其实精神创造者所得到的价值和认可是不成正比的，尤其是小说创作。一个作家呕心沥血三两年写下一部长篇小说，能印上一两万册就不错了。就算一个作家有市场，能印上二十万册，你和人家年薪动辄几十万上百万的行业能比吗？如果鲁迅活着现在拿出《孔乙己》发表，不知道杂志社会给他开多少稿费，大不了几百文吧？既是发表，按照当下的游戏规则，也未必能获鲁迅文学奖。这是一个进入游戏状态和潜规则的时代，法律和体制显然是掩人耳目的。对精神创造认识不足，对精神创作普遍缺少尊重，社会的责任感已经丧失，整个社会都急功近利，缺少倾听不同声音的耐心。作家的责任，就是要通过他的作品让人们看到社会的本质，发出异样的声音。现在很少有人耐下心来倾听这种声音了。应该说，一个不愿倾听异样声音的社会是不健康的。

张延文：这是一个大众文化的时代，也是一个消费文化的时代，更是一个信息文化的时代，小说写作的作用越来越小了。文字作为冷媒介很难被大众接受，严肃写作更是面临阅读者群体日渐减少的趋势。你是如何理解自己的写作和所处身的时代文化的关系的？

墨白：你说的是事实，但有一种事实我们不能否认：我们每个人在小学、中学、大学的求学过程中，阅读过大量的小说。也就是说，在我们的精神成长的过程中，我们每个人都受过作家的引导。过去是这样，今后恐怕也是这样。我刚才说过，一个作家的写作，他是不能和自己所处的时代剥离开的，你身在其中，就和它有千丝万缕的关联。这种关联，当然包括文化。你不正视，那不现实。

张延文：汉语言文字是很难学习和掌握的，汉语的文学作品在海外的传播和接受情况一直不太理想，这也使得中国和海外的文化交流经常处于接近于单向度的状况。如何将你的优秀作品翻译到海外出版发行，并受到汉学家的关注，我想这是一个颇为紧迫和必要的问题。对此你是如何理解的呢？

墨白：我想，这不是一个写作者的责任。一个作家要做的是，静下心来写作。那么这是谁的问题呢？是社会的问题。中国的翻译界这些年来做了大量的翻译工作，我们可以从不同语种翻译过来人类最优秀的文学作品，让我们得以了解在我们语种之外的文学。话说回来，我们能翻译进来，同样也能翻译出去。只是我们的社会缺少这样的机制。

张延文：现实生活当中，熟悉你的人都能感受到你的温和、亲切，但在你的作品当中却充满了冷酷和焦灼，你的作品直指人心，痛彻骨髓。是什么造就了这样的反差？你的生命经验如何转换为艺术经验的？

墨白：我给你的印象，不等于我们身处的社会给你的印象。由于生命的终极，我们无法排解凄迷和孤独，无法排除人性丑陋的那一部分，其实，焦灼和冷酷在我们的生命里普遍存在，只是我们不敢面对和担当。有了体验，就渴望表达，这是规律。

张延文：你的作品充满了隐喻和象征，具备了复调的特征，阅读起来有一定的难度，需要读者运用创造性的想象才能进入其中。对于你的读者来说，你能否在这里为他们提供一些阅读你作品的某些进入的线索？或者说，你想跟你的读者随便说些什么呢？

墨白：一部好的小说就像世界杯的决赛，对这场决赛你可以有充满主观的想象和判断。而现实却是，在你从头到尾看完全场比赛之后，你的想象和判断却在比赛的过程发生了质的变化。阅读和看足球具有同样的性质，你只有静下心来阅读，并对它充满期待，才能在阅读的过程中体会到其中的妙处，从而得到收获。

小说的多维镜像

——墨白访谈录[①]

江　媛

时间：2011年2月18日上午

地点：喀什，橙街酒吧

墨白：去年春天，你去过我的家乡颍河镇，现在是冬季，我来到你的家乡喀什，来到你常常给我提起过的这家橙街酒吧，我有许多感触。

江媛：关于喀什，我肯定是要说的，我想我们有的是时间。因为我刚看您文集的电子文本，同样有许多想说的话，所以我想先谈谈您即将出版的文集。

墨白：这是目前我所创作的中篇小说的结集，共六卷，每卷分别以其中一部小说的题目为书名：《航行与梦想》《尖叫的碎片》《局部麻醉》《瞬间真实》《幽玄之门》《雨中的墓园》。

江媛：这套文集里，您为每一部小说都配了具有隐喻性质的题图，像凡·高、夏加尔、蒙克这些大师的作品所表达的主题，我认为直击了您小说的思想核心，象征了您小说里人物的生存和精神境遇。这样一来，它不仅使文字与绘画具有了一种孪生的隐喻效果，还赋予了文本更多的理解门径。在每本书的排选和构成上，您是怎样考虑的？

墨白：每辑大致收入六至七部中篇小说，之所以收在一块儿，是偏重于小说的时代背景，或者相同的地域关系。比如《雨中的墓园》，收入的小说大多与我对历史的理解有关；比如《局部麻醉》，小说的背景大多是颍河镇。在

①原载《时代文学》2012年第3期。

每册的后面，同时收入一篇评论文章和一篇后记，加上题图，这样每部文集就构成了独特的阅读结构：一是题图，是对小说的隐喻和象征，用来营造阅读的现场感；二是小说的叙事文本，也就是小说内容所涵盖的人类精神世界和世俗生活，是等待阅读的主体；三是批评家的立场，这些文章不但记录了不同的阅读声音，而且提供了认识小说文本的多种途径；最后是后记，这一部分是小说家创作之后再阅读的思想体验，同时阐释小说家的写作立场。

江媛：我明白，您想通过这套文集为人们提供一个多意的阅读版本，为人们提供一种认识自身和自身所处世界的方法。由此可见，您是想告诉人们：任何生命个体都生活在不同的困境之中，当社会无法提升到普遍的仁爱和平等状态的时候，个人缺少遁逃困境的方法和路径。处在这种困境之中的个人，应如何保持独立的思维，减轻从众的盲目性所带来的精神危机和肉体的沉沦？

墨白：阅读者和小说家是一对同谋。小说家在自己创造的文本中再现社会的本质和生活的真相，他把痛苦、孤独、寂寞、不安、焦虑、阴谋、苦难、压抑、茫然，甚至快乐、幸福、希望、仁爱、平等等等这些，都根植在他的文字中，同时，他把所有能离开这些或者进入这些的路径，也都修建在他的文字当中，阅读者想得到这些，只有通过阅读本身，通过对小说文本的感悟和思考来完成。

江媛：《雨中的墓园》一辑收入的大都属于历史小说，历史总是紧紧地跟在生活的身后，所以，在不同阶段的中国人，就生活在不同的历史状态下，并常常回过头来要为自己经历过的生活进行定义。您关于历史的小说让我们认识到，现在我们所看到的历史，是已经被断章取义或者本质已经被篡改的历史，也就是说，这样的历史现状已经无法为人们混乱的价值观提供准则，您是不是想要告诉人们，这样的历史现状已经影响了我们的现实？

墨白：在我们的现实状况里，发生在20世纪之中的一些历史事件被封锁起来，而另外一些充满了主观性的历史却被拿出来放大。我们常常自行运用一种实用主义的历史观，来催生一种实用主义文化，民主的灵魂已经离开了我们这个民族只迷恋物质的躯壳。所以，不同的历史观会为现实生活带来不同的结果，也就是说历史观能深刻地影响和决定社会的现实。由于人类的主观性，历史常常遭受着被篡改的命运，而历史的编撰工作，往往由某个朝代的最高统治者来组织进行，这样一来，历史就成了服务于政治的工具。在历史沦为统治者的统治工具之后，其断章取义或者经过加工粉饰后的历史，已经失去了原有的本质，对于一个民族来说，这是一件悲哀的事情。我之所以写一些关于历史的小说，是想借助小说来揭示历史被不断篡改的事实，进而提示读者，保持个人对历史的独立认识的民间立场的重要性。我想通过小说来阐释现实与历史的关系，以及人类看待历史的方法。即使是我们不能面对历史的真实，最起码也要真诚地面对自身的生命经历，来为我们自己置身于世界获得一种独立性的判断和思考。

江媛：你的这种观念被浓缩在《同胞》《霍乱》《雨中的墓园》等此类小说中，让我们看到社会所培育出来的人性的恶瘤，以及价值观念混乱的社会秩序，而恰恰是这些，给个人命运尤其是底层人物的命运造成了毁灭性的打击。您在这里阐释了我们确知的历史和被篡改的历史，而后一种历史对人们的渗透和影响强于前者。这种状况主要决定于人文环境的透明程度，在单一的服务于单一群体的文化占据主导地位的时代，多元文化的声音势必被禁锢。在这样的状况下，我们渴望听到发自内心深处的声音。您的小说让我们感到安慰，你来自内心深处的声音的强度令我震惊，是什么力量支持您发出这种异样的声音？

墨白：我遵从自己内心的事实，也尊重我小说里每一个人物灵魂的真实。只有真实的内心，才能穿透欺骗、暴力以及权势的重重阻碍，帮助人们回归到认识生活的本原立场上来。

江媛：你在《兽医、屠夫和牛》[1]这篇小说中，采用了一种人与动物是非倒置的叙事方法，那头被人类不断剥夺生存甚至交配权的公牛，最终不得不开口说话，并对人类的行为进行着人性的定义，面对人类人性的整体丧失，你为什么把人性赋予一头牛？

墨白：我想以此实现批判的强度和反讽的力度，警醒人们在人性丧失的时刻，要听到痛苦的击打声。由于现实生活中普遍的实用主义历史观和价值观，我们人类自己不断地给自己带来毁灭性的灾难。在20世纪的经历中，有一些历史我们不愿意回首，其实就是不肯接受治疗，这种讳疾忌医的行为，只能把疾病暂时掩埋在我们的肉体深处，而一旦聚集到一定的阶段，爆发的强度和破坏的力度将令人无法想象。

江媛：这种被人性扭曲所造成的毁灭景象，我在您的《风车》里有过深切的感受。不错，出于实用主义历史观，让我们成为了一个常常回避历史，丧失了真正历史镜鉴的民族，这种回避的根本原因是什么？

墨白：其实你已经作了解答，那就是实用主义历史观。这种历史观，已经让我们的社会陷入了人人自危的境地，在这个社会里，你再也无法听见能够修正自己行为的声音。我们常说，良药苦口利于病，可如今我们的社会却畏惧苦口，盛行的是遮掩疾病，认为这样就得到了解脱。我们清楚，如此蒙蔽只能使得疾病加重。

江媛：这一现象，完全可以套用到您的小说《风车》中的理论家的身上，他的那一套理论，最终把人民公社烧得荡然无存。

墨白：匈牙利作家乔治·康拉德[2]在其著作《民主的哲

①《兽医、屠夫和牛》，原载《清明》1989年第3期（发表时题为《牛》）。

②乔治·康拉德（1933～），匈牙利著名小说家、随笔作家。1973年因与官方发生冲突而失去工作，后出国，1990年当选为国际笔会主席。主要作品有小说《社会工作者》《失败者》等。

学》中说："社会公平、透明的原则达到何种程度，是衡量这个社会文明程度的标志。"由此看来，只有社会公平、透明的原则达到一定的程度，人们才有勇气不回避自己造就的历史，才敢于有勇气治疗自己人性的痼疾。

江媛：打个比方：如果说，我们中国的历史有10%的可信度和有40%的可信度，那会产生如何的不同？

墨白：米哈耶罗·米哈耶罗夫[①]在《谎言王国的现象学》中进行了这样深刻的阐述："对极权的渴望，是这种意识形态的根本内驱力。然而，既然不可能控制精神世界，它于是就不遗余力摧毁一切精神生活，再用虚构的东西填补空白的精神世界，这样既可以控制人们的精神世界，虚构的本身也成了奴役的工具……当然，真实历史不会因为人们不能掌控已经发生的事实进而想废掉就能被废掉。但是，虚构的历史却足以导致精神奴役。这么说来，意识形态在所有精神生活领域虚构的东西并不是要引导人从这一角度思考，而是要让人压根儿就不思考。"毫无疑问，历史的可信度越弱，造成人们受到愚弄后的麻木程度就越强，进而能使我们的价值观出现一种摇摆不定的混乱。这种摇摆不定的价值观，常常导致人们的行为出现偏离人性而步入兽性。《迷失者》中的赵东方就是最好的例子，他企图毁灭掉自己成长的历史，这种行为在中国的社会生活中十分普遍。而这种行为，时常会得出杀父弑君的结果。假如我们看到的中国历史有40%的可信度，那么这种情况就会有所好转，更多的历史真相，将会给人们提供判断自己行为的准则。然而，现在的情景却不容乐观，赵东方的行为就是对现实的隐喻。回避历史或者扭曲历史的结果，造成了历史传承的断裂，其结果就是促成了权利对人们的精神奴役，以及人们获得权利后行为的放肆和不计后果。

江媛：不错，正是我们生活中这类为所欲为的行为，给生活在底层的人们带来了苦难，这种苦难，您通过

①米哈耶罗·米哈耶罗夫（1934～），南斯拉夫学者、翻译家，20世纪70年代因反对铁托政权而多次被捕，后移居美国。其主要著作有《俄罗斯主题》《地下手记》《暴政与自由》等。

《幽玄之门》中粪堆一家人的苦难心灵和凄惨命运，让我们有了深刻的感触。《局部麻醉》也是这样一部探索人类精神痛苦的小说。我读《局部麻醉》，从中看到两个主题：一是在生存困境的包围迫压之下所引起的精神绝境，二是远离精神的饥饿的肉欲。每当白帆被阴狠的官场规则逼到绝境的时刻，他妻子饥饿的肉欲几乎在同时围攻上来，白帆在双重力量的摧毁之下，已经无路可逃。选辑在《局部麻醉》里的小说，表现出您深切关注人类苦难的写作姿态，针对这部小说集，您所理解的写作应该是怎样的？

墨白：无论世风怎样变化，真正的写作者的独立人格都不会被权势所奴役，他们自由的灵魂都不会被金钱所污染。他们写作的力量来自他们的心灵深处。对自己行为的忏悔与反省、对媚俗的反抗、对社会病态的揭示、对人间苦难和弱者的同情、对人类精神痛苦与道德焦虑的关注，等等，这些因素构成了他们写作的姿态。同时，真正的写作者应该对旧有的文学叙事充满反叛精神、对惰性的传统阅读习惯具有挑战意识，他们的写作充满了想象和创造的激情。他们的写作是在为人类认识自己和世界提供一个新的途径。

江媛：应该说，收在《局部麻醉》里的《光荣院》《白色病室》《讨债者》《迷失者》《七步诗》等，都体现了您写作的精神实质。在我阅读《迷失者》的时刻，还意外地分享到一种饱含泪水的冷幽默。这部小说让我想起了“文革”中打倒孔家店的运动，我想每一个受到儒家文化熏陶的中国人，同您小说当中的赵东方一起，共同制造了十年“文革”，如果我们反观自己就会发现，我们都是那场浩劫的参与者和同谋，或者说，“文革”是中国人心灵共同分娩出的怪物，这正如斯坦尼斯罗·巴兰察克[①]在《绝对的地平线》中所叙述的那样：“存在的秩序”的力量，它通过每一个个体的责任行为得到证实和增强。我现在感兴趣的是，

①斯坦尼斯罗·巴兰察克（1946～），波兰诗人、翻译家，1965年开始发表诗歌和评论，成为波兰“新浪潮”诗歌领袖，1981年流亡国外，任教于美国哈佛大学。作品有诗集《身体的重量》，评论《逃出乌托邦》《在水下呼吸》等。

《迷失者》这部小说，和20世纪中国发生的一系列政治运动，是否有着一种看不见的精神联系？或者说是否来源于同一个隐喻的母体？

墨白：发生在20世纪中国的政治运动，就是维护极权的体现。为了维护这种极权才导致了一系列的政治运动。其实，权力对个人行为和心理的异化，在我们的现实生活中仍然普遍存在。之所以会催生这种现象，原因是权力缺乏监督。缺少监督的权力就会奴役整个社会，促成社会对权力的无条件服从的现实。由于对权力缺乏监督，权利的获得者的行为得不到法制的规范，从而培养了整个社会的官本位的价值观，即对权力的向往和不择手段的获取，导致个人欲望的不断膨胀。《迷失者》中的赵东方就是由权力而产生的个人欲望的膨胀者，在他那里，我们看到了一个混淆是非失去公正的现实。

江媛：《迷失者》同“打倒孔家店”的实质一样，是一种对旧有历史和文化的盲目颠覆，这种盲目颠覆的深层根源，就是实用主义。即对我有用，我就拿来，对我无用，我就毁弃。一个官本位的社会，必然导致这个社会的一切历史均要经过政权部门的筛选，并要求一切服务于这种由政治选择的主流意识形态，这样就远离了大众民意。在远离了大众的主流意识形态的土壤里，只能生长服务于主流意识形态的文化、伦理和观念。应该说，这种现实是我们中国人自己造就的，因为在这个问题上我们都是失语者，我们没有发出异样的声音，这就造成了一个民族的悲哀，是我们自己培养了一种丧失人性的主流意识形态，就像刚才说的，我们每一个人都是同谋。

墨白：因此，要想从根本上改变中国人的精神面貌，首先就要具备多元文化和多元意识形态的生存土壤，否则我们在精神上会产生深度贫血，会导致我们沉陷在一种蝇营狗苟的生活目标上，形成一种唯利是图的社会面貌，“天下熙熙皆为利来，天下攘攘皆为利往”，人们为了利益不仅颠倒是非，而且还亲人反目、兄弟相残，我们会为自己营造出一个失去公正，人人感受不到幸福的社会，我说这些绝不是耸人听闻。

江媛：不错，您在《七步诗》中就讲述了这种人类只迷恋物质的外壳，而丧失灵魂之后的不幸生活。现在来说说您的《航行与梦想》，如果我没有记错，这部小说集汇辑了《寻找旧书的主人》《重访锦城》《错误之境》《航行与梦想》四部有关两性关系的小说。我想知道，在生存困境和精神困境的双重包围之下，两性关系出现了怎样的异化？灵魂与肉体又将出现怎样的割裂？奔突于感情纠结中的男女，该怎样面对自己的困境，不让情感形成捆缚对方的绳索，而让情感生活成为双方的一种磨炼抑或经历？

墨白：你的话题过于密集，让我一时难以找到切入点，两性关系的异化、灵魂与肉体的割裂、情感的困境、捆缚的绳索、成长的磨砺，每一个话题都是人类精神层次的命题。其实，世界上就两个人，一个是男人，一个是女人，有男人和女人的世界，就有两性关系，两性关系就是我们的日常生活，就是我们的生命，我们每一个生活在世上的人都无法躲避，这是很正常的。英国理论物理学家史蒂芬·霍金[①]说："人类遗传密码中携带着自私与侵略的本能。"人类的这种本能是构成我们现在所处环境的根本，人类需要进步，需要文明，就制定规则来约束自己。当自然的人性受到约束时，就会往外奔突。不同的价值观念，不同的人文环境就会出现不同形态的奔突姿势。由于人类的不同社会环境和文化背景，对待两性关系的态度和处理方式就千差万别。每个人都有每个人的爱情观和价值观，况且两性关系是人类最隐秘的行为，是私密的领域。所以，没有谁能为处在因两性关系而产生的困境里的男女开出药方来，想认识两性关系的异化和割裂形成的原因，想走出困境或

①史蒂芬·霍金（1942～），英国剑桥大学应用数学数及理论物理学系教授，当代最重要的广义相对论和宇宙论家，是继爱因斯坦之后世界上最著名的科学思想家和最杰出的理论物理学家。

者割开捆绑自己的绳索，只有依靠当事者本人，别人真的无能为力。我本人认识与感悟两性关系的最好途径，就是置身于生活现实之中的洞察与阅读，也就是对小说的阅读。也许只有文学，才能真正抵达人类的内心深处。

江媛：像福克纳创造了约克纳帕塔法，马尔克斯创造了马孔多一样，您在众多小说中也为我们创造了一个颍河镇，而让我感到意外的是，上面我们说到的这些反映两性关系的小说里的事件，均发生在颍河镇以外，把有关两性关系的小说置放在颍河镇之外，是否暗示着当个人处于梦想与现实的紧张关系中，个人为了获得精神自由，不得不进行的一次次去往他乡的精神流浪？

墨白：人类貌似强大，但具体到人类的个体，我们的内心都是非常孤独和脆弱的。由于个体要面对生命的终极，在无法超越的现实中，只有两性关系能使我们产生美好的梦想。婚姻是体现人类两性关系中最重要的一环，却常常被我们的梦想排除在外，而我们两性关系的悲欢离合大多又发生在婚姻之外。这些不正当的男女关系，被我们的法律和伦理道德视为丑陋的行为。这样一来，那些被世俗观念所围困的灵魂的飞翔，就变得有些悲壮，而这悲壮却最能切入到人性的本质，也最能减弱一个民族的精神异化程度。我们是人类的一员，我们渴望生命和精神的自由，而自由是需要付出代价的，甚至是沉重的代价。一个人的流浪，一个人的精神流浪，最深刻地隐喻了我们为了追求精神自由所经历的痛苦和获得的幸福。

江媛：《重访锦城》中主人公谭渔重访锦城，来看望曾经和他相爱过的女人，结果他的爱人死去，一切都因记忆的再现让谭渔经历着精神上的重创，这部小说似乎讲述了主人公沿着记忆之路，走回到现实生活中，梦想最终破碎的故事。主人公想通过记忆找到昔日的恋情，现实却击碎了他记忆中的恋人。还有您的《错误之境》里关于记忆与现实的故事，您是否在告诉我们，记忆和现实构成了一种极端冲突的关系？

墨白：我们每一个人的现实，都是借助或者依靠记忆来支撑的，记忆在某种程度上，构成了我们生活的内容和精神主体，我们依靠记忆来判断现实，只有当现实生活和记忆发生错位的时候，才构成了你说的冲突，这是生活的本质。

江媛：在您的小说中，感情生活一旦落入现实，就像《错误之境》之中的结局一样，情感不仅被种种阴谋消解，甚至因爱而生成仇恨？

墨白：这仍然和我们所处的现实有关。你看，我们20世纪所经历的就是你死我活的斗争，要么你是人我就是鬼，要么你是鬼我是人，人性在政治权力的争夺中明目张胆地被阶级斗争观所粉碎。当人与人的敌对社会被争权夺利的实用主义价值观代替后，人性中最为脆弱的爱情，仍然没法逃离因爱不成而产生仇恨的境地。

江媛：在您关于两性关系的小说中，几乎每一个主人公都不遗余力地寻找着自己的感情归宿，一旦他们将内心的爱的形象附着在现实生活中的形象上，他渴望的情爱生活立即被消解得片瓦难存。在情爱生活方面，中国人难道是个孤儿？究竟是什么导致了两性追求幸福的悲剧？处于这种境遇之下的男女，又将如何消解这种悲剧的折磨强度？

墨白：在无力改变社会现实的前提之下，两性只有宽容和理解才能消解这种悲剧。而我们这个民族恰恰缺少的就是宽容和理解，缺少对社会责任的担当。我们中国人所关心的只是自己的家人，或者和自己有血缘关系的人，当我们面对人类的苦难和灾难的时候，往往是事不关己，高高挂起，这是一种家庭式的建立在血缘关系上的价值观。而爱情所面对的对象，恰恰被排除在血缘关系之外。这就是我们所处的文化，看似充满亲情，但它的本质却是冷漠，是对我们所处社会的冷漠。我们需要的是建立在理性上的，而非血缘关系上的价值观，我们需要培养对社会的责任心，担当起我们自己应该担当的义务。

江媛：您的《尖叫的碎片》里收入了《隔壁的声音》，这部小说讲述了主人公“我”寻找亲人的一种不同寻常的经历，这种个人对亲缘关系的珍惜，是否反映出当个人身陷困境的时候，亲缘关系对支撑个人生存的重要性？

墨白：在以往我们经历的现实中，政治上的一个小小打击，就能毁掉一个人的一生，问题严重一点的，就会株连九族。我们中国的历史历来如此。当个人被他所处的社会抛弃之后，出于生存和情感上的需要，个人就会不自觉地从亲缘关系中，获得某种无形或有形的精神或物质的依仗。中国人大多重视亲戚关系，这是因为在社会无法给个人提供某种可靠的保障时，人们就需要凝聚亲缘关系的力量，来维系某种个人生存的可靠保障。久而久之，就构成了上面我们说过的建立在血缘关系之上的价值观，这种有害的价值观在我们中国根深蒂固，所以，我们人为的精神灾难、生活灾难从来没有停息过。

江媛：在《真实真相》里，从农村来到城市打工的来喜偶然目睹了一场杀人案件。事过之后，一些不在场的人却在叙述案件的发生过程，而无人相信案件的真正目击者的陈述，随着越来越多的人对案件过程的叙述，作为案件目击证人的来喜，开始对自己的亲眼所见逐渐发生了怀疑。案件由于他人铺天盖地的言论而日益远离真实，并瓦解了案件目击者的陈述。如今，相信什么样的言论和选择什么言论，常常将人们置于将信将疑的两难选择之中，自由言论的环境，似乎从未来到过我们中间，接受过滤后的言论几乎构成了当下人们的视听生活。这种公共视听，时常导致盲目的行为和盲目的言论，并把事实真相深埋进舆论的尘土之下，给人们制造出种种人为的错误声音。这种由言论反观出的普遍现象，反映出人们强大的淹没事实真相的无意识的愚昧。

墨白：这种愚昧的本质，就是个人的生命权利一再被剥夺并得不到尊重的现实。

江媛：不错，这样一种人人都要表达和宣泄的状态，恰恰反映了个体权利一再被剥夺并得不到尊重的这样一种社会现实，因此，个体不得不服从社会主导舆论的筛选。让我们感到不安的是，这种对舆论的目的性筛选，只能由拥有话语权的人来进行，正是这种话语霸权筛选出的舆论，把人们带入远离事实真相的境地。我想请您告诉我，导致这样一种畸形的话语氛围的社会根源是什么？当所有的舌头都出来扭曲事实，所有事件都经过含有强烈目的性的再加工之后，个人如何保持独立的判断并保持自己的声音？

墨白：你问题的尖锐性让我无从应对，但有一个事实我们应该注意到，那就是，我们是一个处处讲面子的民族，同时也是一个对普通人缺少尊重的民族。我们的面子建立在虚荣心之上，这正是我们许多苦难所产生的根本。有了这种虚荣心，真理就丧失了生存的土壤，面子成为了我们生活中处处不在的可怕的习惯。有了这种习惯势力，在现实的日常生活中，那些有了权力的人，那些手里有了金钱的人，还有我们这些自认为读过一些书的人，往往都觉得自己比别人高明，觉得自己高人一等。我们一生的努力，都是为了光宗耀祖，我们所做的一切都是为了抬高自己，为了获得别人的认知。而可怕的是，在这个过程中我们又无视他人的存在。我们有一个词，叫衣锦还乡，就十分恰当地形容了我们在拥有了高人一等的资本之后得意忘形的神态。如果我们放在平等仁爱和人的尊严的天平上来衡量，你会看到这个词有多么的丑陋。我们因面子而贪婪，我们因面子丧失自己的精神，我们因面子而丧失了坚持真理的勇气。如果能在这种环境中发出自己的声音，真的是十分可贵，但是小说家只提出社会问题，至于个体生命怎样保持自己独立的声音，那就因人而异了，这需要人类的良知和社会的道义来支撑。从《事实真相》这样的小说里我们可以感受到，我们缺乏的并不是智慧，而是纯正的精神品质，缺少面对现实生活的勇气。

江媛：前不久，凤凰卫视的一期《铿锵三人行》的节目，描述了这样一种事实：进入上海世博园，人人都要排队，为此，有人开玩笑说：上海世博会，让每个中国人实现了进入大门的平等，这让普通百姓感觉非常痛快，但那些诸如局长处长之类的基层干部却牢骚满腹，因为要想不排队进入世博园，就必须经过市长特批。

墨白：特权还是存在，为什么还市长特批呢？

江媛：不错。这样一来，那些够不上市长特批的阶层就感到很不习惯。这件事给我留下深刻印象：当中国人面对一种由国际力量促成的平等机会的时候，某些人不是由衷的高兴，而是为自己无法施展特权而愤怒。面对这一现象，我想起了权力的自我膨胀问题，一个本来十分正常的中国人，一旦手中获得了一定的权利，他就一定会把这种权利运用到极致，以显示自己高人一等。我觉得，正是观念深处的不平等，才致使社会纵容了特权的无限膨胀，哪怕是一个平凡的人，也都做着想拥有特权的梦想。您小说里就有许多这类人物，比如《胡言乱语》[①]中的父亲和儿子。您能从深层谈谈导致这种权利的自我膨胀的根源，究竟是来自社会体制，还是来自人们观念深处的奴性和官本位思想？

墨白：《胡言乱语》讲述了我们所处社会的一个普遍现象，也提出了一个中国社会无法回避的问题。小说中的父亲对儿子这样说："你就是见天倒尿盆子，也是在省委干事呀！孩子乖，难道这个你就不懂？你没看现在镇里的张书记给我说话时的眼神都变了吗？你知道税收这个月给我们要多少？六百！我说这几个月的生意不好，他们一下子就少收了两百，为的啥？就因为你到省委去了！"我之所以引用这段话，一是可能回答了你的问题，二是它可能

① 《胡言乱语》，原载《芙蓉》2009 年第 6 期。

入骨三分地刻画了渗透在我们中国人思想里的权力意识。

江媛：不错，我们由此也能看出中国人心灵深处的异化程度：对权力的向往，经过不遗余力地攫取到权力的专横跋扈以及在丧失权利之后那不堪一击的脆弱灵魂。您小说里这对孪生的主题，深刻地象征着中国人的精神困境。

墨白：这就是我们的生活现实。

江媛：您的许多小说都揭示了隐喻和现实生活的相互关系，比如《事实真相》《迷失者》《幽玄之门》《风车》《尖叫的碎片》这些小说里所形成的不同本质的隐喻，都来源于现实生活这个母体，《风车》是对大跃进僵化的政治背景所进行的隐喻，《幽玄之门》是对人民公社时期，被束缚在土地上农民悲惨生活的隐喻，而《迷失者》则是对文革盲目破坏和否定的隐喻，《尖叫的碎片》则是对精神痛苦的隐喻。由此看来，隐喻绝不是作家自行捏造出来的，它是小说家对现实生活高度提炼的成果。如果说文字构成了小说的血肉，那么隐喻则直抵小说的思想核心。我对您小说中隐喻手法的运用，理解的是否准确？隐喻与小说的整体构成一种怎样的联系？

墨白：你的理解让我欣慰。在小说里，作家所描述的事件穿透生活本质的时候，隐喻就产生了。比如卡夫卡的《城堡》，K面对那个没法进入的城堡，却仍然痴心进行着种种进入的努力，现实中这样的事情太多，于是无法进入的城堡就构成了隐喻。赫拉巴尔的《过于喧嚣的孤独》中的主人公终年从事着处理废纸的工作，最后他把自己当成废纸打进了纸包。这就是对现实生活的隐喻。隐喻依随在小说的叙事文本之中，血肉相连，不可分割。

江媛：您小说里的人物命运有似曾目击的真实，比如《俄式别墅》中的情感经历，《告密者》中两个女人为解救丈夫的奔走劳碌，《讨债者》中农民讨要货钱的无望，这一切都给我一种置身于现场的感觉，您能否从不同的层面谈一谈，当小说对现实生活进行处理时，应该怎样叙事？

墨白：小说的叙事有着非常复杂的成分。旧有的叙事观念是要讲一个故事，其实，小说最重要的叙事手法是由叙事所构成的悬念。小说的叙事悬念是由叙事的语感、人物的情绪、事件的象征、主题的隐喻、叙事结构以及小说人物的命运等多种叙事元素构成的，我们平常说的故事，在现代小说叙事里只是构成小说叙事的一个基本元素，而小说的悬念是由像故事这样的多种元素所构成的。充满悬念的叙事是建立在对时间和记忆的认识之上的。对时间和记忆的认识，我在文集里的后记里已经作了阐述。

江媛：在你的小说中有两篇小说常常令我感念不已，它们是《母亲的信仰》和《父亲的黄昏》，幼年时期在父亲身陷囹圄的那些日子里，母亲不仅独自支撑起全家人的生活也支撑起父亲的精神，这是我从小说里读到的浓情厚意。我觉得你身上具有很多小说里母亲身上的特质，比如坚强和勤奋，当然还有与命运抗争的倔强。我甚至觉得母亲对你的影响遍及您的血肉和灵魂？您是否能谈谈母亲和父亲对你的人生及写作之路的影响？

墨白：这应该是一个单独的话题，关于这个话题的文字会有无限的长度。父亲和母亲给我血肉之躯，也给我了做人的原则，那就是勤劳和真诚。父母对我人生的影响无法用文字来表达，只能感悟。父母的教诲至今仍然是我生活的指南。

江媛：我记得有位作家曾经这样说："一个作家无论经历什么，只要他（她）能够活下来，这一切对他都有着非比寻常的意义。"索尔仁尼琴因为流放生活写出了《古拉格群岛》，他因对精神苦难的揭示而焕发光芒。小说的思想力量往往来自作家的经历和磨难，因此被现实的苦难和困境所逼迫出来的小说，具有无可比拟的思想深度和对人类苦难的深切体会，同时，这也是你的小说具有震撼人心效果的秘密。这些小说与那些闭门造出来的小说相比，具有日久弥深的感染力，因此要想真正了解一个作家，你首选要了解他究竟经历过什么，他对生活的观察是否能够达到细致入微的程度，他是否具备平等、自由、仁爱的立场。您是否能告诉我一个秘密：每当您回顾自身的经历的时候，为何总是热泪盈眶？

墨白：这让我突然想起了你的两句诗："自由身处在苦难的囚笼里，依旧为光明和爱情而歌唱。"可是，你上面涉及的仍然是一个复杂到难以应对的话题。为何流泪？首先是感动，是你所面对的事实真切地感动了你。对于一个作家来说，你的作品就是你的命运，是你无法躲避的命运。除去小说叙事，一个作家最重要的就是要真诚地面对自我，真诚地面对社会。当你真诚地面对我们正在生活着的世界时，面对那些充满苦难的生命个体时，你无法不热泪盈眶。所以，我一直在写作，写那些能让我热泪盈眶的人和事，并努力做着我认为有价值和有意义的事情。

江媛：以上和您交谈的是一些我自己比较感兴趣的话题，历史观、人类的苦难和痛苦、叙事和隐喻、两性关系、记忆与时间，人的尊严、人性的异化等等这些，应该说，您的小说是一个复杂的混合体。我们看到，不同的评论家在读您的小说时会发现不同的层面，比如叙事学，评论家们会说到您小说的文本建构及其叙事迷官、文本的荒诞性、象征性、隐喻性、对叙事语言的探索、形式与伦理的关系、民间叙事与诗学记忆，等等；在说到您小说的社会学时，他们论及的是精神疾病、对"文革"的反思、城乡二元对立、对国民性的批判，对人类生存困境和精神苦难的剖析，等等；在说到您小说的精神层次的时候，涉及的是生命的神秘性、人生的游离性、命运的偶然性、人生意义的寻找、现实即梦境、对自我的审判，以及底层人物的失语、自卑、梦游等精神特征。我在这里还是想再提出您小说里的颍河镇，可能这是评论家关注最多的美学话题，但我还是想了解一下，颍河镇与您小说所反映的社会现实有着怎样的关系？

墨白：是缩影，我们所处社会的缩影。

江媛：完了？

墨白：完了。

江媛：真不公平，我说了这么多，你一句话就完了。

墨白：我该说的已经都在小说里说过了，再说就会使人厌烦了。

江媛：好吧。现在，我真心谢谢您回答了我这么多令人倍感困惑的问题，同时祝福您：祝福您的小说走入人们的精神世界和心灵深处，而不是走入世俗的深处。最后，再次感谢您满足了我长期以来对于您小说和您本人的好奇心。

墨白：那么喀什呢，我们什么时候说说喀什？

江媛：喀什要说，我先领你到处走走，偎儴偎儴（维语玩一玩），然后再说。现在我领你去买买提小吃店，这家的烤包子皮薄，肉嫩，一咬满口香。

墨白：在哪？

江媛：在大巴扎西面，我们要先穿过人民广场。

叙事的核心：时间与记忆

——墨白访谈录①

苗梅玲②

时间：2012年1月16日上午

地点：墨白的书房

这个访谈最初约在15日的上午，但因我工作上的一个突发事件，不得不改到16日。就在去墨白老师家的路上，我依然不断的电话联系处理工作。临近春节，路上堵车严重，在拥挤的路途中我整理着思绪，极力地想找一条线把计划中对墨白老师的访谈内容连贯起来。我努力地从生活的烦恼和琐碎中逃离，奔去一方净土——墨白老师的书房。当我终于迈进墨白老师的书房，我做了一个深呼吸，心境才真正由喧嚣慢慢地归于平静。

苗梅玲：墨白老师，快过年了，您一定很忙吧？

墨白：不忙，写点东西。

苗梅玲：您在写什么？

墨白：一部名叫《我们……》的小说，这是一部由许多大约都在两千字的短篇小说结构而成的书，叙事者的第一人称不是我，是我们。

苗梅玲：哦，独特的叙事视角。

墨白：这些小说大都有一个历史事件作为背景，一些在日常生活中常常被我们谈论起的历史事件。比如刘少奇的死、遇罗克③被枪杀、“信阳事件”，等等。

①原载《东京文学》2012年第2期。

②苗梅玲（1978～），女，山西榆社人，现旅居加拿大。

③遇罗克（1942～1970），出生于北京。遇罗克因在1966年的“文革”中写下了著名的《出身论》而遭厄运，被判处死刑，于1970年5月3日，在首都体育场被执行枪决。

苗梅玲：是呀，在现实生活中，有的是在私下才能议论的话题。

墨白：但作家有责任把这些形成文字，用文学的形式来表达对历史事件的认识和观点。比如关于刘少奇死亡的这篇小说，我选择了一个当年看护过他的女护士，作为叙事的切入点，地点是开封龙亭公园的潘、杨湖边。在现实的生活场景下，展现我们与历史的关系。小说中偶尔路过的两个听故事的年轻人好奇地听她讲述，最后得出的结论却是，她是个神经病。这是非常可怕的事，年轻一代已经不关心我们民族像“文革”这样曾经的灾难。为什么会这样？这就是我们不敢正视历史的恶果。如果这样下去，我们的后代仍然生活在虚假的历史中。长期以来，我们大多时候都生活在谎言里，这是一个基本的事实。1958 年就是最有说服力的例子。我们虚伪地给大跃进命名为浮夸风，什么浮夸风？那就是谎言！1958 年，亩产小麦七千多斤，水稻亩产四万八，南瓜亩产二十万斤，一只母猪能产六十四只小猪仔，这些都是当时的《人民日报》《河南日报》登出来的。谎言横行天下！难道我们不知道是谎言吗？肯定知道，明明知道是谎言，为什么又努力地使谎言变成现实呢？为什么又对这样的历史保持默认呢？

苗梅玲：实际，这谎言就是我们自己制造出来的，我们都参与了谎言的构建。

墨白：所以埃科说，人民是罪恶的帮凶。当然这种现象的产生是有根源的，这根源就是皇权，是常常被我们许多人引为自豪的一些传统，君君臣臣父父子子。我们所有人思考问题不是从自己的实际出发，而是往上看。我们传统文化的核心就是不提倡人的独立精神，这是我们致命的问题。

苗梅玲：前几天我在读利季娅[①]的作品，她在《被作协开除记》里说到谎言的危害，感触很深。她说谎言对社会

①利季娅·丘可夫斯卡娅（1907 ~ 1996），俄罗斯女作家、文学批评家，主要著作有小说《索菲娅·彼得罗夫娜》，回忆录《被作协开除记》等。

毒害的程度，只有军队使用的毒瓦斯可以相比。谎言就是产生悲剧的根源，也是产生恐惧的根源。我们自己制造谎言，而谎言又反过来影响我们每一个人的生活。比如你刚才说的“信阳事件”。

墨白：你说的不错。有一个人叫余德鸿，他是“信阳事件”的当事人，他在一篇文章里透露：据保守数字，“信阳事件”中饿死的人大约有一百五十万。这一百五十万人就是谎言的受害者，而没有被饿死得以生存的人，接下来都生活在由自己制造的谎言所产生的恐惧里，没完没了的阶级斗争，没完没了的政治运动，当时所有的中国人都生活在因谎言而产生的恐惧之中。其实，我们现在应该清醒地意识到，谎言在我们的现实生活中，仍然普遍存在着。在你来之前，我接到一个朋友的短信，内容是这样的：“人民大学一个教授自杀，遗言被改成：我工作很好，单位很满意。而他生前的文章写道，我与其蝇营狗苟，不如尊严的死去。一个人用死也挣不到说真话的权利。”这就是我们的现实，谎言就在我们的生活里，我们每天都要面对。这就是我在小说中所涉及的问题，所以文学有责任让人们觉醒，有责任让人认识到现实中所存在的问题。

苗梅玲：所以评论家们普遍认为，您的写作是有担当的写作，您正在创作中的这部小说，就说明了这一点。您是准备用怎样的叙事语言，来完成这部小说的写作？还是您有着很强的节奏感的长句子吗？在小说里，你是如何把握叙事语言的？

墨白：这是一个很棘手的话题。每当想把一个问题表述清楚的时候，我总是有些无所适从。不过我前一段写过一篇文章，专门谈到了小说的语言。文章在电脑里，我们来看一看。在这儿，你看。我说小说是虚构的艺术，但这种虚构是由语言来呈现的，所以小说的第一要素不是结构或故事，而是语言。小说的存在就是语言的存在，是由语言呈现的现实。无论是虚构与现实、想象与记忆，这一切都是由语言构成的。所以语言就是形式，小说的任何文本形式，都是由语言开始和呈现的。我还说，语言是人类生活和精神的容器，但并不是人类所有的语言都具有文学性。从小说一出现，叙事语言就踏上了探索的路途，而且从未中止过。所以小说的叙事语言不是日常生活的模仿，而是提炼和创造。说它是探索和创造，就是在我们的小说里出现的语言在现实里还不曾出现过，把没有的变成现实，是我们叙事语言探索和创造的最终目的。我们视这种创造和探索为一个小说家的语言风格，这样的小说家十分稀少。因为稀少而成为先锋，所以先锋是孤独的，是与世俗为敌的，是一种艰苦的精神劳动。小说家的精神立场在他的语言里呈现得淋漓尽致，他用独特的语言形式来表现人生和社会经验，并站在人性的高度对历史和生命进行拷问，为读者提供一种极具个性的叙事文本。当然，好的小说叙事语言不是空穴来风，而是个人的语言经验与社会大众的普遍的语言经验所达到的高度契合。

苗梅玲：应该说这是您小说的叙事观，或者，可不可以这样说，是您对小说叙事艺术的追求与标准？纵观国内的文学现状，您认为现在存在着一些什么问题？

墨白：问题之一，就是叙事与语言。叙事语言是衡量一个小说家的重要标尺。好的小说家，即便我们从他作品里抽出一段文字来，我们也能看到他对语言的感觉。小说的结构技巧、对事物的感觉、小说的意味、对生命的思考和追问、对精神的探索等，都能从他的叙事语言里体现出来。同时，好的小说又是不能言说的，如果你企图从他的小说里说出某种元素来，那就会丧失小说本有的意韵。好的小说具备多种元素，有时我们只注意到其中的一种，这是一个很有意思的现象。一部好的小说，不同的读者会看出不同的东西来。这就像鲁迅对《红楼梦》研究说过的那段话："经学家看见《易》，道学家看见淫，才子看见缠绵，革命家看见排满，流言家看见宫闱秘事……"[①]

苗梅玲：仁者见仁，智者见智。

墨白：对，这是一部好小说应该具有的能量。比如卡

① 《集外集拾遗补编·〈绛洞花主〉小引》见《鲁迅全集》第八卷，第179页，人民文学出版社2005年11月版。

夫卡的东西，很多人谈论他的小说，为什么会这样？这和他小说的叙事有关。《城堡》是叙事，不是讲述；《尤利西斯》是叙事，也不是讲述；《洛丽塔》呢？是叙事，不是讲述；还有《交叉小径的花园》也是叙事，不是讲述；叙事的核心是时间与记忆，在物理时间上展开的对现实与记忆的呈现；而讲述的核心是讲。这就是现代小说与现实主义小说的根本区别。目前国内我们看到的小说大多是在讲述，是在讲，在讲别人怎么样，自己怎么样，现在怎么样，过去怎么样，这个事是怎么样发展的，那个人又是怎样想的，它都在讲，如果你仔细分析，会发现，这个讲述的人就没有进入真正的生活状态，是旁观，是事后，讲的是已经发生过的故事，其本质是个说书人；而现代小说里的叙事，研究的是时间与记忆的问题，是生命的正在进行时，这跟生命的呈现有着密切的关系。所以我们说，现代小说追求的才是真正的真实。现实主义小说与现代小说的另一个重要区别是，现实主义小说的骨架是故事，而现代小说的骨架是悬念。这个悬念不是故事里的悬念，是由我们无法把握的，在我们生命当下的这一刻要发生的事情。我们不知道下一刻，在我们的生命里会发生什么事情，这就是支撑现代小说的悬念。我们对生命进程中未知的探索，就是支撑现代小说的骨架。这个未知太丰富，有着无限的变数，这个未知展示了生活的无限性，而这个未知又对我们构成神秘。我们不停地遭遇未知，身不由己地行进在探寻未知的过程之中。同时，这个未知又是开放的，是没有结尾的。而现实主义小说里的故事追求的却是有头有尾的故事，是自我封闭的。在前一段的一个作品研讨会上，当时刘恪先生也在场，我专门说到过这一点。所以现代小说才是真实的。西方的很多现代派小说家，在你阅读时，才能深刻地认识到真实在哪里。我们当下的大部分作家，由于运用现实主义讲述的方法，连艺术真实的问题都没有解决。这就是我们与西方小说产生差距的原因。

苗梅玲：怎样才能缩小这个差距呢？

墨白：是观念问题。首先，我们要对时间和记忆从叙事学的角度，有着清醒、真正的认识。我们每天醒来，都要依靠记忆在时间的河流里确认自己的身份。在时间里，记忆是有层次的。同时，在记忆里，时间也是有层次的。过去、当下与未来，这一点海德格尔说得很清楚。由于叙事主体对时间与记忆的介入，真正理解并在小说叙事里展现那是非常困难的，这话我给许多朋友都讲过。我给你举个例子。你去参加聚会走进一个房间，房间里有很多人、很多东西，由于主观意识，那么多的东西你不能同时看到和感知到。在参加聚会的人中，你最初看到的是你最熟悉的，随着时间的流逝，那些不熟悉的人才逐次进入你的感知，屋里的东西也是这样，比如你先看到桌子上摆的餐具，然后是你坐的那把椅子，接着是挂的什么颜色的窗帘，装没装空调，挂没挂电视，有没有卫生间，等等，在你的主观意识里，这些绝对是有程序的，你目光所及，是由时间构成的秩序，而这个秩序，又是在你的记忆里的经验辅助下来完成的。这就说到了小说的叙事。那个你们聚会的房屋里的东西，都能写进你的小说吗？答案是明确的，是要有取舍的，是在物理时间的推动下，根据你的记忆和现实来进行取舍。这又说到了小说的结构。所以说，现代小说的叙事，是和我们生命进程中的时间与记忆有关，是事态的进行与发展的过程，它的本质是建立在物理时间上的展示。所以在叙事过程中，你必须有着高超的叙事技巧，你必须在叙事过程中把所表达的主题不露痕迹地装在事件里。对于一个小说家来说，这才是最大的难度。那些以讲故事为荣的说书人，是没有这种能力的。

苗梅玲：哦，小说的叙事语言，小说的叙事观念，这些，都是在我来之前反复思考，如何向您提起的话题。

墨白：这是一个小说家最该用心的地方，你所表达的，都蕴涵在叙事之中，蕴涵在事件之中，所以你小说的事件一定是一个丰富的载体。

苗梅玲：就是要有足够的信息量。

墨白：对，信息量。为什么一部短篇或一部中篇，会这样结构而不那样结构呢？为什么写这件事而没有写那件事呢？这都是小说家要十分用心的地方。被写进小说里的东西，它就不是多余的，肯定是对小说表达的主题有用的。所以小说的叙事是有难度的，不是随随便便的。好的小说家创作的东西，每一篇都是精心构置的，他的语言，他的结构，内视角、外视角，内视角与外视角的转换，等等，这是一个很复杂的话题。

苗梅玲：这肯定需要多年的现实经验与写作经验的积累，就像您说的，作家给读者呈现出一部作品，读者猛地一看，可能并没有真正明白你所要表达的东西，或者说只明白了其中的一些，等沉淀一段时间，认识提高后，再读，读者可能才会恍然发现，哦，原来小说里还有另外的东西。就像您刚才说的鲁迅关于《红楼梦》研究说的话。现在我明白，小说的叙事是一门高超的艺术。这样一门高超的艺术，肯定有个漫长的认识与训练过程。一个小说家的成长，跟对另外艺术的理解有没有关系？我知道您最初是学绘画的，您对摄影、音乐、电影等艺术门类也都十分的热爱，这些视觉和听觉强烈的艺术门类，和小说创作有着什么关系？这些艺术门类对你的写作产生了怎样的影响？

墨白：潜移默化。各种艺术门类之间是相互渗透的，对我们认识生活肯定有帮助。比如绘画，如果你用心，你能从绘画里，感受到从现实到精神转换的过程，这个过程包括从具象到抽象、从世俗到神性、从现实到精神几个方面。莫奈绘画里的复调、蒙克绘画里的记忆、夏加尔绘画里的梦境、凡·高绘画里的情绪、达利绘画里对时间的理解、怀斯对乡村和土地的坚守，等等这些，都会使你对小说的理解和叙事产生影响。还有电影。最近我又重看了安哲罗普洛斯的《蜂的旅人》，尽管是重看，影片对爱情、人生价值观念的颠覆，主人公在人生旅途中的迷茫与绝望仍然强烈地感染了我。随后我又看了他的《悲伤草原》[①]和《时间的灰烬》[②]，这是他的“希腊三部曲”的前两部。《悲伤草原》讲的是在1919年苏联内战时期，一个流亡的希腊人收养了一个女孩，在这个女孩长大之后他要娶她为妻，而这个女孩却和他的儿子相爱并私奔了，从此两个相爱的人一直被追逐，在恐惧中过着逃亡的生活，一直到1949年希腊的内战结束；《时间的灰烬》从20世纪末的最后一年展开，讲述了东、西德冷战时期以来的许多重要的历史事件，斯大林的去世、柏林墙的倒塌，等等。在安哲罗普罗斯这里，进入了一个内心化的希腊史，在他的叙事里，我们深刻地感受到了强烈的民族焦虑和流亡精神，深刻地表达了人类在现实生活中所面临的不同的困境。好的绘画与电影，肯定会对一个写作者产生影响。当然，不同的艺术会对你产生不同的影响，比如歌剧、音乐剧。

苗梅玲：我知道你收藏了很多DVD。记得我第一次到您家来，您正在看歌剧《卡门》。卡门穿着鲜艳的大红裙子在舞台上舞蹈，那个画面对我的冲击太强烈了，至今我都不能忘怀。卡门的形象就像一朵火红色的云，定格在我的记忆里。后来每次来您家里，我的脑海首先都会闪现那朵红云，这印象太深刻。

墨白：阅读的过程就是修养的过程，人生的修养是一个漫长的过程，是对自我的不断认识与反省。萨特[③]临终的时候，给波伏娃[④]说过一些话。他说，我是一个作家吗？波伏娃说，是的。萨特说，我真的写过一些有意思的作品吗？波伏娃说，写过。萨特看着波伏娃说，真的吗，真的是这样吗？波伏娃看着生命接近尾声的萨特不再言语。萨特在

①《悲伤草原》，安哲罗普洛斯作品，希腊2004年出品。

②《时间的灰烬》，安哲罗普洛斯作品，希腊2009年出品。

③ 让·保罗·萨特（1905 ~ 1980），1905年6月21日生于巴黎，作家和社会活动家，是法国20世纪最重要的哲学家之一，法国无神论存在主义的主要代表人物，主要哲学著作有《存在与虚无》《辩证理性批判》和《方法论若干问题》。1964年，瑞典文学院决定授予萨特诺贝尔文学奖奖金，被萨特谢绝，理由是他不接受一切官方给予的荣誉。

④ 西蒙娜·德·波伏娃（1908 ~ 1986），20世纪法国最有影响的女性之一，存在主义学者、文学家，主要著作有《第二性》。

怀疑自己的一生到底是不是有意义。

苗梅玲：作家在创作中是不是有这么一个过程，创作的出发点是肯定的，可是等写完以后，又开始怀疑自己，我写的是不是我自己想要的？是不是准确地表达了我想要表达的？为什么会产生这种感觉呢？

墨白：那是因为他所从事的写作具有创造性。因为没有能做参照的文本，所以萨特经常怀疑自己写作有没有意义。持这样怀疑态度的人，首先他做的事都具有创造性。对自身的精神的疑问，对自己行为的疑问，这对于一个人、一个民族都是非常重要的。但是，我们这个民族却不善于对自我发生怀疑的，我们老觉得自己很伟大，这些从教科书上你就能看到。其实，我们是有很多缺点的，比如对历史的态度问题。有很多历史我们是不让回头看，也不敢回头看的，比如我们刚才说到的1958年，比如“文革”时期的有些事件，一讲死了多少多少人，就害怕，不让你说。这就像一个人得了病，后来恢复正常后，他则羞于说起自己曾经得过什么病，不敢说。不敢说的根本原因就是精神有问题，不是正常人。如果是正常人，有什么不敢说的？没什么不敢说的。如果我们不敢正视自己的过去，不敢正视自己的历史，这就说明我们有问题，精神上产生了问题。所以我们小说家有义务面对过去、面对那些使我们民族深陷灾难的历史，我们有义务把这些东西反映到作品中来。

苗梅玲：这就深层次地谈到了小说的功能了。

墨白：对，我们的民族要往前走，文学就是要告诉我们的后人，中国的民族到底走了什么样的路，路上发生了什么事，目的还是为了让我们民族更好，让我们民族不能再犯同样的错误，我们精神上所积累的这种病态的东西不能再犯。

苗梅玲：您是否可以推荐一些既有警世功能，又在语言上，或者在叙事方面可供借鉴的优秀的作品呢？

墨白：我觉得还是多读一些西方的东西，因为小说的概念来自西方。其实我们和西方的小说家相比，是有距离的，这一点我们应该承认，这是事实。比如纳博科夫，你只有读了他的作品，才知道人家的小说写得的何等的好，才知道我们的小说叙事差距有多大。所以我还是建议真正喜欢小说艺术的创作者，多读一些西方的经典小说。但这里有一个关键的问题，我也经常说这个话题，就是无论你借鉴什么样的叙事手段，而目的只有一个，那就是用来关照我们的现实，用来关照我们的历史，更好更准确地再现我们所处时代的本质。

苗梅玲：我想，这是您对鲁迅提倡的拿来主义的理解。我记得鲁迅曾经说过这样的话，一切好的东西，都是人类的共同财富。外国好的东西、对我们的进步有益的东西，都应该吸收。

墨白：鲁迅先生也是最积极的实践者，比如他的《狂人日记》。所以使用适当的创作方法来反应我们当下的生活，对我们这个社会，对我们的民族文化都是有益的。所以，我们阅读的眼界要放开。我们要在短暂的生命里，拿最好最有营养的东西，来修养自己。

苗梅玲：我也有同样的感触，阅读必须挑剔。比如现在的网上阅读，其实我们大量的阅读，都是垃圾性的，这对自己有什么长进呢？网络上的垃圾阅读占用了我们大量的时间，可是，我们的时间又是有限的。想一想，很可怕的。

墨白：由于网络的出现，现在每个人都可以写作，你建个博客，就可以在上面发东西。这并不是坏事，因为文学的基础是大众阅读，他只要有写作的欲望，随之而来的是必须阅读。因为每个写作者都不想停留在原地，都想提高，都想往上走。初写者都希望自己的博客受到关注。而问题的关键是，我们在博客里看到的，大多写的是日常生活中琐碎的东西，当然这也是一种生活，但清醒者是不可这样做的。并不是你在网上建个博客，就成为了作家，文学还是有标准的。比如我们在谈到刘恪先生的小说时，会说他的文字怎样怎样。汉字本来是公有的，每个人都可以使用，可我们为什么会说刘恪的文字？那就是他把自己生命里的东西，情感的东西，他对世界的感悟，他的世界观，等等这些，都注入到了文字里，把本来公有的汉字变成了自己的东西。我们为什么说鲁迅是语言大师？那是他有自己的语言风格。文学归属叙事学的范畴，是精神的，这同物质消费是两个概念。文学是有衡量标准的。鲁迅的小说总共就《呐喊》《彷徨》和《故事新编》三个薄薄的集子，却是无价的，你再有权的人也无法和他相比，你就是皇帝，也跟他没法相比。你再有钱，你的黄金和珠宝成火车的拉，也没法和他相比。因为文学是用来修养人类精神的，是传播的，而物质是用来消费的。我们的成长，我们每一个生命的成长过程，都离不开文学的滋养。如果一个人立志写作，在阅读上不但要有选择，同时也应该做一些研究。

苗梅玲：我在2010年第5期的《花城》上，看到过你研究博尔赫斯的文章，名字叫《博尔赫斯的宫殿》。

墨白：那是我对博尔赫斯的理解和交谈。我把博尔赫斯请到鸡公山上，从叙事、语言、隐喻等各个方面进行交谈。一个小说家，对文学史上优秀作家的文本解读很重要。这一点，刘恪先生就做得非常好。

苗梅玲：他有《现代小说技巧讲堂》和《先锋小说技巧讲堂》两部论著，最近还有一部关于语言的研究专著要出版。这么多年，他一直在做这些工作，没有片刻的停顿。

墨白：是呀，一看他厚厚的理论著作，就让人肃然起敬，他做得非常好。你读他的小说，会感觉到他是真正的小说家，叙事非常讲究。

苗梅玲：他的小说，有的读起来很费力。

墨白：这才对，如果读小说不费力，你一目十行，仅仅为看一个故事，那你还不如去看电视，好小说就是要给读者带来新的东西，让你产生前所未有的感觉。

苗梅玲：为了今天的访谈，今天一早我做的第一件事，就是重新阅读了您发给我的短篇小说《纪念》。

墨白：这篇小说是我1996年写的，十五年了。我为什么选这篇小说给《东京文学》呢？因为这篇小说的背景就是开封。1993年，我在周口地区文联编《颍水》，由于我们编了一套文学丛书，印刷选了开封的黄委会印刷厂，地点就在汴京路上。为了校对这套书，我就住在印刷厂开的小旅店里，有时夜里去鼓楼街吃小吃，而更多的时候选择路边的小摊。那一年的农历十月初一，路边有很多人在烧纸祭奠自己的亲人。小说中的公园就是汴京公园，往里走有个小湖，还有印刷厂的打字室，这些场景都出现在了小说里。到目前为止，我所有的小说里出现的场景和事件，都有我的现实生活经验在里边。

苗梅玲：在这篇小说里，你甚至使用了自己的名字。

墨白：呵呵，这篇小说还有那个时代的痕迹，把自己的名字写进小说，当作叙事人来处理，那个时候，有点先锋意识的小说家大都愿意这样写。

苗梅玲：读这篇小说，一开始知道你要讲一个故事给读者，但读者却不知道你要讲什么，作品便一直牵着读者的心走，又不知道你的点要在哪里爆发，直到小说结束，读者才豁然明白。你的叙事犹如剑客的宝剑出鞘，先是缓缓地往外抽，直到剑锋拔出的最后一刻，速度之快，让人吃惊。这个小说的结构非常巧妙，看似平淡的叙述，却有汹涌的暗流。

墨白：这是一个人的梦，真实的梦境。

苗梅玲：这个真实的梦，要表达什么东西呢？

墨白：我们人生的现实，就是一个漫长的梦境。战争对人类的伤害、不同的历史观和价值观对人类的伤害、时间对人类的伤害。记忆里的抗日战争与现实的去日本留学，产生了价值的冲突，不同的历史时段，在民族之间会发生不同事件。比如辛亥革命时期，日本对孙中山组织力量推翻清朝是有帮助的，后来发生了抗日战争，而现在，又有大批的中国青年学子到日本去求学，民族与民族之间的关系非常复杂。我们要不要狭隘的民族主义？等等。这个小说还有别的话题，关于人性的，关于死亡的，还有幽灵，等等。

苗梅玲：我阅读的时候就有一个感觉，你一直牵着读者的鼻子往前走，你貌似要给大家讲一个女孩祭奠情人，或者艳遇幽灵的故事，直到最后我们才明白女孩的死因，是那个面貌和叙事者“我”长相酷似的男友，去日本留学后抛弃了她。《纪念》，这里到底谁在纪念谁？是抗日战争时被日本人杀死的“我”奶奶，还是现实中自杀的女孩？小说先写奶奶的死，写我写了一本关于抗日战争的书，然后进入到我和那个女孩的“艳遇”，可是直到结尾，又把所有的事件推翻，把几个毫不相干的人在结局处绑在一条线上。这个背景设置的像迷宫，读者不思考的话，很难发现其中的奥妙。

墨白：你说到了小说叙事的空间问题。小说里看似由一条线索构成，但这条钱的变数很大，会生发出许多条线，每一条线又通向不同的门，而每一个门的后面，又有着不同的世界。好的小说的叙事，要给读者留下多个路径让读者去走，让读者走向不同的门，然后去观看门后不同的风景。

苗梅玲：就像一座迷宫，这里留一点线索，那里又留一点线索，每一条线索都会牵扯出更多的思考的话题，说都说不尽。

墨白：这就又回到了我们刚才说过的话题，这篇小说我们尽管说了这么多，但我们还是不能设定它，只能靠读者去感悟。

苗梅玲：我的感悟算代表一部分读者。是不是还有这样一种情况，很多作家在写东西的时候，根本意识不到他写的东西将来会产生多大的影响，也可能是一石投湖，也可能是一石激起千层浪。我想这可能就是你刚才说的文学的标准之一？

墨白：所以小说本身的话题是说不尽的。关于《纪念》，我们谈论了一些，可是我们却没有涉及小说的另外一个人物“我”，小说的叙事人，我们忽视了他的情绪。还有，在小说中，颍河镇再次出现，那是我所有小说的背景。

苗梅玲：如果把《纪念》里的“我”，还有“颍河镇”，放在您整个的小说创作里去观察，或许那是一个更有意思的一个话题。我发现一个现象，在一些作家的许多作品里，都有相同的生活背景。比如刚才您说鲁迅的小说，他的许多有影响的小说的背景，都是他的故乡鲁镇，《孔乙己》《阿Q正传》《药》《祝福》，等等，都是。是不是一个作家的写作，或者说一个作家的故乡和他的现实经验，十分重要？

墨白：对，生活背景和生活经验，对于一个作家至关重要。每一个作家在创作中都要立足于一个精神家园，这个家园就是他最熟悉的地方，和他的生命息息相关。比如沈从文、萧红，比如马尔克斯、福克纳，等等，他们都有自己的文学家园。

苗梅玲：您的文学家园就是颍河镇。

墨白：应该说是这样。一个作家，他的作品放在一起，应该构成一个场，文学的场。小说里的所有事件都要跟这个场发生关联，历史的进程、民族的精神、生命的状况，等等。这个场就是世界的中心，世界存在的方式是以他的存在为感知的。现在我们坐在书房里，我们就是世界的中心，世界的存在是在我们大脑里出现的。这不是唯心主义，这和时间与记忆有关。巴黎在西欧，但它存在于我们的感应之内，在我们的心中，在我们的记忆里得以呈现，在我们的生命里得以呈现，在我们的时间里得以呈现，所以时间和记忆，是小说叙事的关键所在，是个非常复杂的问题。时间是由无数条河流构成的，它们并行在我们的生命里流淌。时间在刘恪先生现在所在的洞庭湖流淌，在西藏的拉萨流淌，在巴黎也流淌，我们所有的人都在时间河流里探知未来。流淌的时间河流构成这个世界，这就是我们对时间认识的一种方法，还有过去的、当下的、未来的，时间是多维度的、是有秩序的。但所有时间的存在都是以当下为基点的，是物理的，其余的一切，都存在于我们的记忆里。没有当下，时间就没法定义。时间是以横的形态呈现的，记忆是以纵的形态呈现的，它们交叉构成我们的精神世界。同时，又构成了现代小说叙事的本质。

苗梅玲：您看，我们一会就涉及了这么多的话题，网络、文学的标准、精神的传播、精神的家园、时间和记忆，这些问题，如果不用心，可能就体察不到。所以，您刚才说的，阅读的选择是很重要的。问题是，由于网络的出现，对书市的冲击是空前的。前几天我看过一个资料，说是在过去的一年中，我们全国就关掉了上千家书店，让人担心。

墨白：这只是消费方式转移，书店关掉了，可是人们开始在网络上购书，书不见得卖的少，只是营销的方式发生了变化。我的很多朋友都是在网上买书，网络便捷，寻找方便，比去书店更节省时间。网络改变了我们的生活，我们必须面对，必须接受和适应，书店并非消亡，而是在转移。只要人类存在，文学就不会消亡。

苗梅玲：对，是在转移。您说的好，文学不会消亡，让我充满了信心。最后我想再提一个和您名字有关的问题，您的笔名，是从哪年开始使用的？

墨白：1983 年。那一年我在《洛阳日报》上发表了一首小诗，四行，署名就是墨白。

苗梅玲：也就是说，你一开始发东西，用的就是这个名字，墨白。墨白，特别好记，看一眼就忘不了。墨和白全和色彩有关，您使用了两种非常极致的颜色，墨，黑到极致；白，亮到极致，到了极致是最美的。我一直都在想，墨是白的，那就是什么也没有，是无，这不正是道家的最高境界吗？道家的阴阳鱼，就是白鱼里有一个黑眼睛，黑鱼里有一个白眼睛。后来我又想，您这个笔名概括了最根本的自然规律，墨和白，不就是阴和阳吗？黑夜为阴白天为阳、女为阴男为阳，还有我们身体里的血与气，真是包罗万象。

墨白：哦，你比我想的都透彻。其实，别的朋友也问过我这个话题，我当时说，其实没有想这么多，哪有这么多？就是为了好记，就像我们颍河镇人给孩子起名一样，狗呀、驴呀、粪堆呀，就是为了好记。没有别的意思。

苗梅玲：但别人可不这么想。您在大学里学绘画，您的名字肯定和美学有关联。只是你谦虚罢了。不管怎么说，我说的这些，就算给以后研究您小说的评论家们，留下一点可供参考的资料吧。最后，春节就要到了，我先给你拜个早年，祝您龙年创作丰收！

墨白：呵呵，谢谢！

墨白老师是一位勤奋的作家，他平常除了文友的聚会或偶尔的公务，大部分时间全用来阅读与写作。近几年每逢夏季，他都是到鸡公山他租下的别墅里闭门创作，那里是他渴望的清净之地。他去的时候会带一大堆书籍，带回来的是从他笔下流淌出来的优美的文字。在山上，他并不寂寞，因为陪伴他的不仅有浩渺的森林、自然的风雨与阳光，时而还有田中禾、李洱、汪淏、刘恪；还有博尔赫斯、卡夫卡和纳博科夫。墨白典型的先锋小说家的姿态，在中国当代作家中形象鲜明而独立，他根植于自己故乡颍河镇那片沃土和自己日常生活经验上的系列小说，无论其叙事与语言，都形成了自己的独特风格。让我们带着一些感性的疑问走进他的作品，走进墨白，更深刻地去认识他、理解他。

（2012 年元月 25 日，根据录音整理）

先锋从来就没有退场

——墨白访谈录[①]

孔会侠[②]

时间：2012年7月3日上午

地点：墨白书房

2012年3月24日，星期六，为了给这次访谈作准备，我专程拜访了墨白先生。同时，这也是在持续阅读他的小说一段时间之后我和他的一次交谈。可是，3月24日这天我们预定的访谈时间却一推再推，一直延缓到7月3日。今天，当我再次来到了墨白先生寓所，发现他的肤色略有变化。我理解，那可能是青藏高原的紫外线在他的面容上留下的痕迹。我知道，在刚刚过去的六月间，他完成了一次西藏之旅。等来到墨白先生的书房，在案头上，我看到摆放着二三十种关于西藏的书籍。在我们落座之后，我随手拿起一册，那是一个名叫石泰安的法国人写的《西藏史诗与说唱艺人的研究》[③]，厚厚的一本，黑皮，白字，这带有装饰的封面，有些像他的名字。在这书籍的扉页上，我看到了墨白先生留下的笔触："墨白，2010年5月23日，拉萨。"哦……我说，您有这方面的创作计划？正探腰沏茶的墨白先生看我一眼，笑了笑说：还没有。不过……墨白先生一边把一杯茶送到我面前一边说，那确实是个神奇的地方。墨白先生在我一边的木沙发椅上坐下来之后又说，尝尝，毛尖。

孔会侠：如果我判断的没错，这应该是您最喜欢喝

①原载《创作与评论》2014年3月号（上半月·创作）。

②孔会侠（1976～），河南省郾城县人，文学博士，主要从事当代文学的评论与研究。

③《西藏史诗与说唱艺人的研究》，西藏人民出版社1993年10月版。

的茶。

墨白：根据从何而来？

孔会侠：因为每年夏季，您都到鸡公山去写作。

墨白：哦……

孔会侠：您是哪一年开始到鸡公山去的？

墨白：2006 年。

孔会侠：一晃，就七年了。可这比起您在颍河镇待的时间，还短了一些。

墨白：颍河镇？当然当然。

孔会侠：看看，我已经习惯把您小说里虚构的颍河镇，看成是您的故乡了。

墨白：我很乐意。

孔会侠：淮阳县新站镇，湿漉漉的颍河，这是您小说给我的强烈印象。这之间，我偶尔会冒出一个念头，要去您的故乡走一走，那就是颍河镇的原形吧？

墨白：对。我和大哥都写这个镇子。

孔会侠：一对同胞兄弟，同写一个镇子，却是两种完全不同的风格。

墨白：你应该说，这是比较文学的话题。

孔会侠：是，我有这想法。我知道您在故乡待了三十六年。最后的十一年，是在镇上的小学度过的。你任教的小学，只有十个班的学生。我在新浪一个名叫“墨白研究”的博客里，看到过您居住过的那间房子的照片。我想问一下，您大哥是什么时候从哪里走出来的？

墨白：和我一样，1992 年。那一年，我们一起从故乡迁徙到周口。我大哥年长我七岁，所以，他在故乡一直生活了四十三年。

孔会侠：在中国当代文学里，很少有这样的现象。记得还是您在淮阳师范读书的时候，孙方友先生就已经开始发表作品了，您说过，他是您文学道路的引路人。在您的文学道路上，起初对您产生影响的不是作家，而是画家。在师范读书的时候，您学习绘画，你最初的艺术观是从像夏加尔、凡·高、达利等等这些艺术家那里得来的，他们颠覆传统、表现生命质感的绘画，对您早期的文学创作，起到了潜移默化的作用。那么，在后来的文学道路上，对你产生影响的还有哪些？

墨白：哲学。比如柏格森[①]，他关于空间时间和心理时间的理论，深刻地影响了我的小说叙事观念。弗洛伊德[②]我是间接接触到的，花城出版社1988年出过一本名叫《弗洛伊德与文坛》的书，作者名叫陈慧，是河北师范大学的一个教授。你知道那本书印了多少册？四百二十册。我却在我们镇上的小书店里买到了一本。鬼使神差，真是奇迹。弗洛伊德说，无意识才是真正实际的精神。在我看来，康德的不可知是指向人所处的社会，而弗洛伊德的无意识则指向人的内心世界。我小说里的不确定性和神秘性，就深受康德的“不可知论”的影响。康德认为，美不涉及欲念和概念，美仅涉及形式。这也是我的小说叙事特别注重文体价值的根源。

孔会侠：西方的现代哲学，确实对西方的现代和后现代文学，起到了启迪作用。

墨白：小说叙事要不断地突破既定的阅读和审美趣味，才能获得长久的生命力。其实，不光是小说叙事在发展，其他各个艺术门类，比如电影、戏剧、音乐、绘画和摄影在艺术形式上也都在不断创新。比如摄影和绘画，作为视觉艺术，艺术家们一直都在寻找衔接这两种艺术的方式。曼·雷[③]是我比较喜欢的摄影大师，他生前涉及绘画和摄影两个领域，他曾经说过大意如下的话：我画我无法拍摄的，也就是那些源自想象与梦境的；我拍我不想画的，也就是那些既存之物。我想，曼·雷肯定是思考过绘画与摄影这两种同是视觉艺术的衔接方式的，或许是他没办法实现，

①柏格森（1859～1941），法国哲学家，其哲学体系中的基本观念“创化论”最富有个人思维特色。他的著作文思绵密、比喻生动，富有诗的气韵。1927年，因其著作的文学造诣，被授予诺贝尔文学奖。

②弗洛伊德（1856～1939），奥地利精神科、神经科医生，精神分析学派的创始人。他一生中对心理学的最重大贡献是对人类无意识过程的提示，提出了人格结构理论、人类的性本能理论以及心理防御机制理论。

③曼·雷（1890～1979），出生于美国费城布鲁克林区一个犹太家庭，父亲原籍俄罗斯，移民美国后以制衣为业，母亲是芬兰人，他是上世纪二三十年代巴黎摄影界的风云人物。

才说出上面那些无奈的话。可是随着数码摄影处理技术的发展，已经打破了摄影和绘画之间的界限，艺术家们运用PS软件，已经可以把摄影作品处理得看上去如同一幅绘画作品。艺术家们在原本的照片中删除或添加本不存在的内容，把不同时期、不同地方的照片融化在一起，把现实和历史融为一体，那些梦境一样的艺术作品在视觉上给我们带来了冲击力的同时，无形中也改变着人们的艺术观念，或者评判一幅摄影作品和一幅绘画作品的艺术标准。艺术家们在绘画与摄影的边界找到的这种细微的衔接方式，就是创新。这给我们的小说叙事带来了启示。创新，才能获得新的生命，这是艺术发展的规律。

孔会侠：您从不同的艺术门类里获得小说叙事的灵感，比如电影。我注意到，您在不同的场合，都谈到电影艺术对您小说叙事所产生的影响。您是什么时候开始真正接触西方电影的？

墨白：没有明确的时间界线。但我还清晰地记得，我第一次看塔可夫斯基《乡愁》的经历，那是2000年冬季的一个夜晚，这距离塔可夫斯基拍摄这部影片，已有十九年。一辆老式的黑色轿车卷起一些灰尘，从弥漫着雾气有些荒芜的乡间小路上开过来，土尘和烟雾在满眼绿色的田野里漂浮，一个有着金红色头发的女人和一个面色忧郁的中年男人，从停下的汽车里走出来。车轮卷起的尘土，飘浮不定的迷雾，异乡荒芜的田野，不知来自何方同样也不知伸向何处去的颠簸的小路，还有那个留着红头发的陌生女人，那个目光生疏的中年男人，所有的这一切，都被弥漫在无边的伤感和忧郁里。油画，那画面就是一幅幅油画，充满魅力，他的叙事镜头把我镇住了。

孔会侠：谢谢您上次给我推荐这部电影。是的，我也有同样的感受。特别是我看到那个疯老头，站在罗马广场大理石塑像上高声呼喊着，我们必须返回我们误入歧途的转折点！那时我想，他触及到的，是人类灵魂深处的东西。您肯定记得，在《欢乐颂》的旋律里，那个癫狂的老头，就像一位独醒的先知，他仿佛在自言自语，这是一个什么样的世界啊？竟然要一个疯子来告诉你们该为自己而羞耻！当他把一桶汽油浇在自己身上，然后点燃的时候，我的脑海里突然就闪过了文宝和小明，您小说《梦游症患者》里的人物。不同的只是，文宝常常一个人在颍河边独语，但他却听到了小明在大火里绝望的呼喊。在《东方红》的乐曲里，不是《欢乐颂》，是《东方红》，小明从一个活生生的生命，变成了一个无人知晓的野鬼，真的是野鬼，因为从来没有人来超度他的亡灵。

墨白：哦，小明……一个深陷迷途的孩子。在多米尼克点燃自己的时候，他唯一的朋友，那个面色忧郁的俄罗斯流亡诗人，正点燃蜡烛穿越温泉。那是多米尼克对他最后的嘱托：一个拯救世界的秘密巫术，而拯救的希望如风中的烛火摇曳缥缈。漂泊在异乡的诗人手中的蜡烛一次次熄灭，又一次次点燃，他坚持着漫长的跋涉……他尽管艰难，但他终归是有方向的，可是小明呢？我们呢？我们这些曾经在“文革”中梦游的中国人呢？我们盲目，彻底地的迷失了方向。

孔会侠：20世纪以来的西方艺术，还有外国文学资源，确实是我们文学发展的参照，但学习模仿永远不是出路，“化入”才具有可能。像您，就是把新的叙述方式落实了，落在民族生活的土壤中，落在芜杂荒诞的现实痛苦中，落在国民人性和命运遭际的复杂神秘中。曾经一段时间，我在思考“先锋文学”的未竟之路如何走，您用现代多样化叙述方式，深锐隐喻关涉我们生存的诸多本质真相，让我豁然开朗，也许这才是现代文学之所以发生的根本。您能否给以具体阐述？

墨白：康德怎么说？美仅涉及形式。应该说，文学的现实永远不缺乏生活，缺少的只是对生活的发现。而这发现，只有形式才能呈现，只有最好的形式，才能完美地承载我们的精神。你知道，十二年前那个冬天的夜晚看完《乡愁》之后，我的内心久久不能平静，我没有办法克制住自己，那个时候已经是深夜十二点，可是我仍然忍不住又重新开始看第二遍。我太喜欢这个内心孤独而对人类精神有着深切关怀的人，他曾经深深地表达过自己的忧虑，我们拓展了物质财富的领域，却剥夺了人的精神维度，对其威胁置之不顾。 在塔可夫斯基的身上，你能强烈地感受到他的忧虑，他的忏悔精神，是忏悔，建立在忏悔之上的拯救，一种强烈的宗教气质。陀思妥耶夫斯基在他所处的时代就曾经预言，西方未来的文学在本质上将会是忏悔性的。忏悔精神，这应该是现代文学发生的根本。但是，忏悔精神，这正是中国文学所缺乏的，因为我们这个民族本身就缺乏对自我精神的忏悔意识。这种缺乏是由我们民族的实用主义价值观所导致的。一个小说家，要超越自我，唯一的方法就是不断地进行忏悔，并从中发现自己，认识自我。

孔会侠：这是您“欲望三部曲”里的主题。用文学的形式对自我精神所进行的忏悔，这是你的追求。我在阅读“欲望三部曲”时，常常感到，你的忏悔之路走得那样艰难。我知道，在由时光为材料铺就的道路上，所有的来者都没有归途。在总有文学潮流像时髦衣服一样此起彼伏的年代，如何走自己的文学道路，看来是每个作家都要认真考虑的问题。您选择的“先锋”对您创作的逐步推高和成就，就是有力例证。我觉得，您作品叙述的核心指向是真实性。丰富的生活经历，还有广泛的阅读认知，使您对深隐在表象事实下的本质真实，有敏锐的把握与哲学的体验。因此，在悲凉沉重、失落压抑的感受中，您的思想抵到了真实之核不可理喻的可怕、荒诞与悖谬。也许这才是人类生存的本相。您的《风车》《梦游症患者》所揭示的历史真实与人性真实，让人触目惊心。这让我想起了卡夫卡。现代主义作家对您认识视野与表现视界的影响都有哪些？

墨白：对世界的认识是一个广阔的话题，这和现实中个体的漫长的生命经历有关。我理解你说的表现视野，应该是小说的叙事问题。刚才我说过，对我小说的表现视野的影响应该来自哲学，来自对时间和记忆的认识。时间与记忆是我小说叙事的核心要素，生命所产生的意义，是在时间与记忆的维度中展开的。在这里，我说的时间就是柏格森说的空间时间。柏格森用空间固定概念来说明时间，他把时间看成各个时刻依次延伸的，用来表现宽度的数量概念，也就是我常说的物理时间。而我说的记忆就是柏格森说的心理时间。心理时间是各个时刻相互渗透的，表现强度的质量概念。在我的小说叙事里，物理时间和现实的延续有关，而心理时间则和记忆有关。小说叙事的本质，就是在再造的物理时间里捕获流失的记忆。就像你刚才说的，在我们生命的现实里，时间是不可逆转的，但是，记忆却能使我们的生命重访过去。因为现实是建立在"此刻"的一瞬间，这就决定了叙事的本质：我们所有的写作都是在记忆中展开的，都是由记忆构成的。由此我们可以说，我们记忆里的"过去"，比现实里的"此刻"更为真实，也更有深度。我们无法阻止物理时间"此刻"的稍纵即逝，我们看着叭叭作响的"此刻"的时间像沙砾，或者像秒针的声音一样从我们的指间滑落在地而心生忧愁。我们只有通过记忆，通过小说的叙事，使我们曾经的时间获得物质性的重量。

孔会侠：我理解。这是您小说文本真实性的根本。您用文本的众多象征性来表达思想层面、感觉层面的真实性，让我忽然有种假设：如果用传统的故事性讲述来表达，能抵达哪个层面的真实呢？也许，故事性只能表现现象，传达感悟，而象征才能表现本质，传达思想。形式是刀和刀法，合适的形式才能有力度有方法，在传统技术揭不开撕不烂剥不掉重重包裹的情况下，怎样才能挖掘并呈现那坚硬而深藏的真实之核？

墨白：思想层面的真实性是建立在视觉层面的真实性上，在小说叙事里，如果视觉层面达不到真实，思想层面的真实就无从谈起。所以艺术的真实性，才是小说家在叙事中关注的焦点。当然，即使是小说的叙事是建立在物理时间的"此刻"，艺术的真实性就能解决了？并不是这样。小说的叙事并不是要把人生的每一寸光阴都记录下来，应该是有选择的，因为在我们的生命里，在这物理时间的"此刻"里，是有记忆构成的，而记忆的成分十分复杂，记忆是由我们所有的生命经验所构成，情感的密度、梦境、幻想等等，记忆是一个庞大的海洋，整个人类的经验都被记忆所包容，所以你的叙事要有选择。

孔会侠：您涉及了小说的结构。

墨白：是。小说的结构要有层次，有了层次，才可能有深度。就像中国建筑里的园林。通过一堵镂空的墙壁，可以透视到墙壁后的另外一面墙，然后再通过那堵被镂空的墙壁，看到第三道墙。这就是小说的空间感，小说有了空间感，才可能与外部世界贯串流通。美秀美术馆位于日本京都附近的滋贺县境内，是贝聿铭[①]20世纪90年代完成的一个著名建筑。美术馆的入口只有一条路，离开接待馆你要先走过一段雪松围绕的山路，然后再穿过一条隧道，连接隧道的是一条一百二十米长的吊桥，桥的另一端才连着美术馆的广场。然后从广场有日式寺院的台阶通向大厅。大厅建在山脊之间，一系列的玻璃屋顶栖于起伏的山峦之上。层层递进，若隐若现，神秘而缥缈。这就是小说的结构层次。

孔会侠：精彩。我觉得现实主义文学对您的影响主要是认识层面的，而现代主义对您的影响主要是叙述层面的。

①贝聿铭（1917～），出生于广州，祖辈是苏州望族，他的童年时光在苏州园林里度过。作为20世纪世界最成功的建筑师之一，贝聿铭设计了大量的划时代建筑。作为最后一个现代主义建筑大师，他被人描述成为一个注重于抽象形式的建筑师。

比如您《裸奔的年代》中不同时段叙述的不连贯性、解构性，您在《手的十种语言》[①]中的碎片化处理等。我想知道现代主义，或者后现代主义对您的影响具体是如何体现的？也许许多种因素的影响常常是混溶的，我想让您条分缕析个分明，可能并不合适。

墨白：举个例子总可以的。我在塔可夫斯基的电影里得到过启示，比如《镜子》。塔可夫斯基在《镜子》里使用了许多新闻纪录片来呈现历史：最早的飞行气球、苏联红军强渡锡瓦什海、攻克柏林大厦、广岛原子弹爆炸、“文革”中天安门广场上潮水一样涌动的红卫兵……就像这些荒诞的历史事件本身一样，这些历史事件作为一个没头没尾的片断，在看似没有叙事动机的状态下出现，让你摸不着头脑，可是当你完整的看完影片以后，才会发觉这些历史的突兀与破碎，恰恰暗示了它们的无处不在，所有熟悉和了解那些历史的人，我们个人私密的抒情记忆，都会感受到历史上悲剧时刻的恐怖。那些碎片作为一种记忆、一种隐痛唤醒我们，让我们认识到这些历史——就像文革一样——对未来人类所产生的阴影。我视这些碎片为复活的历史。在《手的十种语言》里，我通过方立言，给那些沉睡的文字重新注入生命。这确实很复杂。你想，我们叙事的此刻，是时间与记忆的合并，我们从物理时间的“此刻”来切入人的记忆，也就是心理的层面。表面上看，在客观自然中时间在三维空间中单向度的向前流逝，但是，由于记忆的切入，我们内在的时间便可以不受自然规律的束缚，一方面，我们可以随时返回历史诗意地再现流失的生命经历，另一方面，我们的叙事又面临不断出现的未知。而在“此刻”后面的未来，那些我们无法预测的未来，则构成小说叙事的悬念。因为我们不知道在未来的那一刻，这个世界会发生什么，地震、海啸、恐怖活动、火灾、车祸等，而作为个人秘密的无法捉摸的内心世界，则更为复杂。

①《手的十种语言》，墨白著，作家出版社2012年4月版。

孔会侠：您的谈话使我明白，其实，对小说叙事的探索在您这里，从来都没有停止过，这也是您处在边缘的原因。入流总是多数，边缘总是少数，您在边缘处静看迷乱的世界，精准而犀利，您看似淡泊随缘，其实目标坚定，雄心是建构自己的文学王国——不可替代的“颍河镇”。因为我和您同样生长在那条河畔，所以对您作品的意义所指、心念所感共鸣挺多。“颍河镇”既是您的表现域，也是您的背景域，您用文字实现了它精神隐喻的丰富性与深刻性。您文本的结构、视角、细节、人物，甚至一草一木，无不具有象征性，“形式即内容”在您作品中得到了实证诠释。我感觉在您的写作中，虽然故事、时序是次要的，但细节是主要的，像《欲望与恐惧》中的“让我用用您的笔”，像《光荣院》中老金的奖章，人物在某些时刻突然爆粗的方言等，您关于细节的描写也生动形象，意味深长。我还注意到一些其他先锋作家，在非现实的虚构中也很精心细节的现实性，细节在您的文本结构和叙述表达中，起到了什么作用？

墨白：血肉，细节是小说的血肉。小说的故事框架可以虚构，好的小说细节也可以虚构，但这虚构一定是要建立在对现实生活的感受之上，要达到艺术真实。卡夫卡的《变形记》真实吗？那是人在受到社会压抑之后的精神真实，我们相信那是一个人的梦境。其实，人类记忆的本质就是梦境。因为记忆像梦境一样无序，记忆会把不同时段的事件和情绪重构在一起，这就给记忆中的许多意象蒙上了一层梦的面纱。这我们在塔可夫斯基的《镜子》里能强烈地感受到。那些明亮的火，无处不在的雨，还有无缘无故刮起的风，我们不知道它们因何而起，却一次次地在记忆或梦境中闪过，没有情节故事的交代，这些确实存在着，可又捉摸不定。这些不可名状的意象，习惯于将一切来龙去脉都解释清楚的观众可能一下难以接受，可是细细地想一想，童年时代，谁没有过发呆的时候，我们望着窗外滴答的雨水无助，我们望着一阵风吹拂着树枝轻轻摇摆的懵懂，在我们的童年，这才是最重要的，这就是小说的细节。在我们长大成人之后，我们所有过去的时光，其实都是由记忆里的一个又一个意象构成的——那些充满诗意的意象。至于意象后的故事，观众完全可以用自己的生命体验去补充完善。这就是现代小说的叙事。

孔会侠：您的作品不是封闭性的故事结构，而是开放式的结构。尽管不是畅销书作家，也不迎合读者的阅读期待，但我发现，您实际上很重视读者，文本总留有多条路径供读者进入，不直接表现自己的思想，作者隐在叙述者的后面，以召唤结构让读者调动自我体验来参与其间。随着中国文学的分化，读者群落也发生明显分化，您觉得随着大家知识层次的提升，纯文学的发展空间会不会前景乐观？

墨白：我当然希望文学的前景无限美好，但纯文学走向何处，不应该是我考虑的事情。我所要做的事就是好好地写，给我希望的文学的美好前景做一些力所能及的工作。你说的不错，在现代小说里，读者不是像阅读现实主义小说那样，被动接受写作者给出的全部信息，而是与小说家处在同一层创作的位置，连接小说家与读者的是相同的意象，而意象后的故事却只能到各自的生命体验中去怀想、去追忆。经由诗意的叙事语言的连接，情感在阅读中得以提升，读者也由被动变成主动，他参与到小说里来，他不再被小说家所预设的情节所左右，而是亲自参与一个探索生命的历程。小说家迫使读者在阅读的过程中，把分裂的记忆整合起来，让读者不自觉地进入小说家在小说里留下的门，读者在那些门边进入小说的内部，在这种叙事里，读者和小说家处在同一个平面上，从而使小说的世界丰富起来。

孔会侠：无论是您写“文革”的小说，还是您写现实的“欲望三部曲”，或者是您的其他小说，字里行间在拘禁之中总氤氲着一股粗重的反抗之气，这反抗与质疑并行，在诗意化感觉的表达中，透露出强烈的渴望——对现代“人”平等自由生存空间的渴望，和理性、互爱、尊严的渴望。自由是您的精神气质，关于人在现实生存中的自由，您怎么理解？

墨白：你知道，我来自社会的最底层，在我的生命历程里，我饱受了人为的来自不同阶层的精神歧视。对自由与平等的渴望，是从我的血液里自然流淌出来的。你说，我怎样理解人在现实生活中的自由？当然是像我的生命一样重要，像我的眼睛一样重要。我相信，成千上万的生活在社会底层的民众，都会有我同样的向往与渴望。

孔会侠：现在很多人都在感叹生活繁杂得超出想象，这也给描摹复制生活的作家提供了很大的困惑和难度。也是，面对生活，面对自我，我们不仅难于认识，还难于界定，难于检省。那么，我们该如何认识并表现当下生活？

墨白：如果一个作家去描摹现实生活，那么他永远解决不了准确地表现这个时代本质的问题。小说不是描摹现实生活，小说是在现实生活的经验的基础上创造出来的世界，而不是他对世界的描摹。不是描摹，是创造。描摹和创造有着本质的区别。可以肯定，理解卡夫卡的方式有多种多样。为什么会这样，那是因为他给我们提供了一个与我们的精神有关的世界，这个世界又因晦涩而变得复杂难懂。所以说，创造是对世界的发现，而不是描摹。《城堡》是对现实世界的描摹吗？不是，他发现了那个被我们忽视的世界。创造是思考和审视，是生命的切入，是对世界的洞悉；而描摹是旁观。罗伯－格里耶在谈到这个问题时说得很透彻，他说，不是描述一种已经存在的感受，而是创造一种尚不存在的感觉。

孔会侠：我喜欢你那些写底层的作品，像《事实真相》

《讨债者》等。这让我觉得当前有些作家赶潮流的“底层文学”有作秀之嫌，其实“底层”绝不只是社会等级的符号、受苦受难的可怜虫，“底层”是这个社会许多真相的体现者，会有许多丰富的来源于那个叫“人”的生命的感受和诉求，也会有社会性、民族性、人性的许多隐秘，我们该如何认识底层、表现底层？

墨白：我最为关注的，是把个人的生命体验融入到小说里。我认为，只有个人真切的生命体验，才会产生刻骨铭心的印记。小说叙事的根本动力是来自一个人的生命深处，是你对生命的经历，那些和你有着共同命运的阶层民众的生命经历。我说的是亲身经历，和一个人的命运有关，不是有些人说的去体验。在你的生命里，如果你没有过爱，没有过惆怅，没有过忧伤，没有过被羞辱，没有过被伤害，没有这些生命经历，那么你的小说就很难产生感人的力量。

孔会侠：您的真正写作是在90年代——先锋退潮干将撤回的时期。在当代文学进程中，20世纪八九十年代有一个有趣的现象就是：潮流能托起作家，能将作家带进文学史。伤痕文学、反思文学、改革文学、寻根文学、先锋文学、新写实……那个年代许多作家的声名崛起都跟潮流有关系。但您选择先锋，已经不可能有这样的历史机遇了，那么这选择就有清醒而自信的文学预设、固执而强大的文学理想在其中。“先锋文学”结束的遗憾至今仍在许多人的心中存在，但20世纪70年代末90年代初，“先锋文学”作为一个潮流，其退去又是必然要发生的。除了市场化等外在因素外，那时期先锋文学本身的“凌空蹈虚”恐怕也是主要原因。隔着二十来年的光阴再审思先锋的退潮，您觉得都有哪些方面的原因呢？

墨白：先锋文学结束了吗？20世纪80年代出现的“先锋文学”是由几个代表性的人物呈现的，后来他们回归到现实主义，这就给人一种“先锋文学”结束了的错误概念。

其实，先锋文学从来就没有退却，退却的只是那几个已经形成了那个时期“先锋文学”符号的个人。在当代文学的进程中，先锋从来就没有退场。何锐先生就是一个见证人。何锐先生退休前主持《山花》杂志，退休之后连续几年主编了《守望先锋·中国先锋小说选》，这应该是先锋从来没有退场的例证。话说回来，真正的小说家，是鹤立独行的，他不应该属于哪个流派，即使有，也是后来的批评家为了著书立说的方便，给他加的衣冠。

孔会侠：这让人感到安慰。是这样，文学什么时间都需要先锋。先锋其实不只是文学形式的创新、叙述方略的探索，先锋首先是一种精神和姿态，就像您刚才说过的忏悔。然后是一种对世界对文学的认识方式和表达方式，其最终完成的是对当前文学困境的突破，对自我写作模式的突破。当下文坛，为数寥寥的先锋继续者中，您是体现得很充分的一位。那么，您的理解中，“先锋”都有哪些方面的具体内涵？

墨白：你说的不错，首先是精神层面的，然后是形式的。其实，思想和形式是没法分开来谈的，任何时候，精神和形式都是融为一体的。比如说小说的叙事语言要有节奏感，有节奏感的叙事语言就像一部无声的交响乐，在我们的潜意识里回荡。但是你不能把小说叙事的节奏感从小说的叙事里独立出来。小说就像一座建筑，语言就是墙壁，而这墙壁是流动的，充满情感的，悲伤与喜悦、忧郁与欢乐、焦虑与平和、绝望与希望，等等，这些像雾气一样流动的情感构成了小说内部的力量，正是这力量，支撑着你建造的这座建筑。当然，小说的叙事结构元素有多种，比如小说叙事语言的情绪化，就是小说结构的一个元素。好的小说应该用一种异常复杂的过程来展现现实生活，小说所阐明的生活本身，不应仅仅是你所处的这个时代，也不仅仅是你所生活着的那个社会生活的表面。运用语言去探索人类心理和人类普通的精神本质，这是让小说家着迷的深邃的领域。所以亨利·詹姆斯[①]说，一个艺术作品的最精深的本质，永远是创造者的精神本质。所以说，小说家要用纯粹和唯美眼光来看待现实生活中的各种现象，无论是龌龊的、可恶的、丑陋的，你都要把它当成一件艺术品来看待。你要在一切无秩序的现象中看出秩序来，在一切丑陋的东西里看出美来，以此来排遣我们烦闷而无聊的生活现实。一个小说家，对于艺术创新的追求，不能有一瞬间的停留与满足，他要不断地追求。

孔会侠：您对先锋的责任与热情，与您对生活的责任与热情是并重并进的。所以在当前的文学语境中，全球化视野下世界文学的坐标，仍将是衡量中国文学和中国作家个人写作境界的坐标系。眼下在故事化横行的浅层次写作浪涌中，先锋的意义仍将存在，您觉得这些年先锋文学在个别人的坚持下，还有哪些方面的不足和缺憾？

墨白：我们许多作家在小说叙事上，从来就不懂得民主，不懂得尊重他小说里的人物。他主宰了他小说里的人物的一切。其实，一部文学作品一旦问世，那么它就是独立的，它就要自己去闯荡世界了。纳博科夫在谈到自己与《洛丽塔》的关系时说，有名的是《洛丽塔》，不是我。我是一个默默无闻的、再默默无闻不过的小说家，有着一个不知该怎么发音的名字。小说家为什么就不能像别人一样谈论自己小说里的人物呢？从记忆的本质来论，当然可以谈论。小说家可以把自己小说里的人物请到自己和朋友的身边——就像对待他的家人和朋友一样，那个被你创造出来的人物，比如黄秋雨，比如吴西玉，比如谭渔，如果你真正了解他，那么有时候他比你现实生活中的人更真实地存在你的生活里——你们可以坐在一起喝点茶，或者喝点咖啡什么的，因为你是最熟悉他们的那个人，你知道他的身世。我们需要这样的朋友，需要这样的朋友帮助我们来完成我们对社

① 亨利·詹姆斯（1843～1916），心理小说创始人，世界文学史上最重要的小说家之一。詹姆斯的小说风格独特，语言精妙，技巧娴熟，代表性的有《黛西·米勒》《一位女士的画像》《螺丝在拧紧》等。

会本质的认识，认识的过程对我们来说十分重要。这就像一部小说的叙事，我们在现实生活中需要的是过程，而不是结尾。

孔会侠：这就是您在《手的十种语言》里要实现的。是这样，重要的不是在调查最后发现的事实真相，而是方立言调查过程本身，重要的是过程，而不是结果。

墨白：尤其这种没有结果的调查，最接近现代小说的叙事策略。博尔赫斯认为，20 世纪伟大的小说全部是侦探小说，为此他说到了福克纳的《圣殿》、亨利·詹姆斯的《螺丝在拧紧》，还有卡夫卡的《城堡》。这话未必精确，但却有他对现代小说叙事的理解在里面。比如《手的十种语言》，其实，这是一部侦探小说，作为办案人员，方立言把所有与命案有关的线索与碎片收集起来，时刻准备揭开事实的真相。但碎片在这里已经不再是碎片，所有的碎片都被方立言的生命历程统一起来，变成一个整体，生命过程的整体。这就是小说的合理性，在阅读的过程中，读者总是追求这种合理，但却又无法如愿。因为我们看到的那些由各种碎片构成的现实在不断地发生着变化，其实这就是我们生活的现实，感受现实生活的过程成为阅读的主体，而事件的结果已经不重要。

孔会侠：我理解您的观点。在我对您的阅读感受里，您在以前的小说中造过梦，但我觉得你以后的创作可以造子弹。对您小说的仔细阅读，让人能感受到作者及人物内心都有层层叠叠的痛苦，经由文字一浪一浪地涌来，涌进读者的阅读心扉，霎时间涨满。您有叛逆者的不满与质疑，有理想者的焦灼与忧郁，还有是非清晰爱憎分明的不会糊涂。这种饱满的情绪，加上制造硬度与密度的能量，我希望您下一部作品就是一枚子弹，能更干净利索、尖锐地刺穿现实，带出呼啸而过的狂劲与擦身而过的灼痛。

墨白：子弹？评论家的表达，这得让我好好地想一想。我记得《巴黎评论》杂志在采访纳博科夫的时候，曾经问过他大致如下的话，你深感亨伯特与洛丽塔的关系是不道德的？纳博科夫也说过大致如下的话，错，不是我深感亨伯特与洛丽塔的关系不道德，是亨伯特自己。刚才我是怎么说的？一个小说家，首先要尊重自己的小说人物，要注重自己小说人物所处的生存现实，而不是自作聪明，把小说里的人物的一切都承担起来，替他生活，替他做爱，替他思考。不关心小说里的人物的生命感受，是中国作家普遍所缺乏的。所以一个小说家，要与他小说里的每一个人物保持着友谊，并用自己的生命温暖着对方。或许你说的不错，我并没有置身事外，我和我的小说里的人物一样，存活在文本之中，或许有一天等我离开这个世界的时候，我的这些朋友们仍然独立地生活着。现在是我关照他们，而等我不在的时候，他们可能会回过头来关照我。

孔会侠：您的谈话总是像您小说叙事的风格一样，充满了隐喻。

墨白：有那么严重？只是处理问题的方法不同。你看……

墨白先生说着伸手拿起我最初放下的那本《西藏史诗与说唱艺人的研究》掀到第一卷的内容上，递给我说，你看看，这个法国人研究历史的方法是什么？他的第一卷是《文献及其分类》，首先收录的是大量的参考资料的书目，然后才是问题的现状。我们的现实……墨白先生停顿下来，他端起茶杯来呷了一口看着我说：你说说，应该是什么？我笑了笑反问道，喝茶？墨白先生也笑了，他说，不错。回头我一定给你弄一些上好的毛尖来。对墨白先生的事先的赠予，我欣然接受。我说，我等着。随后我让他给我推荐一些他最近阅读的书籍。接下来，我们一边喝茶，墨白先生一边不停地从座位上站起来，走到他高大的书架前，从不同的书柜里取下不同的书籍：保罗·奥斯特[①]的《隐者》与《末世之城》；唐·德里罗[②]的《坠落的人》与《大都会》；乔纳森·弗兰岑[③]的《纠正》与《自由》；弗兰纳里·奥康纳[④]的《生存的习惯》与《上升的一切必将汇合》；安吉拉·卡特[⑤]的《焚舟纪》与《精怪故事集》；伊恩·麦克尤恩[⑥]的《阿姆斯特丹》

①保罗·奥斯特（1947～），出生于美国新泽西州纽瓦克市一个犹太裔中产阶级家庭，毕业于哥伦比亚大学。他被视为美国当代最勇于创新的小说家之一。主要著作有《纽约三部曲》《布鲁克林的荒唐事》《幻影书》等。

②唐·德里罗（1936～），出生于纽约意大利移民家庭，美国著名的后现代小说家。主要作品有《白噪音》《人体艺术家》等。

③乔纳森·弗兰岑（1959～），出生于美国伊利诺伊州，美国当代著名小说家、随笔作家。作品以抨击现代传媒、书写普通民众著称，作品具有强烈的时代性。

④弗兰纳里·奥康纳（1925～1964），被公认为是继福克纳之后美国南方最杰出的作家。

⑤安吉拉·卡特（1940～1992），20世纪英国最有创造力的作家之一。主要作品有《明智的孩子》《马戏团之夜》等。

⑥伊恩·麦克尤恩（1948～），是英国文坛当前最具影响力的作家之一。主要作家有《赎罪》《时间的孩子》等。

与《水泥花园》；罗贝托·波拉尼奥[①]的《荒野侦探》与《2666》；奥摩司·奥兹②的《咏叹生死》与《胡狼嗥叫的地方》；哈罗德·布鲁姆③《读诗的艺术》与《西方正点》；汉娜·阿伦特④的《极权主义的起源》；萨义德⑤的《东方学》；D.M. 托马斯[⑥]的《白色旅馆》与迪诺·布扎蒂⑦的《鞑靼人沙漠》……

这期间，墨白先生又给我续过两次水。在他叙说的声音里我端起茶水呷了一口，不错，味道从浓变香，从那茶里，我确实喝出了一些特别的味道来了……

（根据录音整理）

① 罗贝托·波拉尼奥（1953～2003），出生于智利。当代西班牙语文学中最具有创造性的作家。

②奥摩司·奥兹（1939～），出生于耶路撒冷，最具国际影响力的以色列作家。主要著作有《我的米海尔》《爱与黑暗的故事》。

③哈罗德·布鲁姆（1930～），出生于纽约市，当代美国极富影响的文学理论家、批评家。

④汉娜·阿伦特（1906～1975），原籍德国，1933年纳粹上台后流亡巴黎，1941年到了美国。20世纪最伟大、最具原创性的思想家、政治理论家之一。阿伦特在《人的境况》一书中指出：言谈本身具有巨大的政治意义。如果不是想要直接动用暴力，那么，言谈所具有的措辞和劝说便是政治方式本身。

⑤萨义德（1935～2003），出生于耶路撒冷，1963年起任教于哥伦比亚大学，当今世界极具影响力的文学与文化批评家之一。他在《知识分子论》里提出，知识分子应该特立独行，不应该与当权者妥协、誓从独立的角度提出批判。

⑥ D. M. 托马斯（1935～），英国小说家、诗人。《白色旅馆》集历史、幻想、病历、诗歌为一体，丰沛情感的力量和精湛的叙事技巧使这部小说成为了后现代文学的当代经典。

⑦ 迪诺·布扎蒂（1906～1972），出生于意大利北部的贝鲁诺市。《鞑靼人沙漠》确定了布扎蒂的文学地位，为他博得了“意大利的卡夫卡”的美名。这部描写“期待”的卡夫卡式作品，展现了梦想的冷酷与破灭，折射出人生的无奈与凄凉。

小说叙事与阅读的差异性

——墨白访谈录[①]

孙青瑜[②]

时间：2013年2月15日，上午10点

地点：墨白书房

一

孙青瑜：你们兄弟在故乡小镇，大哥（孙方友）生活了四十三年，三弟生活了三十六年，相同的生活背景和文化背景，构成了你们共同的写作资源。而你们的小说在叙事上却存在着很大的差异，一个是建立在本土小说叙事学上的现实主义，一个是建立在西方小说叙事学上的现代派。我一直在思考这个问题，并想对你们的文本差异性作一个横向的比较研究。您是怎么看待小说叙事与文本间的差异性？

墨白：你思考的是文学的根本性问题。中国有个比较文学学会，最初的会长是北大的教授乐黛云，他们研究的就是这种差异性。小说叙事的差异不但存在于不同的文学流派的文本之间，存在与作家与作家之间，就是同一个作家，他早期的文本和后来的文本也存在这种差异性。不然，这个作家的写作可能就有问题。导致文本间差异的原因很多，比如认知世界的方式不同，文学观念的不同，小说方法论的不同等等，都会导致差异性的出现。我大哥有他自己独特的小说叙事理论，他是用故事的细节来推动小说的象外之思。虽然他的小说叙事观属于传统现实主义，但在传统手法之外，他形成了自己"翻三番"的小说叙事策略。

①原载《文学报》2013年3月14日。

②孙青瑜（1979～），河南淮阳县人，主要从事古典哲学和古典文论研究以及小说创作，已在《钟山》《南方文坛》《上海文学》等刊上发表小说和文学评论数篇。著有论著《小说叙事的差异性》等。

他对世界的认知方式也和我不同，他认知世界的方式和文学观念，深受庄子的影响，是以象为本。这种以象为本的认知方式，用在小说叙事学上，就形成了传统现实主义的故事决定论。而我是深受西方存在主义的影响，这一点你有所研究，重视小说的叙事语言，主张语言决定论。

孙青瑜：您一直主张小说是叙事语言的艺术，这种观点与传统小说提倡故事决定论有着很大的差异，具体来说呢？

墨白：这种差异主要是一元论和二元论的问题。故事决定论，也就是通过世象感知世界，比如你在别的文章中举出的《庖丁解牛》，就是通过刨丁这一世象，让我们感知技道合一后的"大自由"的境界。庄子的这一观点，对艺术发展的影响很大，而影响最大的就是现实主义小说，以事象说理，这是现实主义小说叙事的本质。我大哥的小说叙事就深得其道。而现代派小说，则是受西方现代哲学尤其存在论和海德格尔语言学的影响，现代派文学日溢重视小说的叙事语言。我们许多作家都喊着解构故事，就是想打破传统的"事象"感知，也就是你说的"以事载道"的传统，直接用语言取代故事，用语言去感知世界。

孙青瑜：西方没有庄子，为什么西方早期的现实主义经典小说，比如巴尔扎克他们也有以事象为本的倾向？

墨白：这是人类在认识世界过程中的思维重叠，比如在远古时期，人们对宇宙来源的好奇，编织的那些自圆其说的神话，中西方一对比，思维竟是惊人的相似。

孙青瑜：用语言感知世界，是不是就是用语言直接道理？这样做会不会偏离艺术"曲线表理"的本质？将艺术的"曲说"折腾成"直说"？

墨白：你说的这种倾向的确存在。在小说叙事里，如何将海德格尔的语言观灵活地运用于文本，我想这与作家对语言技巧性的把握，对艺术曲线传理的这一本质特点的认识，对文本的驾驭能力等，都有很大关系。

二

孙青瑜：您常说小说就是叙事语言的艺术，这一点是不是受海德格尔语言观的影响?

墨白：语言不但是文学，语言还是我们所处的世界，是我们精神存在的家园。这一观点是人类认识世界方式和思维方式的一次大飞跃，也是海德格尔的伟大之所在。海德格尔通过婴儿体认语言的过程，让我们知道是语言先于我们而自在，而不是我们通过本质反观、认识和领会语言。这一观点，改变了世界哲学和语言分析的路径，改变了本体论的元概念，直接将我们感知世界的方式从视觉感知、体认感知推向了纯粹的听觉感知，将二元论推向了一元论。海德格尔的语言观当时对世界震动很大，他的新的语言学理论和他的存在学自然也逐渐地渗透到了现代文论思潮的发展之中，先是现代和后现代的文学思潮，继而又涌出了互文性理论、复调理论，这些都是为了努力打破艺术世界的二元论。当然，至于他们有没有真的成功地实现了审美对象的一元化，这是我们值得研究的大课题。在小说叙事实践中，若靠纯粹的自然语言是不行的，要靠作家们的创造，只有通过对语言的创造，才能去把握世界。

孙青瑜：听您如此一说，让我突然通悟了乔伊斯的《芬尼根守灵夜》，他的小说叙事就是创造。乔伊斯和海德格尔应该同时感觉到语言的重要性，因为乔伊斯开始写作《芬尼根守灵夜》是1923年，海德格尔1927年在胡塞尔[①]主编的《哲学和现象学研究年鉴》上发表《存在与时间》，他们几乎是同时将语言定为世界的本元。乔伊斯文本互文性的基础，正是刚才您说的这一理论支持，语种与语种间的互文，文体与文体间的互文，语义、语法和逻辑间的互文。前几天我在阅读《芬尼根守灵夜》时，感触很深，就写了

①胡塞尔 (1859 ~ 1938)，出生在奥匈帝国摩拉维亚的普罗斯尼兹的一个犹太家庭，德国哲学家，20世纪现象学学派创始人。其哲学思想对海德格尔、梅洛·庞蒂和萨特这些现象学和存在主义的主要代表人物产生了巨大影响。

一条微博："高人，异类也，反常而动也，出奇制胜，胜在不奇，动之判规，静落矩中，此乃高人共性也！"

墨白：你这句话，对高人的共性的确作出了本质性的总结。你所感叹的这个"奇"字，就是思维方式，我知道你在不同的评论里都主张思维方式决定论，而乔伊斯的《芬尼根守灵夜》，刚好再一次佐证了你的这一观点。

孙青瑜：哦，不敢当，人家乔伊斯在七十年前就创造出来了，我只是从他那里得到感悟。

墨白：不过，你这个"高人"观点的确很有道理，当我们回首反观历史上的"高人"时，的确能从他们的思维方式中看到你说的这一点。

孙青瑜：是的。我一直觉得，当技法娴熟之后，艺术与其说比的是思想，不如说比的是思维方式。高深的思想可能很多人都有，可作为艺术家如何将思想"妙镶"于艺术，再"喷"出来，这就靠思维方式了。

墨白：说得很对。思维方式在很大程度上考验着一个文本的表达方式，决定着一个文本表达是否成功。对于一个小说家，他思维方式的重要性，丝毫不亚于哲学家。比如《芬尼根守灵夜》，那就是乔伊斯研究语言哲学多年的体悟和积累，如果不是一个绝妙的思维，如何将语义、语法和逻辑不可能间的那个"可能性"空间，表达得如此之妙，而且妙得让人口服心服，拍案叫绝？

孙青瑜：对，我刚发现这一"妙景"时，也曾为乔伊斯的思维疯狂了很久。就像我当年发现您用古典哲学的"气"，也就是用语言之象外的"大气"直抵艺术一元化的深洞一样疯狂。为了这一论点，这么多年，我埋头苦读，才敢拈笔去论，原因就是它涉及的知域博大到让人自惭。

墨白：是的，现代派小说在现代、后现代和互文性、复调等理论的影响下，不但要求作者越来越学者化，同时在传达的过程中，同样考验着读者的知域背景。就像

《芬尼根守灵夜》，你没有博大的知域背景，想全部穿透它，那就是一句空话。其实，这又归到我刚才说过的问题上了，现代派小说看似无中心，其实又是有中心的，这个中心就是世界，用文本去联系世界，文本只是一个思考世界的元语言。也就是说，现代派小说重点在小说之外，它打破了现实主义小说在文本内考察世象的传统。或者说，现代派小说在营造过程中就在文本之外，而现实主义小说从营造到传达，却都在文本内进行。当然，你一不小心，就会将小说滑入单纯的形式主义。如何防止形式主义，这又归于你刚才所说的思维方式上了。“动之判规，静落矩中”，这个“矩中”，我想就是你常说的“艺术曲线传理”的本质和特点。无论是现代或是后现代，在反叛传统的时候，都不能远离艺术的这一本质特点，或者说艺术本质特点是我们思维方式飞跃后的最终归宿，否则就会远离艺术。

三

孙青瑜：我发现很多实验主义小说家，在实验的时候，毫不顾及艺术的本质特点，最终而落到“动之判规，静落矩外”，将艺术变成了非艺术。

墨白：这是我们在进行小说叙事实验的过程中值得警惕的一点。我之所以很早就从感性上发现了这一本质，就是受我大哥小说技巧性的影响，因为我们常常在一起讨论小说的叙事。大哥在进行小说创作的时候，讲究的就是理趣浑然。而浑然的度数，浑然程度的强与弱，一直是他评判自己小说构思的主要标准。这种标准无疑是在告诉我，思维飞跃的目的不是为了飞出去，而是为了让艺术“飞”得更“浑然一体”。大哥的小说叙事观，对我的创作影响很大。所以在进行小说叙事的实验过程中，我始终坚持这一点，思维飞翔的目的，是为了让艺术变得更浑然。所以，我在实验小说的叙事如何真正走向存在主义一元化的时候，始终不敢背离艺术本质所决定的这一原则。

孙青瑜：是的，无论如何反判，艺术终归是艺术，离开了它的暧昧性和浑然性，艺术就成了非艺术，艺术的目的是为了曲线表达，这是艺术和其他学科的最基本的区别，同时也是艺术的底线。如果从事艺术，连艺术的本质特点都认识不清，我觉得这样的艺术家是失败的，他的艺术实验最终也会落到“矩外”，成为非艺术一列。说到这里，我想再问您一个问题，同样的是以语言为本元，您和乔伊斯有什么不同？您觉得乔伊斯的《芬尼根守灵夜》，有没有冲突艺术曲线表达的底线？

墨白：小说艺术走到高层，它和哲学的互文性已经强到不可开交。比如乔伊斯的《芬尼根守灵夜》，不说它思维的超前性，单说文本所牵带的知识面，对读者就是一个前所未有的考验。当然，如果有能力去穿透它，就不难发现这部伟大的天书不但改变了哲学走向，也改变了文学走向，改变着我们认知世界的方式和我们的思维模式。正如你所说的，艺术有一根底线，这根底线就是曲线传达。这个一曲一折的特点不但考验着艺术家的营造能力，同时也考验着读者的审美能力。现代派小说创作需要作家的知域越来越博杂，实则却又要有很强的内在互通性。所以艺术传达的过程，也就要求读者或者理论家们要采用多重审美视角杂糅互通。可事实上，并不可能达到这种理想。比如很多理论家看小说，只讲外视角：哲学视角和文论视角。而小说家看小说，则主要采用内视角，小说方法论的视角。

孙青瑜：您在实验小说一元化的时候，直接打破了审美对象与读者的二元关系，我觉得您不但已经从西方的“视觉”框架里走出来，同时也超越了海氏的“听觉”，直接回到了中国的传统“体觉”世界，从语言哲学里走出来，转向了“气本论”。学术视野回转，让您在中西间找到了一个契合点，实验成功了小说叙事艺术从二元对立走向一元世界，您却一直没有得到认可，甚至除了我，没有人发现您小说叙事的这一重大价值。得不到认可对一个成功的艺术家或者思想家来说，是极度压抑的，比如弗雷格[①]，比如卡夫卡。卡夫卡的故事就不用说了。单说弗雷格。弗雷格怕他死后，养子把他的手稿当垃圾丢弃，在临终前拿着手稿对养子说："这虽然不是金子，但里面有金子。"从这句话里，我们可以看了，他的自信，他的苦闷、无奈和心酸。

墨白：审美视角的单一，最终的结果会导致审美穿透力的降弱，造成当代文本只能辗转到后代放光的遗憾。这已经不是奇事，像你刚才举出的例证。这也就是说，文章写好之后，它们就不再属于作者，而是属于这个世界和世界上的读者，至于能不能被读者完全穿透，这正应了中国一句古语，叫"诗无定诂"。这句话说的正是艺术在进行传达过程之后，由于读者审美层次的不同、审美视角的不同、审美维度的多与寡，以及读者对自己识域整合调动逻辑的能力等诸多原因造成的审美差异。面对审美差异，我想乔伊斯是早有思想准备的，不然他也不会说《芬尼根守灵夜》是为后代人写的书。同样，任何进行叙事艺术探索的小说家，都会有这种思想准备的。而你刚才说到的弗雷格，则是另外的情景。作为被公认的伟大的逻辑学家和数学家，弗雷格对两门学科相互之间关系的研究成果没有在有生之年得到广泛的认可，而后来却对分析哲学产生了巨大影响。

孙青瑜：不错，这种对科学判断的差异，从另一方面说明了我们在阅读中产生的审美判断的差异性，在任何社会任何阶段都存在着。

①弗·路·戈特洛布·弗雷格（1848～1925），德国数学家、逻辑学家和哲学家，数理逻辑和分析哲学的奠基人。

中国社会产生现代派文学的土壤

——与墨白对话[①]

张延文

时间：2013 年 2 月 19 日

地点：郑州，河南省文学院

张延文：墨白老师，2010 年的 7 月间，我曾经到鸡公山和你就“人文环境与文学精神”为话题做过一次交谈，我们这次谈话准备以新文学以来，产生现代文学与后现代文学的人文环境和社会土壤为题。

墨白：这个我们多次在电话里沟通过。

张延文：2012 年中国社会文化生活当中有一件大事，那就是莫言获得了本年度的诺贝尔文学奖。莫言早期的创作深受拉美魔幻现实主义文学的影响，他于 1981 年开始创作生涯，成为 20 世纪 80 年代中期崛起的先锋小说的代表性作家之一。莫言的获奖，正是中国先锋小说进入发展成熟的标志，也同时说明中国当代先锋文学开始进入到了世界文学的主流阵地，并且在其前沿占据了一席之地，发挥着重要的影响力。莫言的小说，是东西方文化交融后的产物，顺应了国际化的时代主题，同时，也是中华民族这个古老的东方文明焕发出了新鲜的生命力的象征。莫言 1955 年出生于山东高密，那里不仅是中国儒家文化的发祥地，还产生了一个叫蒲松龄的文学大师。蒲松龄创作的《聊斋志异》是中国文言短篇小说的巅峰之作。而你 1956 年出生于河南淮阳，淮阳是中国先秦时代重要的文化发祥地，从伏羲、神农，到老庄哲学，都和这块神奇的土地息息相关。

①原载《天涯》2013 年第 6 期。

你的兄长孙方友同样出生于20世纪50年代，他以《陈州笔记》为代表的“新笔记体小说”是继蒲松龄的《聊斋志异》之后的中国笔记体小说创作的又一座高峰。这其中的文化蕴含颇耐人寻味。传统和先锋，地域文化和世界文化，其中的关系是水乳交融的。

墨白：也是一个复杂的文学现象。现在，我们已经习惯把从20世纪80年代后期以来产生的现代派文学称为先锋文学，但我认为先锋文学的命名，由于太多的因素，很难准确地概括这种文学现象。20世纪西方文学的主流是现代派文学，在中国，20世纪的文学主流则是现实主义。在小说方面，如鲁迅、张爱玲、沈从文、老舍、钱锺书、巴金、茅盾等等，这些代表着中国现代时期文学成就作家的著作，虽然有的具有现代派文学的因素，比如鲁迅的《故事新编》，但从根本上讲还都是现实主义；即便是20世纪30年代在大都市上海风靡一时的以施蛰存、刘呐鸥、穆时英为代表的新感觉派，虽然引进了心理分析、意识流、蒙太奇等新的创作方法，但其内在还是没有真正脱离现实主义的窠臼。从新中国到上世纪的80年代的小说，更是如此，即使到眼下，现实主义仍然占有主导地位，你稍微注意一下茅盾文学奖和鲁迅文学奖的获奖篇目，就可以明白这一点。在戏剧方面，像曹禺、老舍、郭沫若等人的戏剧也都是现实主义的，因为他们作品的旨意是对社会的批判，而他们的批判精神又是那么的强烈与自觉。中国现实主义的哲学基础是庄子，是以象为本。这种以象为本的认知方式，就是故事决定论，以事载道是现实主义小说叙事的本质。西方现代文学的思想来源是尼采①、弗洛伊德、柏格森、康德与萨特的哲学，即便是后现代主义，也有一批像福柯②、德里达③、德勒兹④这样的哲学家。西方现代派小说的叙事同时深受海德格尔的“语言学转向”的影响，日益重视小说的叙事语言。有了这种差异，就使以现实主义为主导的20世纪中国文学

①弗里德里希·威廉·尼采（1844～1900），德国卓越的诗人、散文家和思想家，西方现代哲学的开创者。主要著作有《悲剧的诞生》《不合时宜的考察》《查拉图斯特拉如是说》《希腊悲剧时代的哲学》等。

②米歇尔·福柯（1926～1984），法国哲学家、后现代主义者和后结构主义者。他对文学评论及其理论、哲学、批评理论、历史学、科学史、批评教育学和知识社会学有很大的影响。主要著作有《疯癫与文明》《性史》《规训与惩罚》《临床医学的诞生》等。

③雅克·德里达（1930～2004），法国当代哲学家、符号学家、文艺理论家和美学家，解构主义思潮创始人，以其“去中心”观念，反对西方哲学史上自柏拉图以来的“逻各斯中心主义”传统，认为文本（作品）是分延的，永远在散播。主要著作有《人文科学话语中的结构、符号和游戏》《言语和现象》《文字与差异》《论散播》等。

④吉尔·德勒兹（1925～1995），具有广泛影响的法国后现代哲学家。其哲学著作《反俄狄浦斯》和《千座高原》（均与伽塔里合作）业已取得世界性的声誉。

失去了和世界文学对话的基础。有评论说，莫言的获奖是中国文学的胜利。这话不准确，应该是中国的现代派文学在世界范围内得到了认可。

张延文：海德格尔在西方思想史上是一个划时代的人物，他经历过两次世界大战的洗礼，以及二战后西方资本主义发展的黄金期，接受过基督教神学、现象学等多方面的影响，对于存在主义有着深入的思索。存在主义在西方有着深刻而广泛的社会基础，同时能被有神论者、无神论者和一部分的马克思主义者接受，关键应该就在于西方人对于个人自由的尊重，理性的意识比较鲜明。这也是海德格尔的存在主义哲学的基础。这和我们中国的文化传统是相背离的。中国传统文化有两个大的特点：一是“家天下”的儒家伦理，二是诗教导致的诗性思维。在中国漫长的文化序列里，小说一直是稗类，不登大雅之堂，只是到了近代社会之后，才开始慢慢进入到主流文化之中，甚至到了新中国成立之后，有不少迷恋于国学的老先生，在编写中国文学史时，小说还是没有占据一席之地。儒释道都同时具备现实主义和浪漫主义两种元素，只是说儒家学说更为经世致用，应该说更加倾向于现实主义。“象”最早是来自于《易传》，《周易·系辞传》有“在天成象，在地成形”的说法。诗性的精神是一种原始思维，神秘主义、集体主义和理想主义并存，带有人类童年时期文明的色彩，和现代社会的理性主义、个人主义、现实主义是格格不入的。每个时代都有适合自己的文体，比如诗和戏曲就更加适合原始社会和农业文明，小说和影视剧属于工业社会，而后工业社会应该是虚拟的网络游戏的天下。海德格尔的“语言学转向”是对西方的哲学传统的一次彻底的决裂，他反对那种功利主义的认识论。在海德格尔看来，语言不再是言说的工具，语言是“存在的家”，本真的语言是通向本源的场域。海德格尔的表述接近于老庄哲学里谈论的“道”，海德格尔对于中国道家的哲学传统是有所吸收的。应该说，庄子的思想当中，更为接近于后现代的成分，而非现代精神，他是海德格尔哲学想要企及的那一部分。我们可以说，后现代主义，在本源上和人类文明的源头是有着一种同质性的关系，人类文明的发展是有着一种大的循环在的，当然这种循环是螺旋上升的还是圆环，这个不好说。

新文化运动是以改革语言为肇端的，这也呼应了西方20世纪前后的语言学革命，而新诗是新文化运动的先行者。新诗表面看起来是一种形式上的变革，但其内在却是以西方文化作为标的的，大量吸纳了西方诗歌的元素，其内在精神是具备了现代文学因素的，比如鲁迅的散文诗集《野草》，在鲁迅的作品里，显然更加具备现代主义的元素；在新诗的草创期，象征主义就出现在了李金发、戴望舒等人的诗作里。而新时期的朦胧诗的出现，我们称之为新诗潮，其内在的现代主义元素是相当突出的。比如北岛、顾城、多多、芒克等人的诗作，我们可以从中找到具备了鲜明的个人主体性意识的现代主义的精神，诗歌文体在这方面是再次走到了小说的前面的。

墨白：是这样，中国的现代派文学到了20世纪的80年代后期才开始发出了自己的声音。

张延文：像残雪、余华、莫言、格非、阎连科，还有你的文学创作，都应该归入到现代文学或者后现代文学的阵营里。但不可否认，你们的创作大多都受到西方现代派文学的影响。

墨白：我认可你的观点。我们接受的十分混杂，像我刚才提到过的西方现代与后现代哲学，新时期以来，不但像萨特、加缪[①]、卡夫卡、乔伊斯、伍尔夫、普鲁斯特、福克纳这些作为现代主义西方经典小说家的著作大量地传入中国，而且被归入后现代主义的小说家比如博尔赫斯、纳博科夫、昆德拉、卡尔维诺、贝克特、福尔斯[②]与莱辛[③]的

①阿尔贝·加缪（1913～1960），法国小说家、戏剧家、评论家，存在主义文学领军人物，“荒诞哲学”的代表，1957年因《局外人》获得诺贝尔文学奖。

②约翰·福尔斯（1926～2005），在世界文坛享有盛名的英国作家，主要作品有《收藏家》《法国中尉的女人》等。

③多丽丝·莱辛（1919～2013），英国女作家，代表作有《金色笔记》等，2007年获得诺贝尔文学奖。

小说，马尔克斯的魔幻现实主义，法国新小说代表的罗布－格里耶、克劳德、西蒙，元小说的巴塞尔姆[①]，黑色幽默的品钦[②]与海勒[③]的小说，也都被广泛接受并对我们的文学观产生影响。当然，现代和后现代文学在中国的传播是全面的，比如在诗歌方面，象征主义诗人瓦雷里[④]与里尔克[⑤]，超现实主义诗人阿波利奈尔，意象派诗人庞德[⑥]，垮掉派诗人金斯堡[⑦]以及斯蒂文斯[⑧]、叶芝[⑨]、艾略特[⑩]等人的诗歌；在戏剧方面，作为存在主义的萨特、象征主义的梅特林克[⑪]、荒诞派的贝克特、表现主义的斯特林堡[⑫]、奥尼尔[⑬]、皮兰德娄[⑭]、达里奥·福[⑮]的戏剧，等等，这些都对我们的文学观产生了影响，这是事实。但还有一个事实，那就是在我们的现实生活里，实实在在地存在着滋生现代派文学的土壤，是先于我们的西方现代派文学使我们认清了这种存在，所以中国新时期的现代派文学的产生，是自然的，也是

① 唐纳德·巴塞尔姆（1931～1989），美国后现代主义小说家，代表作为《白雪公主》。

② 托马斯·品钦（1937～），生于纽约，以写晦涩复杂小说著称的美国当代最优秀的作家。主要作品有《V.》《叫卖第49批》《万有引力之虹》等。

③ 约瑟夫·海勒（1923～1999），美国小说家，他的《第二十二条军规》为黑色幽默的代表作品。

④ 保尔·瓦雷里（1871～1945），法国象征派大师，主要作品有《旧诗稿》《年轻的命运女神》《幻美集》等。

⑤ 勒内·玛丽亚·里尔克（1875～1926），出生于奥匈帝国时期的布拉格，其诗作《杜伊诺哀歌》和《致奥尔弗斯的十四行诗》使他成为20世纪最有影响的德语诗人。

⑥ 埃兹拉·庞德（1885～1972），美国诗人。他的诗作从中国古典诗歌、日本俳句中生发出“诗歌意象”的理论，为东西方诗歌的互相借鉴做出了卓越贡献。

⑦ 艾伦·金斯堡（1926～1997年），美国诗人，他在《嚎叫及其他诗》（1956年）中的标题诗确立了一个强调远离主流文化的文学流派（避世运动）中的领袖诗人地位。

⑧斯蒂文斯（1889～1955），美国诗人。44岁才发表第一部诗集《和谐集》，50岁后，主要诗集《关于秩序的遐思》《带蓝色吉他的人》《夏天临近》《秋天晨曦》等陆续问世，他的诗熔传统浪漫风格与现代意识于一炉，诗风精致细腻，思辨与抒情并重。被誉为集含混与生动于一体的诗人。

⑨ 威廉·巴特勒·叶芝（1865～1939），神秘主义者、爱尔兰剧作家，誉之为20世纪最伟大的英语诗人，1923年获诺贝尔文学奖，主要作品有《钟楼》《盘旋的楼梯》《驶向拜占庭》等。

⑩托马斯·斯特恩斯·艾略特（1888～1965），出生于美国密苏里州圣路易斯，美国20世纪最具影响力的诗人。其作品《荒原》是20世纪西方现代派诗歌的里程碑。1948年因《四个四重奏》获诺贝尔文学奖。

⑪ 莫里斯·梅特林克（1862～1949），1911年获得诺贝尔文学奖。主要作品有《青鸟》《盲人》《佩利亚斯与梅丽桑德》等。

⑫ 奥古斯特·斯特林堡（1849～1912），戏剧家、小说家、诗人，瑞典现代文学的奠基人，19世纪80年代瑞典激进主义作家的主要人物。代表作品有《在罗马》《被放逐者》《奥洛夫老师》等。

⑬ 尤金·奥尼尔（1888～1953），美国民族戏剧的奠基人，表现主义文学的代表作家，1936年获诺贝尔文学奖。主要作品有《琼斯皇》《毛猿》《天边外》《悲悼》等。

⑭ 路伊吉·皮兰德娄（1867～1936），意大利小说家、戏剧家。1934年以“果敢而灵巧地复兴了戏剧艺术和舞台艺术”为由获得诺贝尔文学奖。

⑮达里奥·福（1926～），意大利剧作家、戏剧导演，1997年诺贝尔文学奖获得者。达里奥·福的剧作深受民间说唱艺术的影响，继承了中世纪喜剧演员的精神，贬斥权威，维护被压迫者的尊严。代表作有《一个无政府主义者的意外死亡》《喇叭、小号和口哨》等。

必然的。我之所以用现代派这个概念来概括那个时期产生的现代和后现代的文学现象，一是我认为一直以来先锋小说的说法太模糊，二是我们已经没法把我们的文学现实，用现代文学和后现代文学这种不同的观念明晰地区分开来。比如余华，他既接受卡夫卡，又接受博尔赫斯；比如莫言，他自认是受了福克纳和马尔克斯的影响。刚才我说过，在西方，卡夫卡、福克纳是被归入现代文学、而博尔赫斯和马尔克斯则是被归入后现代文学。所以我认为，用现代派文学来命名这个文学现象才是准确和全面的。

张延文：对于现代和后现代，一直有争议，也有人认为后现代只是现代主义的一个新的发展阶段。现代主义的核心是进步的理念，一种技术理性在其中起着作用，它是资本的工业社会的产物；而后现代则是后工业社会出现的信息社会的产物，它的核心理念是无中心的多元价值倾向，相对主义和怀疑主义成为老生常谈。而文学，只是人类社会文明体系里的一个组成部分，现代主义和现代主义文学未必是同步的，而后现代主义文学，也许压根还没有出现过。我们目前看到的被我们称之为后现代主义的作家和文学作品，就其内在的诗学来说，仍然没有摆脱现代主义的桎梏。所以，我们将博尔赫斯和马尔克斯归入现代文学应该也是应有之义。在你认为，在我们的现实生活中，哪些因素构成了产生现代派文学的土壤。

墨白：不是今天，至少在20世纪的50年代末，我们的现实生活就已经具备了产生现代派文学的社会因素，比如荒诞、暴力、无政府主义；比如生命本体、人与人、人与社会、与环境的异化；比如对神秘性、死亡、欲望的认识；对时间、记忆与语言的认识等等。正是这些，就像你刚才说的，构成了我们所处时代产生现代派文学的人文环境和社会土壤。

张延文：这些因素，我们来逐个地梳理一下，先说一说荒诞吧。

墨白：在20世纪的后半叶，我们所处的社会就已经充满了谎言，我们每一个人都生活在谎言之中。1958年的“大跃进”就是最好的例证。小麦亩产七千多，水稻亩产四万八、南瓜亩产二十多万斤，就连芝麻也能亩产七千多斤，一只老母猪一窝能产六十四只小猪娃。不说那个时代，就是现在袁隆平的杂交水稻才亩产九百公斤左右，可这些全都登在《人民日报》《河南日报》这样的党报上。每一个有社会经验的人都知道那是谎言，可就是没有一个人敢站出来指出它的本质。我看过李锐先生写的一篇文章，叫《反思“大跃进”》，这篇文章记载了毛泽东秘书田家英和毛泽东的一次谈话，田家英说，你也不是没当过农民，你应当知道亩产万斤是不可能的。对于一个既熟悉农业生产又信仰唯物主义哲学的人来说，毛泽东肯定是不相信的，然而作为一个浪漫主义诗人，他要的应该是“超英赶美”的社会氛围，要的是群众的冲天干劲，面对这样的奇迹，他不想给这种“热情”泼冷水，所以才产生了这场荒诞不经的闹剧。这有点像尤奈斯库①的荒诞戏剧《椅子》里所表达的情景，以笑剧开始，以悲剧收场。尤奈斯库这部写于1951年的戏剧，却被我们的大跃进所实践。

张延文：毛泽东发动“大跃进”是有着国际和国内的双重因素的，就国内来说，中国刚刚完成社会主义改造，人民的干劲足，社会发展的态势好，这为“大跃进”提供了良好的社会群众基础。在国际上，20世纪50年代是西方资本主义国家经济发展的黄金期，西方社会经济的快速发展对于我们社会主义国家来说就带来了经济发展的压力，必须“超英赶美”才能真正体现社会主义制度的优越性；同时，苏联也出现了一系列的变化，赫鲁晓夫的一些行为触动了原本就对苏联这个“老大哥”抱有警惕之心的毛泽东，更让毛泽东产生了中国必须脱离苏联体系甚至超越苏联成

① 尤金·尤奈斯库（1912～1994），出生于罗马尼亚一个律师家庭，1938年移居法国巴黎，任职于出版界。1949年开始戏剧创作，主要作品有《椅子》《秃头歌女》《犀牛》，荒诞派戏剧的鼻祖之一。

为社会主义阵营的领军人物的想法。这些诉求显然是合理的，但其不合理之处在于，我们并不具备超英赶美乃至成为社会主义阵营的带头人的物质基础。盲目地甚至不顾一切代价去实现原本不可能实现的目标，这是酿造悲剧的根源。在一个现代社会里，仍然使用非理性的方式来进行一个几亿人的大国的国家治理，其后果是可想而知的。这种荒诞性在人类历史上屡见不鲜，无非是夜郎自大的现实版，但其代价却是触目惊心的。缺乏现代社会的理性精神，是“大跃进”悲剧的根源。当然，毛泽东主导的一系列的大规模的“社会实验”，包括“大跃进”、人民公社运动、四清运动、反右、“文化大革命”，等等，其性质是复杂而多元的，除了非理性的因素外，包含有无政府主义倾向和乌托邦精神，甚至混杂有老庄哲学里的一些元素，这些元素也包含有现代主义甚至后现代主义的一些思想因子。

墨白：所以，我们新时期的现代派文学的产生不是空穴来风，是有其社会根源和历史根源的。20 世纪后半叶，新的政权诞生之后，要求民众要大公无私、全心全意为国家机器服务，这几乎成为了人们的信仰，大公无私我们喊了几十年，可是这种理念压根就违背了人的天性，不符合经济规律。在社会物质不丰富的年代，谁能做到大公无私？很难做到，可做不到就要被淘汰，社会模式就是这样，唯一的办法就是撒谎，说违心的话。政治运动一来，你不支持也得支持，你不拥护也得拥护。如果你掏心窝子说话，那你不是右派就是反革命。那种形式下，逼着所有的人说谎话。如果你说实话就会被打成另类，反革命、修正主义分子、蒋介石的孝子贤孙、美帝国主义的走狗、资本主义当权派，罪名多的是，随便拿一个就可以压得你永世不得翻身。1957 年号召大家提意见，结果谁提意见谁就被打成右派，就家破人亡、妻离子散。杀鸡给猴看，谁还敢说真话？所以才有了 1958 年的放卫星。到 1959 年的庐山会议，说真话的彭德怀被打成反革命集团，从此以后没谁再敢讲真话。这种荒诞无稽的社会环境，一直延伸到改革开放，其流毒甚广。去年我老家周口搞复耕和殡葬改革，商水县是周口市确定的殡葬改革试点县，正好我有一个当年我在故乡小学任教时的同事在商水县教委工作，他给我讲了一些细节。为推动平坟复耕工作，商水县组建了殡葬改革执法大队，组织了督导组，对各乡镇殡葬改革各项任务进展情况督导。完不成任务且排名后三位的单位，第一次县里对党政正职诫勉谈话；第二次降职半格使用；第三次就地免职；村干部不带头免职，教师不带头停课，党员不带头就开除。平一个坟头，村民能得两百元。很快，全市平掉了两百多万个坟墓。可今年国家出台了一项新规定，民政部门不能再强制平坟，几乎是在一夜之间，至少半数被平掉的坟墓又被圆起。你能想象在黑色笼罩的田野里，到处都游荡着偷偷在圆坟的村民的身影的情景吗？你不觉得这很荒诞吗？

张延文：丧葬文化是中国传统文化的核心部分之一。而坟墓是传统意义上的乡村的唯一的象征。在那里，死人和活人是在一起的。他们可以彼此相遇并和平相处。从五四新文化运动以来，一个始终不变的核心理念就是中国传统文化是腐朽的，必须彻底改变它，中国社会才有希望跻身世界先进国家的行列。这种逻辑的根源是产生荒诞的思想基础。打个比方来说，如果一个穷人想要摆脱贫穷的命运，他唯一的方法是成为另外一个人，那么将来成为富人的并不是他自己，他的愿望通过那个"唯一"的方法显然是不可能实现的。荒诞恰恰是现代派文学的一个重要的表达手段，比如贝克特的戏剧《等待戈多》、尤奈库斯的《秃头歌女》和前面说你过的《椅子》，还有阿尔比的戏剧，等等；中国新时期产生的小说，比如你的《风车》，莫言的《酒国》，阎连科的《受活》与余华的《兄弟》，我都视为具有荒诞本质的文学作品，这些作品以极度夸张、黑色幽默与魔幻的表现形式来表达现实的荒诞属性。而荒诞只是中国新时期现代派文学表达的一种手段，还有更多的现代主义思潮包括形式与结构都在这一时期的文学中得到表现。我们拿余华为例，他前期的小说从《现实一种》到《一九八六》，都显示出他特有的冷酷和暴力倾向。比如莫言，他从最初的"红高粱家族"系列开始，他的小说一直具有"残酷的美学"的特点，他的《檀香刑》更是将这种血腥残酷的场面描写推向了极致。比如你的小说叙事当中，也有很多对冷酷的精神状态描写，像中篇小说《白色病室》与《局部麻醉》。《局部麻醉》当中的身体瘦弱的外科大夫白帆和粗鲁残暴的邻居袁屠户以及白帆的粗鄙、贪婪和充满了淫欲的妻子柳鹅之间的对比性关系是相当鲜明的。小说当中白帆为院长的母亲引产的血淋淋的场面，金属凿吃进胎儿头颅的那段近乎自然主义的赤裸裸的描写振聋发聩，突破了文学创作温文尔雅的文化传统，这种对于社会禁忌的冒犯，恰恰是先锋文学所必需的基本素质。类似于鲁迅的"嗜心"的生命体验成为了创作者的渗入血脉里的文化底色。这些对于社会生活当中的暴力的展现，是否和你们这些作家经历过"文革"那个血与火的时代有关系？

墨白：毛泽东在1927年写的《湖南农民运动考察报告》[1]中说过大意如下的话：革命不是请客吃饭，不是做文章，不是绘画绣花那样温良恭俭让。革命是暴动，是一个阶级推翻一个阶级的暴力的行动。使用暴力来夺取政权，是毛泽东一直以来的哲学思想，这种思想几乎影响了整个20世纪的中国历史。建国以来一直到20世纪的80年代，阶级斗争都是我们国家意识形态的纲领，在和平时期，毛泽东的斗争哲学在"文革"中得到了最大限度的体现。我们从小受的都是这种敌对斗争的教育，敌人不投降，我们就叫他灭亡。我上小学的时候，正赶上"文革"，武斗和

①见《毛泽东选集》（第一卷），人民出版社1991年版，第17页。

打砸抢是我们日常生活中的经历，我们群情振奋地去抄“地富反坏右”的家，去抄革命对象的家，我们兴奋无比地在十字街头焚烧“四旧”，就是在睡梦里，暴力也会出现。哪怕是一个学生，如果他有勇气，就能把校长拉出去游街，拿起砖块把他的头颅砸破。

张延文：在人类社会发展的漫长的历程当中，政府作为社会政治组织来管理社会，并使用军队、警察、监狱等暴力工具来巩固和加强统治，其历史并不长久，它只是某一个特定阶段的产物。而人类社会的早期是没有政府存在的，更谈不上暴力统治。人类社会进入到信息社会之后，也就是后现代社会，一个新的“无政府”的无暴力的自由平等的社会也许即将来临。暴力革命和暴力统治是相伴而生的，它和集权政治之间水乳交融。无政府主义运动在20世纪前后风起云涌，中国的无政府主义运动在五四新文化运动前后也产生过一定的影响，这些对于当时的青年人的成长起到的作用也是不容忽视的，它极有可能会成为一种思想的底色，在某种特定的语境下会被激发出来。比如“文化大革命”，它在一定程度上是带有一些无政府主义的色彩的，比如崇尚暴力，打破政府人员的权威，使得个人或群众有可能对于公共权力发生冒犯甚至颠覆，等等。文化大革命是一个非常值得去反思的社会历史运动，它远远超越了一般的社会运动所具备的单一的属性。在中国社会甚至整个人类的思想史上，“文化大革命”都堪称典范，用空前绝后来形容并不为过。其中发生的很多事情，都需要我们进一步去反省和追问。比如“文革”期间流行的革命样板戏，也可以说是当时唯一公开传播的文艺活动，其存在就颇耐人寻味。“文化大革命”期间是“宁要社会主义的草，不要资本主义的苗”，这种红色的逻辑在当时是占据着统治地位的。但我们反观样板戏，却吸收了很多西方文化的元素，比如芭蕾舞剧《红色娘子军》《白毛女》和

“交响音乐”《沙家浜》，芭蕾舞和交响乐显然是西方的“洋玩意”，从某种意义上来说，当时的样板戏可以称作中西方文化完美结合的典范。在“文革”期间，对于“性”的控制到了一个无以复加的地步，女性的第二性征在日常生活当中几乎是完全取消的，女的穿着打扮和男的一样，干的活也没什么区别，更不用说去谈情说爱了。控制“性”是控制社会的最有效工具。但在样板戏当中，女性角色穿着是相对“暴露”的，一些动作甚至是热烈、大胆而“性感”十足的。这对于当时的社会环境来说，也是非常另类的存在。样板戏的大行其道是我们理解“文革”的另外一条途径，它将我们带到了“文革”的另外一个一直被遮蔽、忽略的狂放、野性而压抑的原欲。同时，“文革”是一个狂热的理想主义的时期，它是中国社会诗性精神的集中释放，这同时为20世纪80年代中国社会出现诗歌热打下了坚实的基础。我们甚至可以说，中国最为诗性的年代是“文化大革命”时期，那个迷乱、狂热甚至带有一点歇斯底里的年代，留给我们鲜血和惆怅，以及原罪和救赎的向往。

墨白：就像西方对第二次世界大战的反思一样，“文革”也需要我们在未来的时间里不断地进行反思、讨论，发表自己的看法，就像我们刚才讨论过的荒诞、暴力、无政府主义这些话题，我们还可以从“文革”向现实生活延伸。从20世纪80年代以来，大批的农民涌进城市，人口的流动和频繁地更换居住与生活环境，可以说是中国任何时期都不能相比的。这种剧烈的社会动荡使我们的价值观、审美观与性的道德都发生了剧烈的蜕变。人与人、人与社会、人与自我、人与自然这些我们赖以生存的基本关系已经严重地被扭曲变态，或者脱节，发生异化，这些构成了我们现实生活的社会背景，这就深刻地影响了我们认识世界的方式。

张延文：在世界范围内也是这样。自20世纪的后半叶起，人类社会从欧美等西方发达国家开始，逐步进入到了后工业社会，这种特点到了21世纪则更为明显，慢慢成为人类文明的重要特质，人性在一个信息化的时代里开始发生大面积的变异。这已经远远超越了马克思那个时期，也就是大工业社会里人的异化。在马克思的理论里，人作为主体发展到了一定阶段，开始分裂出自己的对立面，逐渐演变成了外在的异己的力量。在那个时代，人的工具化是相当明显的，人和资本的关系改变了人和权力、信仰之间的关系。马克思说的异化，就像你刚才所说，在改革开放之后的中国社会里，有着充分的体现。这甚至可以说是中国新时期以来产生现代派文学的一个重要的母体。人与社会、人与自身、人与自然之间都发生了根本性的变异，这在你的小说作品当中有着深刻的描写，比如《风车》讲述的就是人被权力和欲望所控制下的病态的变异。比如你“欲望三部曲”里的吴西玉、谭渔和黄秋雨，还有《尖叫的碎片》里的雪青与张东风这类人物，都再现了你说的异化和变态。吴西玉他们站在主流社会的对立面，向传统的审美观和性道德、传统的伦理观和宗教信仰发出疑问和反抗，在他们身上表现出的无政府主义倾向，都具有现代派文学里所表现的精神特征，他们从游离于社会主体的个人的视角来认知社会，这种带有抽象的、无目的的具有强烈的个人意识的反社会倾向，正是现代派文学的精神特征之一。

墨白：人与自然环境，比如河流与大气的污染，这些在众多的现代派小说里都有描写，对矿产与其他资源的过度开发、大气变暖、人对物质世界的过度依赖，比如电话、电视、汽车与网络等等，也就是人的被物化。在现实里，如果你的手机突然丢失，你会感到极度恐慌，仿佛你一下子和这个世界断绝了关系。我们现在谁能离开网络？我记得报纸上报道过一个名叫李友灿的人，这个人出身贫寒，是个孤儿，他后来做到了河北省外贸经济厅的副厅长，他利用倒卖汽车配额收受贿赂四千七百多万。案发后一个人逃到俄罗斯，在一个小镇上窝藏了八个月，不敢出门，多次自杀，两次上吊、一次吃药、被抓后利用上厕所，把几十粒硝酸甘油全部吃下，用头撞墙壁，但是他都没有成功，最后还是被判处死刑，他就像你刚才说到的我小说里的张东风和雪青一样，是被物化的人，这样的现象在我们的生活里十分普遍。卡夫卡的《变形记》里的人变成了昆虫，罗伯－格里耶的《嫉妒》里以物来代替人的位置，西方荒诞派剧作家把人贬低为动物，在狄兰·托马斯[①]的诗里，你会看到男人缺臂断腿、女人像风笛，有的只是一根燃烧的蜡烛，人完全被物化。人与物质世界的关系、人与人的本能、人与大自然的关系是现代派文学所关注的外在世界的焦点，在现代派小说家这里，大自然不再是一个独立的自在物，而是人物意识的象征。

张延文：的确如此，中国社会目前面临着的诸多问题都有类似的根源。比如“中国式贪腐”，那些处于权力机制当中的贪污腐化者，做着低级的、毫无节制的、非理性的贪污腐化行为。一个贪官居然贪污几千万到几十亿，他拿这么多钱做什么？一个贪官可以包养几个到几十个“小三”“情人”，一个男人怎么用得了那么多女人？这种脱离了基本需求的疯狂行为恰恰是这个失范的物化的、欲望化时代的最好的隐喻与象征。同时，现代的进步理念必然导致人与外部世界的对立，人对于他处身的世界不再表达出敬畏之心，相反，人想要取代神的地位而成为世界的主人。这恰恰也是基督教《圣经》当中，上帝将亚当夏娃赶出伊甸园的原因。人有了自我观念，并且享受这种优越性。人在走向他的对立面，在成为世间万物的“公敌”，人成了世界上的最大的“害虫”。人与自然关系的异化，在你的《风车》里得到了充分的表达。生活在《风车》里的人，

①狄兰·托马斯（1914～1953），出生于英国威尔士一个很有教养的中产阶级的家庭，一个酒鬼加烟鬼有着自我毁灭激情的浪漫主义诗人。主要作品有《死亡与出场》《当我天生的五官都能看见》。他的诗歌围绕生、欲、死三大主题，诗风粗犷而热烈，掀开了英美诗歌史上的新的篇章。

和他们赖以生存的自然构成了尖锐的矛盾关系。我们战天斗地，无视自然规律。你的小说《事实真相》所要表达的也是人与社会关系的异化，表现的是个体与整体的尖锐对立。在来喜所处的那个由民工结成的群体里，应该说个人在这个具有相同生活和文化背景的群体里是安全的，但是由于在这个实用主义至上的社会现实里，传统的伦理道德已经受到了严重的威胁，来喜在面对强大的社会与身边身份相同的群体的不信任时，他显得是那样的无能为力，他已经不能主宰自己的命运。还有你的《白色病室》《局部麻醉》《讨债者》《光荣院》等许多小说也都表现了人与人关系的紧张和对立。还有我刚才说到的余华与残雪的小说，你们作品里的每个人都是以自我为中心，在思想感情方面，人与人根本无法沟通。在人与人关系的异化上，现代文学提示了人性的极端残酷和冷漠。中国的现代派小说所能达到的高度，也恰恰在于它对于社会现实的介入的广度和深度，比如你的中篇小说《光荣院》。这部小说通过对于一个安置抗美援朝复员军人的光荣院里发生的种种世态人情的描绘，反思了“革命”这个权力化的词语所应该具备的，或者说基于个体生命的生存经验的应有价值。在这样的一部宏大主题的作品当中，却存在着一个叫虾米的“异类”。虾米的人物形象在当代文学当中颇具魅力，他代表着神秘的人类命运和庸常的社会现实之间存在着的冲突，这种不可调和的矛盾性背后还有着权力体系无所不在的控制和压迫，进一步扭曲了人物生存的现实脉络。光荣院的存在本身就是当代历史遗留的产物，它代表着那些被权力体系赋予了的象征物，在其中生活着的是一群等待着死亡却又不甘心死去的挣扎着的灵魂，虾米就是在即将腐朽的堆积物里盛开着的妖艳的花朵。作为私生子的虾米就是欲望的产物，他的传奇性也在于他那蓬勃的原欲想要突破枯寂的荒原时所迸发出的奇异的人性的光辉。

墨白：萨特说他人就是地狱。萨特这句话概括了我们所处社会人与人之间的现实，比如我们在大街上看到路边一个跪着乞讨的人，你的第一感觉就是别上当。为什么我们内心会产生这样的抵触情绪？不是我们缺乏同情心，而是这个社会让我们对他们产生了不信任。他是干什么的？骗子？以此为业？现实中如果你去公共场所，比如火车站，好心去帮助一个提包的人，那个受到帮助的人肯定会用一种警惕的目光拒绝你。还有，当我们在街道上看到一个人在大街上追赶一个小偷的时候，我们也大都会袖手旁观，你首先考虑的是你自身的安全。我曾经在电视里看过一个发生在北京公交车上的事，清华大学一个姓晏的年过七旬的老教授，他们一家三口乘坐公交车，因为上站点的不同，和一名姓朱的售票员发生口角，那个售票员掐住晏十四岁的女儿的脖子，致使她瘫倒昏迷而死亡。而在双方激烈冲突的时候，车上竟然没有一个乘客站出来劝架。这样的例子不胜枚举，这就是我们所处的现实。现代主义从本体论的角度对人性沟通作了彻底的否定。

张延文：这让我想到了《讨债者》中的讨债者，他只身一人来到颍河镇，他对颍河镇这个世界的存在，是以他个人的自我意识为中心的，颍河镇是因为他的出现而存在的，他走到哪里，哪里就是这个存在的中心。宇宙对于我们世间的每一个人因此而产生意义，我们的人生也是如此。我们每一个人的意识，都必须具有对象。你来到我这里，我就把你作为我意识的对象，而你又反过来，把我当成你的意识对象。所以人与人的关系，从根本上来说，只能是矛盾冲突的关系，而不是息息相通的关系。人的对象性关系在人类的早期社会里是人和神之间的关系，神是人的对象化的存在，这种关系随着宗教神权推移到封建皇权并进一步延伸到父权、夫权等家庭伦理；而到了现代社会，宗教神权和宗法制度都成为了被打击的革命对象，代表着腐朽的势力。科学进步、法制民主、自由平等、理性精神等这些新的理念精神取消了一个二元对立或者外部对中心的依附关系，现代社会崇尚个人中心主义，而非人类中心主义，这种异化的主体性导致了人与人之间的对立、对抗和冲突。就像刚才说到的，这就从人的本质上否定了人与人正常交往的可能性，取消了人类彼此了解的可能性。在人类无法相互有效沟通但却又彼此作为对象性存在而缺失了有效的对应物的荒诞现实里，另一个现象就产生了，那就是社会的神秘性的发生以及生命意义感和社会价值感的丧失。这种神秘性我们在残雪和格非的小说里，都能强烈地感受到。其实，这种神秘也是你小说里的一个重要的话题。同时，没有良性的沟通和交流，就很难做到同情和尊重，没有同情心就必然会导致冷漠和残忍，最终丧失伦理和道德的尺度而沦为罪恶的帮凶。

墨白：记得2001年的时候，我就和评论家林舟先生探讨过这个问题。构成神秘的因素很多，比如我们每一个人都要面对的死亡。据世界卫生组织调查资料统计显示，中国自杀人数每年多达三十万人左右，在我们现实生活里，每两分钟就有一个人自杀身亡。昨天我在《大河报》上看到两则消息，一是说四川省崇州市的反贪局长坠楼身亡，有知情人称他患有抑郁症，初步排除他杀的可能性。另一则消息是江西师大一个名叫郑晓江的哲学教授跳楼身亡。郑教授生前是从事生死哲学和生命教育研究的，他自己却这样放弃了生命的权力。所以乔治·巴塔耶[①]认为，死亡的神秘性不在于他的不存在，也不在于它的不可理解性，而是在于他的可怕性。据有关部门统计，从2001～2005年间，中国每年交通事故在五十万起左右，因交通事故死亡的人数均在十万人上下，居世界第一。非自然死亡时刻在我们的日常生活之中发生，我们不说像地震、海啸这样的自然性灾难，而出现在我们自身的像自杀、车祸等各种人为的

① 乔治·巴塔耶（1897～1962），一生中经历了两次世界大战，他的哲学思想上承尼采下启拉康、福柯、鲍德里亚，为他们引出对理性、主体和有限经济的批判，主要著作有《内在体验》《冥想的方法》《受诅咒的部分》《文学和邪恶》等，为法国当代思想史上一个至关重要的人物。除哲学外，他还涉及伦理学、神学、文学等一切领域禁区，颇具反叛精神，处处流露出身经两次大战的欧洲人所感受到的动荡、暴力和痛苦，被誉为“后现代的思想策源地之一”。

灾难确实让我们感觉到了死亡的恐惧，让我们意识到了生存的危机。当然，死亡的恐惧不单单是由非正常死亡带给我们的，而给我们精神造成压力的更多的是正常死亡。所以，死亡不但对我们的现实生活构成精神压力，而且还带给了我们一个无法清晰表述的神秘世界。

张延文：神秘带来的陌生感是人类产生恐惧心理的根源。陌生意味着不确定性，不确定性就意味着风险。信息论的创始人香农指出，信息就是用来消除不确定性的东西。信息社会也就是说信息文化带给人类社会的就是进一步去发展扩充各种消除不确定性的手段，填补那些未知的空白区域，使得人类的各种欲望和情感都能得到充分、有效的回应。死亡不但对我们构成了神秘性，而且是我们人类伦理道德与宗教信仰产生的基础。在中世纪的欧洲宗教神权的时代里，教会的神职人员会经常清查助产士，唯恐她们没有纯洁的宗教信仰。公元1591年，英国爱丁堡的助产士辛普森·艾格尼丝因为使用鸦片减缓分娩痛苦而被宗教裁判所火刑处死，因为辛普森这样做解除了上帝施加于女性的原罪，她们本应该在分娩的阵痛中乞求上帝的仁慈。人类生育的历史本身充满了血腥和暴力，尤其是在医学不发达的时期，分娩本身就意味着死亡，人一出生就是和血腥死亡紧密相连的。

墨白：死亡的威胁对于我们人类来说无处不在，而死亡恰恰又是我们人类通往可能性世界的唯一通道。死亡是一种奇妙的荒谬，而人类在绝望之中又把自己的生命企图交给由文字形成的语言，并通过语言不断地将死亡带给我们可能性的世界开启或关闭，这就是文学的重要性。而现代派文学再现发生在我们生命中的复杂的神秘性的时候，极其看重叙事语言再现生命力的功能。人类的生命结构就是一个充满神秘的复杂的迷宫，这个迷宫的构成是一种肉体的物质存在，又是一种心灵状态、同时也是一种具有超越自身物质的世界性的存在。乔治·巴塔耶认为，心灵生活的神秘性，不能单从心灵本身去理解，同时又要同心灵以外的其他存在的关系去理解，首先是从心灵同心灵最切近的身体和语言的关系去理解。作为一种符号，在作家没有赋予人生命和情感的时候，语言是没有生命的，但语言一旦与人的生命、人的精神相关联，就使人的历史及其文化活动有了连续性，使语言比人类个体的生命更加具有生命力。所以，我们通过语言来了解人类本身，又通过人类本身去了解语言和死亡。但语言对人的心灵世界的表达极其有限，这就使以人性为基础的人的心灵生活由于语言表达的无力而变得神秘。但不可否认的是，文学创作仍然是探索人类存在所产生的神秘性的最佳方式。

张延文：不错，文学作为文化的一个组成部分，在整个人类的文明史当中占据着重要的位置，在我们的生活里，文学地、作用似乎没有那么显著了，其实文学是更为深入、持久地、默默地发生着作用。因为文字是传播信息的工具，它可以消除人类社会生活当中的不确定性。但同时，文字由于它本身所带有的不确定性，有可能会将人类引向一个他所从未曾达到过的未知之境，这种由于文字本身的不确定性带来的神秘感，是文学的诗性内核产生的基础，使得文学在一定程度上可以达到日常现实所无法企及的遥远的彼岸。所以现代派小说，它的存在对于社会伦理道德的底线的有意无意的触碰和越轨，是必然会发生的。文学的伦理和社会伦理之间的界限显然是无法重合的，那么现代派小说所能抵达的限度就有可能在一定程度上超越现实的社会伦理，从而实现它的类似于“先知”的角色，深入反省人类的灵魂世界存在着的尖锐的冲突和矛盾，并为解决这些问题提供理想化的途径。一个具有先锋精神的现代派小说家，他的写作本身就是这样的一种灵魂的探险之旅，是当代社会里的英雄人物，他使用语言的方式来为读者提供一次次心灵逾越的可能性。在这方面，你的作品就极具代表性，比如你的小说《错误之境》《民间使者》《霍乱》《迷失者》等，使用文字来重新建构一种新的关系，它既区别于现实世界的生存法则和社会体系，同时又与之密不可分。你的这些创作提醒读者仍然存在，或者说应该存在的精神的纬度，它能够给予那些舍弃了世俗社会里的牵绊的人以天国的安慰。

墨白：除去上面这些我们说到的，现代哲学，特别是后现代哲学思考的另外一个根本问题就是人的情欲。巴塔耶认为，人的思想和行动的最后动力，不是意识，不是理性，而是欲望，特别是欲望中的情欲。用德勒兹的哲学观点说，欲望是一种必然的存在，欲望是人类生命力的本质，是人类个体存在的动力因，是维持作为实体和自身的存在力量，也就是说，我们人类在日常生活中起决定因素的就是情欲。意识和思想在我们的日常生活中，是可以减缓和控制的，而情欲一旦迸发，却不可抵挡。在现实中，当个体的人的合理的情欲得不到满足的时候就会产生痛苦，在人类长期的社会历史进程中，以任何理由打着任何旗号的革命行动，最深的推动力就是情欲，因为被人类认为“不合理”的社会制度在关系到人的实际生活利益时，不能满足人们在欲望上的需求、人的情欲和欲望长期受到压制的时候，就慢慢地酝酿成意识和思想上的反思，最后才导向革命。所以，真正推动人类意识和思想的动力是人的情欲和欲望。因此，情欲和欲望在其实现的过程中，比意识和思想更能有效地转化成创造力。在许多现代派文学家那里，情欲通过语言而得以反复地出现，并呈现出它的意义。

张延文：余华的《兄弟》、莫言的《酒国》、阎连科的《受活》所要表达的就是现实生活里人们疯狂的欲望，你的“欲望三部曲”所表达的性，就是人的欲望本能。“欲望三部曲”以史诗的笔触，描绘了改革开放以来因为欲望中国社会各个层面所出现的普遍的扭曲和变异，表达出了对于这个古老的民族带来的精神化的现实的影响。大工业时代的商品经济对于一直都存在着的个人的欲望是一次史无前例的解放，欲望成为了商业交换里的不二的法宝，如何刺激人的消费欲望是商品交换当中最为高超的技能，欲望满足的法则史无前例地获得了在大庭广众之下堂而皇之的合法性，快乐的人生哲学正在肆无忌惮地撕扯道德伦理面孔上的遮羞布和羞耻心。欲望的充分个人化、正当化，对于一个尚未完全进入到公民社会的社会体制来说，会发生一系列的扭曲和变形。人性的恶在不能得到社会伦理道德力量的有力而有效的束缚，而法制社会尚未真正来临的情况下，情欲的作用带来的丑恶在阳光下面格外触目惊心！你的《手的十种语言》就描绘了一个有良知和追求的高级知识分子，在权力和欲望的双重束缚下竭力挣扎而遭遇到的命运无常。这部作品采用了现代的叙事模式，穷形尽相，余味无穷。

墨白：但在我们传统的道德观念里，正常的情欲往往会被歪曲成色情或者邪恶，而情欲在人类个体生命过程中所隐含的奥秘也被忽视。另一方面，人类个体的欲望又被政治化，比如在“文革”中，由于我们相信皇恩浩荡，所以我们才心甘情愿地一切都被准则化，我们身体的每一部分都被规律约束，每一个生活情境，每一个姿势，甚至说话的语气，我们生活的每一个瞬间都是社会的，欲望不但趋向权力而且充当了权力的工具，我们的民众自愿被奴役，人民群众之所以支持“文革”，并不是因为他们被迷惑，那是他们相信救世主能最好地保护他们自身的利益。所以，福柯认为人类的欲望向权力的渴望植根于我们每一个人的心中，所以，才有了被政治化的欲望。

张延文：的确如此。权力是欲望的催情剂。这在你的中篇小说《风车》里有着精当的描绘，个人的欲望在缺少了监督和限制的权力支配下演变出了一幕幕的人间闹剧，它践踏生命的尊严和社会伦理，同时，这种无节制的欲望最终会导致集体灾难，从而得到应有的罪与罚。21世纪以来的中国社会，随着互联网、移动通信、卫星通信等大规模的出现和普及，在文化方面开始具备了信息社会文化的雏形。小说的先锋性有了新的体现，比如伴随着互联网出现的网络文学、网络小说的大规模发展对于传统的纸媒介的小说无疑是颠覆性的革命，小说文体出现了很大的变异，小说写作的主题也开始出现了虚拟化的趋势，这些网络文学当中体现出来的是另外一种更为深刻的先锋性，是和人类的生活方式、生命样式紧密相关的新的变异性。人类生命经验当中一旦拥有了虚拟的生命属性——比如虚拟的时空经验的出现——那么对于“真实”的理解就当然要有所不同，这种基于人性的大变革的“先锋”如何能够在小说写作当中加以体现的？一个传统的严肃文学的小说家如何能够体现他一以贯之的小说创作的先锋性，也许是一个更为宏大的话题，需要我们去回答。

墨白：这和一个作家认知世界的方式有关，首先，这种认知和精神表达的方式是自我的，和个体生命中所呈现的记忆与时间有关。由于记忆的特性，我们过去的经历得不到准确的认定，我的存在形式、我的过去，只能存在于我的记忆里，我的过去和我的幻想、梦境、别人的经验、阅读中的历史都具有真实性；而这些又都只能在我们生命里那一个瞬间发生关联，过去的和未来的，我们生命里所有的一切只能在现实的一瞬里得到呈现。这就决定了我们写作的性质，写作就是回忆，要按照心理时间和记忆在现实里的反映而展开叙事，也就是说他叙事的支点就是我们生命所存在的那个无数的一瞬间，他企图在这一瞬间来表现人物意识的无限的复杂性。

张延文：关于记忆，叙事当中的时间性，这些话题应该说是第一性的。你刚才提到的这些是重中之重。在不同的时间属性下，叙事人处理生命经验的方式发生了变化。就传统的叙事来说，叙事人的视角集中在已经发生的事件上，着眼于集体意识的故事是叙事的核心；对于传统叙事来说，事件是确定无疑的，不允许作者对于事件本身做出哪怕是一丁点的僭越。而到了现代，叙事人所关心的主要是个体的意愿，视角转移到了叙述者想要如此、希望如此的事情上，叙事成为了第一要义，叙事人仿佛可以像上帝一样随心所欲地去安排人物的命运，让他们按照他所想要的结局行进。而对于后现代的叙事来说，由于叙事人的主体性开始出现了交互性、虚拟性，叙事人成为了一个待定的对象，叙事人的真实性、第一性都出现了变化，成了不确定性的表述，对象性的关系无法确定，叙事转向了可能性的未来，那么，叙事是否成为可能，这成为了后现代叙事的首要问题。中国自20世纪80年代中后期之后，出现了具备了现代叙事理念的先锋小说创作，但其基本上是昙花一现，当时的代表性作家，比如马原、格非、洪峰等人在现代叙事方面做出了大胆的实验，那些令人眼花缭乱的叙事技巧在普通读者当中引起的反响几乎可以忽略不计。这应该引起我们的反思。 在中国当代小说创作当中，你对于小说叙事的探索和实践一直处于高度自觉的状态，请你谈一谈你对现代小说叙事的看法？你是如何做到叙事理念和艺术真实的平衡的？

墨白：一个小说家，他的叙事如果不与他的生命经验联系在一起，那么，他所有的艺术实验都值得怀疑。如果一个小说家，他真的对他生命所处的现实有所认识和思考，对生命在时间中的存在有所认识，对由现实而构成的记忆有所研究，对汉语言所呈现的社会事实与生命的事实有所感悟，那么，他就决不会从对叙事探索的前沿退回到所谓的现实主义。他之所以要退回去，那是他还没有真正理解上面我所说关于时间、记忆、语言等等这些和我们生命本体真正所发生的关系。以前我曾经和朋友说起过，一个小说家，无论他在叙事艺术上走到何处，而盛载他叙事实验的依然是他所处的现实，社会的现实与生命的现实。只有这样，才能做到你刚才说的叙事理念和艺术真实的平衡。

张延文：对，这也可以说是对于当前文坛的那些脱离了艺术真实的各种稀奇古怪的叙事理念的秉承者的一种有益的警醒！诺贝尔文学奖委员会在给莫言授奖的颁奖词《他是个诗人，让个体升华》中提到：莫言是个诗人，他让茫茫人海中的个体得以升华。他以俏皮而难以掩饰的轻快口吻，揭示人类存在的极端阴暗面，几乎无意识地就找到了极具象征意义的形象。颁奖词还说，莫言采用了源自神话与民间故事的夸张、模仿与派生手法。何时曾有如此史诗式的春潮席卷过中国与世界？在莫言的作品中，世界文学与一个声音对话，这个声音足以湮没大部分的同行者。这个颁奖词对于莫言和中国现代派文学给予了极高的评价，特别强调了莫言作品的诗性，隐喻和象征的力量，以及他的创作的先锋价值，以神话和寓言的外衣来对其进行颠覆，同时特别强调了莫言在小说叙事方面进行的探索和创新，莫言的作品带给世界文学的影响力。这些对于莫言的评价，是基于莫言的作品的，对于中国的现代派文学来说也同样适用。比如你的作品里就充分体现了这些特质，这是不是也是中国当代优秀的作家想要达到的一种理想的文学精神，鲜明而强烈的现代意识在其中起到了核心的作用？

墨白：对小说叙事的探索植根于两个方面，一是对表现形式的探索，二是对叙事语言的探索与创新。伽塔里和德勒兹提出的“根状茎”的方法是将信息分散到非中心化的系统中，将语言分散到多重符号维度中。“根状茎”意味着开放而不是封闭；是朝着多个方向而不是朝着一个方向流动的，既没有开头也没有结尾，永远处在运动之中，是分裂的，是非地域化的。这种动态的、异质的，非二元对立的后现代思维方式，恰好印证了后现代小说的叙事结构。而对叙事语言的探索与创新，不只是局限在叙事语言本身，它的意义超出了语言符号系统的范畴，刚才我说过，是在于探索人的主体性以及主体性与整个社会的关系，探索当代人与历史命运之间、与现代社会中的一系列法制规范之间的奥秘，一个小说家的叙事语言与人的行动、思想、社会制度、权力、道德以及人的本性紧密相连。同时，任何叙事语言都有自己的局限性，所以叙事语言的创新任何时候都是对旧有的语言形式的破坏。只有破坏旧有的生命，创造新的生命才有希望。

张延文：据我了解，你也是个诗人，你的小说语言充满了诗性，甚至在不少作品里都放入了大量的诗歌文本。在小说题目的使用上，你也充分注意了寓意和象征的因素。比如《映在镜子里的时光》《错误之境》《航行与梦想》，等等。莫言的小说当中的诗性部分体现在他天马行空式的想象和汪洋恣肆的语体上，对于小说题目的选择和使用上，莫言除了考虑寓意和象征之外，还有着传播效果的考量，比如他的《四十一炮》《丰乳肥臀》《生死疲劳》，等等。同为具有代表性的现代派作家，莫言小说作品的可传播性显然更为突出，我们甚至可以说，莫言在为先锋文学和大众文学之间寻找着一条巧妙的融合之道。在一个大众传媒的消费文化的时代里，你是如何来平衡这两者之间的关系的？先锋小说在面对大众文化时，是否有更为切实有效的传播技巧？

墨白：每一个作家在创作时，都有自己所要面对的问题，有的作家可能会更多地考虑外在的社会因素，而有的作家，则更多地考虑自我，考虑对自我的怀疑，考虑随着时间和空间的变化自我的不断地裂变、过去和自我和现实中的自我之间的相互影响，等等。在自我本身不断地分裂倒置的过程中，意志与本能、意识与无意识、物理性与直觉会发生尖锐的冲突，所以，我的创作一切都在自我的本体之中展开、自我与社会、自我与他人、自我与自然、自我与自我，我的小说人物也在不断的丧失中寻找着自我，像你刚才提到过的那几部小说，还有《寻找旧书的主人》《隔壁的声音》，等等，寻找的过程由无数次的失败所构成，无数的悲哀在丧失的自我中而产生。而所有的由失败所产生的悲哀并没有阻挡住我们对人生价值的寻找，我们人生的意义就存在于在现实生活中不断地寻找自我的过程中。这是现代派小说叙事要表达的一个最重要的主题。

张延文：是的。从你的作品里可以发现你对于自我的追寻，我们甚至可以从中辨认到你和你的作品当中主人公的一些共同之处，比如谭渔，他身上有着从农村走出到城市去的知识分子的自我怀疑、自我批判精神，甚至短暂出现的人格分裂与人性的变异。你的作品的批判精神是非常鲜明的，我想这也来源于你的独立的精神立场。你对于西方文化的了解是深入、全面的，西方的绘画、影视、音乐等艺术样式里的优秀传统，都可以从你的作品里找到继承和发扬的成分。在古今中外的文化经典的滋养下，培育了你的作品的充沛的气场，一种痛苦而华丽的气质，锐利而宽阔的精神。你是如何将别人的经验融入到个人的创作当中的？这其中有没有独家的绝技呢？

墨白：这是一个复杂的话题，一时无从回复。不但是我，或许你再去问另外一个小说家，他可能也会有我相同的感受。但有一个简单而繁重的方法，那就是去读他的文本，你说的独家绝技可能就隐藏在他小说的文本里。

张延文：莫言的早期作品被贴上了魔幻现实主义的标签，莫言在叙事上所具备的这种夸张和变形的特点，对于中国传统的文化当中的阴柔的、中庸的儒家文化是相背离的，他的语言风格也和崇尚节制的东方文明大相径庭。莫言的小说的先锋性也许在很大程度上取决于他不仅仅是继承传统，而是大胆地去打破传统的束缚。莫言的作品有着强烈的气场，这类似于孟子主张的“养气说”，一种充满阳刚的浩然之气充斥着莫言的小说叙事。你的作品，也有着阳刚之美，只是更为接近于《易经》当中提倡的“天行健，君子贵自强不息”的精气神，这使得你的作品充满了力量，富于张力的叙事结构，比如你的《重访锦城》《隔壁的声音》都是如此。单就语言风格来说，你的叙述语言里的阳刚之气却并不那么明显，这也许在于你对于语言文字使用上的节俭，以及对于意蕴的追求有关系。先锋和传统的关系到底应该是怎样的？小说的叙事语言是否取决于作家个人的审美习惯和认识生活的方式呢？

墨白：一个作家，他创作的基本问题和人生的基本问题是一致的。别人在创作中的基本问题我不好说，但我在创作中关注的是语言、死亡和欲望这些主题。一方面，传统的道德与宗教的实质就是控制人类的性欲、压制人类的欲望，而我们创造由语言构成的文学作品的目的，就是为了满足人类对自由的精神世界的无限追求，把人类自身从苦难、性与死亡的相互困扰中解脱出来。这个话题我们刚才讨论过。另一方面，文学之所以对我们重要，不但是文学把人的幻想、语言、思想、追求和快乐的奥秘推到极限，而且是因为它所要表达的首先是人类的痛苦，也就是吴西玉、谭渔和黄秋雨们的痛苦。深藏我们体内的欲望不但能让我体验到本能的力量，也让我产生了逾越有限经验的意志，同时也是我产生痛苦的根源。应该说，生命痛苦的根源集中表达了生命本身的奥秘，这就是痛苦对于我们人类的价值。西方现代哲学让我明白的一点就是，一个作家要有勇气面对自己的内心世界，面对自身痛苦的根源，并不断地进行自我的解剖。

张延文：苦难和救赎，这仿佛转移了宗教的话题，也让我想起列夫·托尔斯泰，他在文学追求当中反复提及的超越性的“爱”。对于大作家来说，必须承担起上帝赋予的拯救的使命，关于人类精神生活的“救世主”，心灵世界的罪与罚的终极承受者。死亡是一个更为宏大的话题，在人性、神性、物性等各个层面都存在的，战胜死亡也是技术理性所要达到的终极使命。现代派文学有着自身的使命和局限，我们必须对此有着清醒的认识。关于现代派文学的话题是谈之不尽的，其中的蕴含完全可以涵盖人类社会生活的所有层面，希望我们在将来进一步展开这个话题。非常感谢！

独白者的对话

—— 编后记

编选墨白先生的访谈录，在我不长的批评工作中，是一次难得的经验。因此，饶舌虽然令人讨厌，但在书的最末，也有必要交代几句，略陈自己的感想，以为尾声。

在我的印象中，墨白先生是一个并不太善言辞的人。我以为他的言说欲望，大多已经通过文字得到了表达。因此，当我读过置于案头的这些访谈时，第一感乃是惊讶。在这位 1980 年代以来便以先锋姿态出现在文学圈，特立独行，有时甚至显有些孤独的小说家身上，竟然有如此强烈的倾诉与交流的愿望。而且呈现在这里的十七篇，并非其访谈的全部。这不禁引起了我对于小说家与说话、写作与谈话等问题的思考——对于一个惯以文字表达自己的人来说，口头、交谈以及声音究竟意味着什么？

这自然不是一个新问题。言说在书写之先，乃是再朴素不过的道理。在中土，从《论语》中的师弟问答，到禅宗的棒喝公案，再到朱熹的语录，大多脱不去“谈话”的影子。在西方，厚厚一册《柏拉图对话录》，记载的也是苏格拉底和各色人等那絮絮叨叨的对谈。《歌德谈话录》尽管出自艾克曼事后的转述，但还能见歌德的神态口气，日后也成为可信的研究材料。虽然没人将“谈话”认真看作一种文体，可粗粗想来，在人类文明史上，竟也有那么多的智慧要靠谈话来流传，足见圣贤大哲也是耐不住寂寞的。高明如老子也明白，“道”即使再不可道，也还是要道上一道的。当然，如果仔细分辨，这些谈话的形式还是不尽相同。而且只有到了近代报刊出现之后，面对公众、预备在媒体上发表的“访谈”才慢慢普及起来，这和此前的私人谈话，又有了很大的区别。

在我熟悉的现代文学领域内，随着记者职业的兴起，对作家的访谈也逐渐流行起来。胡适由于在新文化界的显赫地位，常常接受报刊的采访，但人在聚光灯下、麦克风前，即使是访谈，也只能小心翼翼，讲些四平八稳的话。鲁迅接受报刊正式访问的次数要少得多，但他其实是个喜欢谈话的人。在他孤寂的前半生和热闹的后半生，与友人的闲聊都是生活不可或缺的重要元素。冯雪峰、内山完造、野口米次郎等人的回忆录里，记载的大多是鲁迅的谈话。正式而专业的书面访谈，也是有的，那就是与增田涉关于《中国小说史略》的答问。我有时会奇怪，何以没有人去写一篇《谈话者鲁迅》。对于现代文学研究，这些谈话当然极为重要，刨去那些伪造和夸张的成分，余下的内容也很能增进人们对鲁迅内面的了解。

回到今天这个传媒更加发达的时代，访谈几乎无所不在，而且正在影像化和数码化。越是有影响力和创造力的知识分子，越有更多的机会接受访谈，就像德里达所说，在媒体的推动下，这成了一种“组织化了的露面”。对于福柯、博尔赫斯和萨义德这样的人来说，访谈逐渐变成一种新的文体，一种写作、传播和存在的新方式。对于读者来说，在正襟危坐的高头讲章之外，他们也越来越期待更加随意、轻松、即兴和带有私密意味的访谈录的出现。访谈成为一种极有吸引力的、在规定动作之外的“副文本”，有些访谈录甚至广为流传，成为名著。回到上面的那个问题，对于职业写作者而言，口头、交谈以及声音意味着“必要的不务正业”——访谈带来了信息的另一种表达方式。借用卡尔维诺的说法，我们可以将访谈视为文本周边的“尘云”，我们当然可以穿过这些尘云直接接触文本，但从另一个角度而言，这些尘云又是与文本息息相关，乃至融为一体的。

如同其他文类，访谈也有高下之分。在我的理解中，堪称佳作的访谈应该是这样：它应该是平等的交流／交锋，而非受访者单方的表白、倾诉或者喃喃自语；它应有生动的现场感和出人意料的即兴发挥，而深度倒未必是必需品；它最好是感性的、经验的，充满了试探、激发、碰撞、争辩、诘问、敞开甚至是愤怒，它应该是有温度的，带着情绪的流动。有些经过整理的书面化访谈，可能更为条理和缜密，但已经失去了现场感而成为命题作文。更有趣的是，访谈是合作的产物，因此它的质量不仅取决于受访者。“访”与“谈”的双方决定着这场谈话是否能带来智力的愉悦和审美的快感。更有甚者，有时提问的水准决定着回答的水准。由于受访者在声誉和智识上常常处于优势地位（并不全是这样），因此访问者的心态显得格外重要。因为懒惰、未做功课，而提出一些陈芝麻烂谷子的问题让受访者回答，倒也罢了；由于读书不够、见识有限，而问几个蠢问题，也能显示出阅历肤浅之外的几分天真烂漫；最令人难受的，是访问者为了克服心虚而故作高深，表现欲膨胀，将访问变成了自己的演讲，废辞滔滔不绝，而受访者反而跑起了龙套，成为配角。因此，访谈两造真正能够平视对方，在大致势均力敌的情形下，展开有质量的谈话，这样的机会是少之又少的。可见访谈实在是一件易行难精的事，其中分寸很难拿捏。故今日访谈大为流行，而并无“访谈家”出现。

由我这种苛刻得有些不近人情的古怪标准来看，本书中所收访谈当然不能说每篇都是精品。但编选者除了形式之外，其实还有另一重史料性的考量。访谈之于受访者，诚然是自我讲述与表达，但也因此具有了传记性和个人性。倘若忠实可信，访谈是可以成为研究作家极好的第一手材料的。将这些访谈集为一编，主要也是为了后人研究的方便。对于墨白而言，在孤独艰苦的写作之余，通过对谈的方式，回望来路，思索当下，除了“艺术上的自我总结”以外，甚至借此“学会了收发电子邮件以及对不同文本格式进行转换”，应该说不无收获。但我更看重的，乃是他在写作之余留下的这些“片段”的史料价值。它们不仅对于墨白研究有着不可替代的价值，对新时期以来的中国先锋文学，乃至对当代中国小说的研究，也都是弥足珍贵的素材。将这些访谈放在一起看，诚然是一部关于墨白自己的口述史，但我们也可以将之视为一部以个人口吻讲述的1990年代以来的中国先锋文学史。个人与历史、现实与想象、意识与感觉、传统与新潮等一系列缠绕于中国当代文学中的重大命题，在这些或轻松或沉重的访谈中都有体现——在个人的回忆、反思与梳理中，是足以折射出时代的光影碎片的。

当然，墨白本人可能对我上述的借题发挥不以为然——访谈便是访谈，各有因缘，也各有去处，不过是“浮过了生命海”的过程中留下的些许痕迹。老实说，由于文学研究者的职业习惯，我对访谈的理解难免有过度阐释之嫌。说到底，如果说墨白的小说写作显示了他与外部世界的某种紧张关系，那么，这些访谈或许便是他与这个世界和解的方式。

孟庆澍
2015年10月